AF364088

ANDRÉ LELARGE

Paul-Louis Courier

Parisien

ORIGINE ET FORTUNE DE SA FAMILLE
L'ATTENTAT DU DUC D'OLONNE
LA NAISSANCE ET L'ENFANCE DE PAUL-LOUIS
RECHERCHES SUR SA MAISON NATALE
ET SES DOMICILES À PARIS

Lettres et documents inédits suivis d'un Essai bibliographique

PARIS

LES PRESSES UNIVERSITAIRES DE FRANCE

49, BOULEVARD SAINT-MICHEL, 49

Paul - Louis Courier

Parisien

EN PRÉPARATION

———

Introduction à l'édition critique des œuvres de Paul-Louis Courier.

Les relations littéraires de Paul-Louis Courier en France et en Italie.

Courier, Stendhal et Mérimée.

ANDRÉ LELARGE

Paul-Louis Courier
Parisien

ORIGINE ET FORTUNE DE SA FAMILLE
L'ATTENTAT DU DUC D'OLONNE
LA NAISSANCE ET L'ENFANCE DE PAUL-LOUIS
RECHERCHES SUR SA MAISON NATALE
ET SES DOMICILES A PARIS

Lettres et documents inédits suivis d'un Essai bibliographique

PARIS

LES PRESSES UNIVERSITAIRES DE FRANCE

49, BOULEVARD SAINT-MICHEL, **49**

1925

AU MAITRE REGRETTÉ

ANATOLE FRANCE

Qui parla peu de Courier mais le comprit bien

AVANT-PROPOS

Le centenaire de la mort de Paul-Louis Courier
nous a incité à publier ces notes, réunies depuis
plusieurs années déjà, au cours d'une étude appro-
fondie des œuvres et de la vie de ce très grand
écrivain.

La remarquable thèse de M. Robert Gaschet
et les très intéressants travaux de M. Louis Desternes ne nous laissaient pas beaucoup à glaner,
mais il nous a semblé, toutefois, que nos recherches pourraient combler quelques lacunes. Nous
croyons aussi que l'étude des origines de sa famille,
et de son milieu permettront de mieux saisir son
caractère, la formation de son goût, de ses idées, et
son œuvre elle-même. Nous pensons enfin qu'à
la lumière des événements qui, depuis dix ans, ont
bouleversé notre continent nous sommes plus
que jamais près de son époque troublée, et aptes
à le comprendre. Nous en appelons à tous ceux
dont Paul-Louis fut, pendant une guerre trop
longue, le compagnon discret.

Nous avons tendu à l'impartialité, tâche difficile toujours et surtout en ce sujet, car la vérité psychologique peut sembler paradoxale après les jugements des critiques de partis qui, pour les besoins de leur cause, ont voulu voir en lui un écrivain politique, et l'ont parfois embrigadé.

C'est pourquoi nous avons placé sous l'invocation du véridique et profond historien de *Jeanne d'Arc* et des *Dieux ont soif*, de l'admirable auteur du *Jardin d'Epicure* et de *La rôtisserie de la Reine Pédauque*, cette étude, dont la trop ardente héroïne fut voisine de Catherine la Dentellière.

On trouvera peut-être quelque prétention à abriter d'un si grand nom une aussi mince plaquette : elle ne contient guère que des dates, des faits, des documents ; mais nous ne saurions mieux honorer Paul-Louis Courier qu'en dédiant ces modestes notes au parfait écrivain qu'il eût aimé.

Grands humanistes tous deux, nourris de la pensée grecque, ils représentent au XIXe siècle la plus pure tradition de l'esprit français, celle de Rabelais et de Montaigne, de Racine et de Molière, de La Fontaine et de Voltaire, leurs maîtres.

I

PAUL-LOUIS COURIER, PARISIEN

GOÛTS. — CARACTÈRE. — IDÉES

PAUL-LOUIS COURIER
PARISIEN

I

Paul-Louis Courier, parisien.
Goûts. — Caractère. — Idées.

La riante Touraine revendique le Vigneron de la Chavonnière, qui y resta les dernières années de sa vie, et nous ne pouvons oublier qu'une partie de son enfance s'écoula en cette belle province où son père était venu s'intaller en 1768.

Nous devons cependant rappeler que Paul-Louis est essentiellement parisien, non seulement par sa naissance rue du Mail, mais aussi par son ascendance paternelle : son père et son grand-père sont également qualifiés « Bourgeois de Paris », et sa grand'-mère, Jeanne Joly, qui épousa Jean Courier, à Paris, en décembre 1719, est elle-même encore nommée « Bourgeoise de Paris » dans son acte de décès en 1767.

Parisien, Courier l'est davantage même par sa mère, née à Paris, et dont les parents étaient probablement d'une ancienne souche parisienne.

C'est d'ailleurs en cette ville que Paul-Louis passa la plus grande partie de son enfance et de son adolescence. Il y fit ses études et y revint toujours entre ses campagnes. Il s'y maria, et, si les circonstances l'obligèrent, en 1818, à s'établir en Touraine pour surveiller ses biens, c'est encore à Paris, qu'après le malheureux essai de la Chavonnière, il songeait à revenir quand il fut assassiné dans la forêt de Larçay.

Ce sont là titres suffisants pour être admis chez les « Parisiens de Paris ».

D'une très vive intelligence, Paul-Louis Courier s'était, dès ses premières études, faites sous la direction du savant Vauvilliers, passionné pour la Grèce. Mais, bientôt, son père, doué d'un esprit très positif, lui faisait prendre, avec le professeur Callet, sa première leçon de mathématiques (1).

Dès lors, sa vie serait réglée ; il en ferait deux parts : il entrerait dans l'armée où son père avait choisi pour lui la carrière du génie (les circonstances le firent « canonnier à cheval ») et il poursuivrait l'étude de ses chers Grecs.

(1) Lettre à son père, 28 avril 1787.

Ainsi, Beyle, avec d'autres goûts, et pour d'autres motifs, pour échapper à la tyrannie de la maison paternelle, deviendrait, lui aussi, soldat, quelques années plus tard, avant d'entrer dans l'administration impériale.

Jean-Paul Courier, qui avait mené une existence active, et même mouvementée, et qui avait les vertus de l'ancienne bourgeoisie, paraît avoir prévu l'imminence, sinon l'importance, du changement. qui devait survenir dans la société du XVIIIe siècle.

Quoique très instruit lui-même, il regardait comme « mal employé le temps » que Paul-Louis « donnait aux langues mortes » (2) ; le jeune officier avouait ne pas penser de même. Il avait tort, le temps était passé de la culture de l'esprit. Le règne était venu des hommes d'action tout d'une pièce.

Là est tout le tragique de sa destinée. Son orientation primitive, contraire à la nature de son esprit, fut cause de l'amertume qu'il montra dans la seconde période et les dernières années de sa vie. Il avait sacrifié son repos sans chercher le succès dans la carrière qu'il avait acceptée, et la douce philosophie qu'il adoptait dans une lettre à sa mère (3) ne résista pas à l'épreuve du temps. Il en

(2) Lettre à sa mère. Thionville, 25 février 1794.
(3) *Ibid.*

souffrit trop pour ne pas se rendre compte qu'il s'était mépris en laissant amoindrir sa fortune pour suivre ses goûts, sans avoir pu s'y adonner complètement.

Et parfois, lorsqu'il songeait aux conseils positifs de son père, qu'il avait mal écoutés, il le regrettait amèrement. Peut-être est-ce là l'origine de son retour aux traditions familiales dans les dernières années de sa vie, et de ce que l'on a appelé son avarice : elle n'était malheureusement pour lui qu'une forme indispensable d'économie s'il voulait conserver pour son fils (4) ce qu'il avait sauvé de son patrimoine.

Il n'abandonna, d'ailleurs, jamais ses études grecques et, sur la fin de sa vie, il essaya même une synthèse des deux formes de sa culture en écrivant une « histoire des mathématiciens grecs », qui ne fut pas retrouvée (5).

Courier appartient encore au XVIIIe siècle, mais il est de la famille de Voltaire et non de celle de Jean-Jacques, qu'il juge et n'aime pas (6).

Il remonte au delà. C'est un humaniste de la Renaissance, de notre magnifique XVIe siècle. Il a

---

(4) Il n'avait pas les mêmes motifs de s'inquiéter du second, qui naquit d'ailleurs, quelques mois seulement avant sa fin tragique.

(5) *Mémoires*, Correspondance, etc., 1828, t. I, p. X-XI. Mahul, 1825.

(6) Lettre IX au Rédacteur du *Censeur*.

l'enthousiasme né, la ferveur profonde des contemporains de Budé, de Rabelais et d'Amyot.

Ainsi que toute sa correspondance et son œuvre
tout entière en témoignent il a le culte de la beauté
antique, le sentiment de la vérité des œuvres grecques. Il vit au siècle de Sophocle et de Xénophon.

Restant ainsi hors de son temps, il ne partage
ni l'admiration, ni la haine de ses contemporains
pour les hommes médiocres dont on a voulu faire
des génies ou des monstres, et qu'il croit plus près
de ces derniers. Un autre Grec, André Chénier, a
su les qualifier, sinon sans colère, du moins non
sans justice.

Dans la première période de sa vie, Courier apparaît sympathique, insouciant, d'une conversation
animée de saillies vives et spirituelles. Toutefois, il
recherche volontiers la solitude, et profite de tous
ses loisirs pour se livrer à l'étude. « Mes livres font
ma seule joie, et presque ma seule société. Je ne
m'ennuie que quand on me force à les quitter, et je
les retrouve toujours avec plaisir » dit-il, dès 1793,
dans une lettre écrite à sa mère (7).

Choisnard (8), qui le vit à la Véronique, où il

(7) Thionville, 10 septembre 1793.
(8) Choisnard. « Quelques mots sur Paul-Louis Courier » (*Bulletin de la Société
de statistique, des arts utiles et des sciences naturelles du département de la Drôme.
1843, t. IV, 1ᵉʳ liv. Bibliothèque historique de la Ville de Paris. 912.945.*

« restait parfois un ou deux mois » entre ses campagnes, le dépeint « déjà voûté par l'étude, maigre,
grand de taille, et d'un extérieur réfléchi et même
un peu sombre ». Tel, du moins, paraissait-il à cet
enfant de six à sept ans, qui semble avoir surtout
connu Mme Courier, et que l'arrivée du fils de la maison troublait peut-être dans ses jeunes habitudes.
« Bien que sa famille » le lui vantât beaucoup et le
lui proposât comme exemple, il n'osait l'approcher.
Paul-Louis « fit les premiers pas » dit Choisnard.
« Je ne le trouvai plus laid ni effrayant. Je m'atta-
chai à lui, comme je m'étais attaché à sa mère et sa
conversation sut si bien descendre jusqu'à moi que
je lui dois le développement de ma jeune intelligence et le goût de l'étude. Il faisait tout cela, moitié
causant, moitié jouant ; il était avec son petit ami
toujours gai et jamais sévère. »

Si Mme Cavaignac (9), la sœur de Corancez, l'un
des camarades de promotion de Courier nous
donne de lui un portrait moins flatteur, du moins
reconnaît-elle qu'il « laissait voir déjà cet esprit
supérieur qui, depuis, a jeté tant d'éclat ». D'ailleurs,
ce n'était pas de sa faute s'il était « laid », et pouvait-il ne pas être « maussade » s'il déplaisait à l'autre
sœur de son compagnon, « dont il était fort épris ».

(9) *Les Mémoires d'une Inconnue*, p. 55.

Dalayrac (10), qui l'a connu peu après, l'a vu plus aimable; il avait bien une « bouche énorme, de grosses lèvres, et la petite vérole avait stygmatisé (*sic*) son visage » mais, cette laideur, « qui n'avait rien de repoussant, était rachetée par une conversation animée, piquante et instructive ». Les anecdotes de Dalayrac nous montrent Paul-Louis plein d'ardeur et de sympathie pour tout ce qui l'entoure. Il ne craint pas de se compromettre, lui, Capitaine des armées de la République, avec ce charmant émigré qui se faisait appeler Lonce, et dont il protégea la fuite en Espagne. Dalayrac, indiscret, nous conte aussi les aventures de Courier et de la danseuse Simonette, ainsi que sa dernière espièglerie, qui l'obligea à quitter Toulouse.

La carrière des armes qu'il a choisie, lui convient alors parfaitement, mais, comme Chénier, dont nous l'avons déjà rapproché, il a aussi d'autres préoccupations et, au lieu de se mêler aux « coteries », auxquelles il ne sacrifie qu'en le regrettant, il préfère rester à l'écart et travailler.

Cette méthode, évidemment louable, ne vaudra rien, à l'usage. Il verra aux situations de premier plan d'anciens camarades de l'École d'Artillerie,

---

(10) Un an de la Vie de Paul-Louis Courier. Séjour à Toulouse, 1796-1797. (*Revue Rétrospective*. 1835).

qui ne l'égalent pas, mais qui emploient à l'intrigue le temps qu'il passe à l'étude.

Là est, sans doute, le secret d'une première amertume, qui se traduit dans ce court écrit de 1803 *Conseils à un Colonel* publié seulement plus tard par le premier éditeur des œuvres complètes.

Dès lors, Courier ne s'intéresse plus à l'armée, son zèle est fini. Il se réfugie à Athènes, mais il fréquente en même temps nos écrivains français qu'il aime.

Rabelais et Montaigne sont ses compagnons habituels.

Il goûte aussi ce grand écrivain trop méconnu : Saint-Evremond, et il ne manque pas de le citer dans sa *Conversation chez la comtesse d'Albany*.

Mais, La Fontaine et Pascal sont ses lectures de toujours. S'il a perdu son Homère en Calabre (11), peut-être a-t-il su conserver son La Fontaine (12).

Pascal est son écrivain le plus familier, celui qui reste son modèle.

(11) *Lettre au Baron de Sainte-Croix*. Mileto, 2 octobre 1806.

(12) Paul Stapfer. *Les artistes juges et parties*, p. 215 et suiv : « Son auteur favori était La Fontaine. Il avait toujours le volume des Fables dans sa poche, et, constamment, l'étudiait. Un jour, comme il venait de prendre congé de ses amis pour aller à la prison de Sainte-Pélagie, on le vit revenir précipitamment, l'air tout effaré, disant qu'il avait oublié son La Fontaine ? Il le retrouva et partit content. »

Paul-Louis avait beaucoup d'esprit, et la porte de Sainte-Pélagie était, dit-on, impressionnante.

Le Prince Caëtani, qui connut Courier, a laissé un témoignage de son admiration pour le « style de l'écrivain qu'il étudiait le plus pour le goût de la langue française ». En quittant Rome « après son deuxième séjour dans l'année 1810 » époque où il vécut dans la propre maison du prince, il laissa à son ami un volume des *Lettres Provinciales*, édition de 1807, corrigé de fautes d'impression, et annoté de sa main. « Il avait l'usage d'acheter ce livre partout où il s'arrêtait dans ses voyages n'ayant pas l'habitude de voyager avec ses livres qu'il laissait en partant (13). » Les fréquents déplacements de sa vie militaire ne lui permettaient pas le transport d'une imposante bibliothèque, et certainement, il abandonnait parfois des livres chez ses amis. Il existe une liste de vingt-six ouvrages qu'il avait laissés chez Lamberti à Florence (14) lors de son départ de cette ville.

D'ailleurs, il n'était pas « bibliophile » au sens moderne du mot : il lisait ses livres. Il avait cependant constitué une assez importante bibliothèque qui

(13) Alcuni ricordi di Michelangelo Caetani duca di Sermoneta, raccolti dalla sua vedova (1804-1862). Milan, 1904.

(14) Collection de l'auteur.

La mention : « à Florence chez M. de Lamberti » est de la main du fils aîné de Paul-Louis, qui attesta aussi l'authenticité de la pièce.

Lamberti, né à Reggio, y résidait parfois, mais il demeurait habituellement à Milan, depuis 1797.

était restée en dépôt chez sa cousine, Mme Marchand. « Je meurs de peur que mes pauvres livres ne soient gâtés par les vers et par la poussière, lui écrivait-il de Rome le 12 novembre 1810. Faites-les je vous prie, non seulement épousseter, mais ouvrir et feuilleter tous les deux ou trois mois. »

Peut-être était-il quelquefois négligent. A la Chavonnière, ses livres étaient placés dans une chambre du premier étage « servant de bibliothèque... et ayant une croisée sur la cour ». Ils y voisinaient avec deux septiers ou vingt-quatre boisseaux de graine de sainfoin, trente-six boisseaux de blé, et quatre morceaux de chevron d'un vieux volet (15). Aussi ne faut-il pas s'étonner si plusieurs volumes étaient détériorés lorsque, plus de deux ans après sa mort sa bibliothèque fut envoyée à Paris (16).

Courier marquait, toutefois, en certaines circonstances, un véritable souci de ceux qui lui avaient été confiés, ainsi qu'en témoigne sa lettre adressée

(15) Nous avons pu, grâce à l'aimable obligeance de Me Vassor, notaire à Tours, consulter la minute de l'inventaire dressé après le décès de Paul-Louis, les 22 avril 1825 et jours suivants.

Les livres les plus précieux y sont énumérés d'après le catalogue trouvé dans la bibliothèque, et le tout est évalué 500 francs, « le véritable prix de cette bibliothèque ne pouvant être connu que par la vente qui pourra en être faite ».

(16) La Chavonnière fut vendue fin juillet 1827 (André. Assassinat, etc...).

Les livres furent vendus moins de deux ans après, les 30 avril 1829 et jours suivants. Plusieurs étaient rongés par les souris (Catalogue des livres de la Bibliothèque de feu M. Paul-Louis Courier. Paris, Merlin, 1829) Collection de l'auteur.

le 31 janvier 1799, avant son départ pour Civita-Vecchia, à l'abbé Marini ; s'il prend la liberté d'emporter quelques ouvrages prêtés, du moins il s'en excuse (17).

C'est pourquoi nous attribuerons à la négligence ses mésaventures livresques avec Oberlin et le bibliothécaire de Parme (17 *bis*), dont certains de ses biographes ont parlé avec trop de sévérité.

Les relations qu'il avait su se créer dans les milieux littéraires et archéologiques d'Italie, sa correspondance avec les érudits français, ses fréquents voyages dans ce magnifique pays qu'il aimait et qui est encore tout imprégné de souvenirs classiques, lui firent d'abord accepter avec patience la médiocrité relative de ses fonctions, et le manque de compréhension de son entourage immédiat. Il avait même autour de lui des gens qui l'appréciaient.

(17) M. Eugène Muntz a publié dans la *Revue Critique* (1882, p. 137 et suiv.) 4 lettres adressées par Courier à Marini, préfet des Archives du Saint-Siège, et non citées par ses biographes. Sur l'adresse de la première Marini avait noté son appréciation sur Paul-Louis : « Giovane dottissimo, massime nella letteratura greca ». (Appendice XVI).

(17 *bis*) Nous ne voyons pas quelle accusation peut être retenue contre Courier.

C'est, en effet, Pezzana, le bibliothécaire lui-même que Paul-Louis avait chargé, par lettre du 27 décembre 1804, di Giulia-Nuova, de lui faire parvenir, comme ils en étaient convenus, les livres qu'il lui avait procurés.

(Carlo Frati-Gesta parmigiane de Paul-Louis Courier, Torino. Bocca, 1923). (Appendice XVI).

Pour un Griois, pour un Noël, il rencontrait aussi un Demanelle ou un Gouvion Saint-Cyr.

Aussi longtemps qu'il conserva cette vie active des camps il sut patienter et se plier aux nécessités du service, mais après ses démêlés avec Dedon, puis son départ pour Livourne et la fâcheuse inspection de Sorbier au cours de laquelle Courier se montra « mauvais courtisan » il prit en dégoût son « vilain métier ». Il avait cependant des amis à Florence : Akerblad, et sans doute déjà la comtesse d'Albany, des correspondants à Rome : d'Agincourt, Marini, Mme Dionigi ; et plus près de lui, à Livourne même, une sympathique relation, si nous en croyons un billet (18) adressé au Consul Général de France à Livourne, Mathieu de Lesseps.

Mais il n'avait pu venir en France depuis plus de cinq ans, ses débiteurs ne le payaient pas, ses affaires périclitaient et il ne pouvait obtenir le congé qu'il avait maintes fois demandé et dont il avait réellement besoin si l'on se reporte à sa lettre à Haxo, du 27 juillet 1808 :« Dis-lui que si je ne vais au pays, je suis ruiné sans ressource, et, cette fois,

---

(18) Du 12 novembre 1808. « L'artillerie à cheval prie M. le Consul d'agréer le bon jour et le ben levato qu'on lui souhaite. On le prie encore d'envoyer au commandant son *Journal de l'Empire*, les dernières feuilles s'entend, plus l'adresse de son tailleur », etc...

Marcellin Pellet. *Napoléon à l'Ile d'Elbe*, Paris, 1888. (Appendice XVI).

un ambassadeur aura dit la vérité » (19), ou à celle à
d'Anthouard : « Il faut que j'aille en France pour
savoir si je suis ruiné... L'amitié dont vous m'hono-
rez fait toute mon espérance, et, réduit comme je le
suis à cesser de servir ou à perdre tout ce que j'ai,
j'aurais déjà quitté mon inutile emploi pour sauver
mon patrimoine, si je n'espérais garder l'un et l'autre par les mêmes bontés dont vous m'avez déjà
donné tant de marques (20). »

Pendant plusieurs mois, il demandera ce congé
qui lui était indispensable et qu'il ne reçut pas. On
ne peut douter qu'il ait eu vraiment l'intention et
le besoin de se rendre en France : « Ne sachant pas
comment vont mes affaires en France, je ne veux
pas rompre » écrit-il à d'Agincourt, « je veux me
dégager tout doucement et laisser là mon harnais,
comme un papillon dépouille peu à peu sa chrysa-
lide et s'envole (21). »

Persuadé qu'il n'avait rien à espérer dans cette
carrière et n'obtenant pas le congé sollicité, Paul-
Louis se décida, enfin, quelques mois plus tard, à

---

(19) Lettre à Haxo. Livourne, le 27 juillet 1808.

(20) Lettre au général d'Anthouard à Milan. Livourne, le 26 juillet
1808.

(21) Lettre à M. d'Agincourt à Rome. Livourne, le 15 octobre 1808. Jean-Bap-
tiste-Louis-Georges Seroux d'Agincourt (1750-1814). Soldat, diplomate, puis
fermier général, mais passionné pour les arts et l'archéologie, vivait en Italie
depuis 1779.

donner sa démission, avec un malin plaisir qui perce dans sa lettre à Griois (22).

Il comptait se rendre en France, et après avoir arrangé ses affaires, revenir aussitôt que possible en Italie, pour mettre à profit la découverte qu'il avait faite d'un fragment inédit de Longus, dans le propre manuscrit sur lequel travaillait le Bibliothécaire de la Badia, del Furia. Il songeait, en effet, depuis longtemps, à donner une nouvelle traduction de *Daphnis et Chloé*, ou une révision de celle d'Amyot.

Il eut cependant beaucoup de peine à quitter une seconde fois cette terre italienne qui lui rappelait déjà tant de souvenirs, et il s'arrêta près d'un mois à Milan.

Napoléon venait de partir pour soutenir une nouvelle campagne contre l'Autriche lorsque Courier arriva, le 14 avril 1809, à Paris.

La rencontre d'officiers (23), ses anciens camarades, « qui passaient de l'armée d'Espagne à l'armée du Danube » dit-il (24) le décida à reprendre du

(22) Milan le 10 mars 1809.

Il avait quitté Florence le 4 février 1809 pour rejoindre Milan, selon l'ordre qu'il avait reçu. Sa démission fut acceptée le 15 mars.

(23) Lettre au général Gassendi. Tivoli, 5 septembre 1810.

Voir aussi le « Rapport au Ministre de la Guerre » sur la réintégration de Courier publié par M. Gaschet d'après les documents conservés au ministère de la Guerre.

(24) Commentaire de la lettre à Sylvestre de Sacy, du 13 mars 1809.

service. Il « employa de nouveau ses amis » : sans doute Duroc, Grand Maréchal du Palais, ou Leduc aîné (25) qu'il avait connus autrefois à Châlons, et, le 7 mai, il recevait l'ordre de se rendre en Allemagne pour y attendre que l'Empereur eût prononcé sur sa rentrée au Service.

Mais il ne partit cependant pour Strasbourg que le 28, parce que ses affaires l'obligèrent à aller passer quelques jours à Luynes.

Bien accueilli par le général La Riboisière, qui commandait en chef l'Artillerie de l'Armée, et qui obtint sa réintégration définitive, mais ne le conserva pas près de lui, Courier fut dirigé sur le 14e corps d'armée dans l'île Lobau, et employé aux batteries qui protégèrent, le 4 juillet, le passage du Danube.

Les circonstances lui furent, dès le début, défavorables : l'air marécageux des îles lui avait donné la

(25) Emmanuel-Sigismond Viollet-le-Duc, élève à l'Ecole d'Artillerie de Châlons en 1792. Lieutenant au 5e régiment d'artillerie à Strasbourg en 1793, il fut appelé par Duroc, son ancien camarade, dans les Bureaux du Grand Maréchal. Il y fit lui-même entrer son frère cadet, Emmanuel-Louis-Nicolas (1781-1857) homme de lettres et bibliophile distingué, qui fut plus tard Chef de Division de la Maison du Roi. Le fils de ce dernier fut le célèbre architecte ; et son beau-frère, Etienne-Jean Delécluze a laissé de remarquables souvenirs sur les milieux littéraires de l'époque (Souvenirs de soixante années. Souvenirs inédits publiés par P. Cottin dans la *Revue Rétrospective*).

On a publié plusieurs lettres de Courier à son ami Leduc aîné, et Emmanuel-Louis-Nicolas Viollet-le-Duc a, lui-même, inséré dans la *Revue Encyclopédique* de 1825 une fort intéressante notice nécrologique sur Courier.

fièvre. La mauvaise chance le poursuivait, et, après avoir été évacué sur Vienne, se rendant compte qu'il ne rentrait plus au service de la manière qu'il avait souhaitée, brouillé avec le chef qu'il avait voulu servir, il crut que, « n'ayant ni solde ni brevet, il n'était point assez engagé pour ne pouvoir se dédire ». Il ne se considéra pas comme réintégré, et il revint à Strasbourg un mois à peine après l'avoir quitté. Il écrivit ensuite en demandant à être rayé des états sur lesquels il avait pu être porté.

Après un séjour d'un mois chez les époux Thomassin Paul-Louis traversa lentement la Suisse dont il nous a laissé un tableau idyllique, pour se rendre en cette Italie qu'il regrettait. Florence était de nouveau son but.

Nous ne conterons pas ici la fameuse histoire de la tache d'encre. Notons seulement qu'elle lui fournit l'occasion de publier son premier pamphlet, la *Lettre à Renouard*, et lui valut la célébrité. Mais, en le brouillant avec quelques amis, elle contribua à lui rendre le séjour de l'Italie moins agréable. Tout en projetant en Grèce un voyage qu'il ne devait jamais accomplir, il revint en France. Il était à Paris le 3 juillet 1812.

Dès lors, il réside habituellement à Paris, chez sa cousine, Mme Marchand, 12, rue des Bourdonnais, mais il fait aussi quelques voyages en Touraine, et son insouciance lui attire à Blois, au cours de l'un d'eux, une désagréable mésaventure qui ne le réconcilie pas avec le régime impérial.

Revenu à Paris, à la fin d'octobre, il y resta « tout l'hiver et le printemps de 1813, partageant son temps entre l'étude et le jeu de paume, pour lequel son ancienne passion s'était réveillée ».

L'Empire était à son déclin, les préoccupations n'étaient pas littéraires. Courier préparait cependant une nouvelle édition revue de la traduction de Longus qu'il avait donnée, tirée à 60 exemplaires, à Florence en 1810.

En juillet, « il alla s'établir à Saint-Prix (26) dans la vallée de Montmorency ». Il y mit la dernière main à cet ouvrage, qui parut chez Didot en 1813.

Courier observait les événements sans y prendre part. C'est alors que le hasard le rapprocha de ses amis Clavier qui habitaient rue du Grand Chantier (27), et dont il avait vu grandir les deux charmantes filles, Minette et Zaza.

Par quel sortilège, l'aînée, Herminie — elle n'avait encore que dix-neuf ans (28) — put-elle

(26) Il habitait la maison située en face de l'église, dont une entrée donne sur la place de la Croix, et où Mme Rihm avait ouvert une pension de famille.

A. Rey. Sedaine à Saint-Prix. *Revue de l'Histoire de Versailles et de Seine-et-Oise*, 1905.

(27) Partie de la rue des Archives actuelle.

(28) Elle était née, le 30 juillet 1795, au château de la Nozaie, commune de

fixer l'affection de cet indépendant, rien moins que propre au mariage ? Nous savons seulement qu'il se décida à faire à Mme Clavier cet aveu : « Tout ce que j'aime est ici. » Cependant, assez indécis de caractère, et influencé par des « conseils de parents », probablement de sa cousine Marchand, qu'il avait instituée légataire universelle de ses biens, ainsi que son frère Pigalle, par testament daté de Barletta, du 2 prairial an XIII (22 mai 1805) (29) il hésita jusqu'au dernier moment, et rompit même.

Mais, il regretta bien vite son geste, et sa lettre à Mme Clavier, datée d'un mercredi d'avril 1814, nous le montre repentant et implorant ce bonheur qu'il convoite. Le mariage fut célébré le 12 mai 1814, sept jours après l'entrée des Bourbons à Paris.

Jusqu'ici Paul-Louis était resté assez en dehors de la politique, du moins il s'était contenté de faire, dans ses lettres, des remarques parfois assez dures sur le régime de l'« oripeau » qu'il n'aimait pas. L'Empire s'écroula. Courier, qui s'était d'abord affecté des événements, et « projetait de quitter Paris pour échapper à l'odieuse nécessité de voir partout chez lui des figures russes et allemandes »,

Nonville, près de Nemours (Seine-et-Marne) à 2 kilomètres de Darvault, dont Louis Courier, l'oncle de Paul-Louis, avait été seigneur.

(29) Bibliothèque de Reims. Collection Tarbé carton XXI. N°s 335-336 (Appendice XVI).

absorbé ensuite par ses projets, s'en aperçut à peine.
Dans l'entourage de Clavier qui, bien que juge
impérial, s'était toujours montré indépendant à
l'égard du régime, Louis XVIII était accueilli avec
joie, même par le rusé Lemontey, qui avait su
encenser le triomphateur d'hier. D'ailleurs, il faut
bien reconnaître que, à part quelques favorisés de
l'empereur trop compromis pour passer au roi avec
armes et bagages, le pays, par lassitude de la tyrannie
napoléonienne et des guerres incessantes dont il
était la cause, reçut sans déplaisir la Charte et les
Bourbons. Le subtil Talleyrand ne s'y était pas
trompé, ils représentaient alors le seul pouvoir
capable de liquider au mieux l'aventure qui venait
de durer un quart de siècle.

Ce régime, loyalement appliqué, devait plaire à
cet esprit du XVIIIe siècle, auquel vingt-cinq ans
d'anarchie et de tyrannie mêlés masquaient certains
abus de l'ancien régime. Si quelques réformes de
1789 lui tenaient au cœur, elles n'étaient pas incom-
patibles pour lui avec la monarchie.

Courier fit donc confiance à la Restauration. Il
crut la vie normale enfin revenue. Il se décida donc
à fonder un foyer et à créer une famille. Ici finit une
première période de la vie de notre grand écrivain, celle de l'insouciance de la vie matérielle, car
Paul-Louis avait lui-même des besoins essentielle-

ment réduits. Ici finit l'indépendance et la fantaisie.

Quelques mois après apparaît déjà le germe des difficultés que les différences d'âge et d'habitudes entre les époux devaient faire surgir plus tard. La lettre du 25 août 1814, lettre tout intime, qui n'était pas destinée à l'impression, et que Mme Courier publiera, peut-être pour justifier sa conduite, et mettre les torts du seul côté de son mari, nous éclaire cependant plus qu'elle n'eût voulu : Courier cherchait incontestablement à échapper à certaines sociétés qui, pour des motifs divers, lui déplaisaient; il paraît avoir pris ombrage et aussi quelque jalousie de l'entourage de sa trop jeune femme.

Mais, comme nous le démontrerons dans une prochaine étude (30), le commentaire des lettres n'est pas, contrairement à ce que l'on a cru jusqu'à présent, de Paul-Louis ; puis celui qui précède la lettre du 25 août est tendancieux, et nous ne connaissons pas toutes les pièces du procès.

Retenons seulement que Courier partit pour la Touraine, et se rendit ensuite sur les côtes de Normandie. Il était passé « sans s'arrêter » à Paris. Sa femme y était-elle? La lettre écrite du Havre, le 25 août 1814, nous en ferait douter : « Me conterais-tu, par exemple, tout ce qui s'est passé depuis mon

---

(30) Introduction à l'édition critique des œuvres de Paul-Louis Courier.

départ jusqu'au jour où vous partîtes pour la campagne ? » Ne nous mêlons donc pas de cette querelle de ménage, et tenons pour une boutade, mettons une taquinerie, le prétendu bateau frêté pour le Portugal, dont il parla sans doute dans une lettre qui ne nous est point connue. Nous ne regarderons pas comme un retour à la « vie aventureuse qu'il avait menée si longtemps » un voyage de quelques semaines dont la nécessité s'imposait peut-être puisqu'il paraît avoir été regretté et rappelé par les lettres de sa jeune femme.

Cette lettre reste toutefois un témoignage de l'incontestable sottise qu'il avait faite en se laissant prendre à ce « geste », ce « regard et ce parler si doux, et ces manières » qui l'avaient conduit « au 12 mai ». Les autres en découleront naturellement, et, engagé sur cette voie, il ne pouvait que subir son mauvais sort.

Quoi qu'il en soit, une plus grande intimité paraît s'être établie entre les époux pendant les années qui suivirent. Courier forma, cependant, de bonne heure le projet d'emmener de Paris, sa jeune femme. Il y était amené surtout par des considérations d'ordre matériel. Vingt années de campagne, l'impossibilité où il s'était trouvé de surveiller ses affaires les avaient laissé péricliter, il avait été contraint d'écorner son capital alors que la fortune avait monté autour de lui. Il avait, sans profit, gâché vingt ans de sa vie tout en diminuant son patrimoine, et il était dans une situation relative inférieure à celle que lui avait laissée son père. Il ferait donc difficilement figure à Paris ? Tout au moins lui faudrait-il employer judicieusement ses capitaux.

C'est alors qu'il retrouvera dans son atavisme les ressources qui lui permettront sinon de rétablir sa situation, du moins d'en tirer le meilleur parti. Depuis quatre générations, les siens ont fait commerce de bois, en passant de l'humble charpentier de village, Michel Courier, au « Marchand de bois pour la provision de Paris », Jean Courier. Son père, Jean-Paul, ne fût-il pas, lui-même, intéressé dans le commerce de bois de ses beaux-frères, et ne spécula-t-il pas sur les terres de Méré, du Breuil, qu'il revendit avec profit, non sans avoir vraisemblablement exploité les bois qui en dépendaient.

C'est de ce côté qu'il se tournera, lui aussi. Il songe donc à s'installer en Touraine, mais sa terre de la Filonnière ne contient, à côté du bâtiment de la ferme, qu'un petit pavillon. Il ne permettrait pas une installation suffisante.

Courier avait compté acquérir un bien à vendre à Bourgueil, et il se rendit en Touraine, à cette fin, en juin 1815, mais le bien était vendu. « Ils sont trop verts », dit-il pour se consoler.

Telles étaient les préoccupations de Paul-Louis pendant les Cent-Jours. Toutefois, constate-t-il, dans une lettre écrite quelques jours plus tard, la veille même de la bataille de Waterloo, que le « pays n'est pas tranquille » dans la région où il se trouve, et que, « si l'empereur gagne la partie, ce pays-ci sera bientôt calme ».

Vers la fin de l'année une nouvelle occasion se présenta. Il acheta, le 16 décembre 1815, la forêt de Larçay, et, dès le 25, il se préoccupait des affiches à envoyer au garde « pour la coupe » qu'il voulait « vendre cette année ».

Nous saurons plus tard qu'il y avait dans la région beaucoup de gens fort mécontents qu'il ait « osé acheter cette forêt ; ce sont les gros du pays et B. (Bidaut) à la tête. Il m'avait dit d'abord avant l'acquisition : Cela ne convient qu'aux gens riches de ce pays-ci. Un M. de Rhodes a eu là-dessus une querelle avec sa femme ; c'est l'histoire de M. et Mme de Sottenville... Quel scandale, en effet, n'est-ce pas, qu'un si beau bien soit dans la main de gens qui ne sont ni maires, ni préfets, ni généraux, ni marquis, ni négociants ! cela crie vengeance ».

Mais l'acquisition de cette forêt devait lui donner, dès l'abord, des soucis : c'était un ancien bien des archevêques de Tours, confisqué ainsi que les autres biens du clergé. Courier possédait donc un

« bien national » et tout ce qui pourra inquiéter maintenant les acquéreurs de biens nationaux l'atteindra également.

Puis, il est resté quelque temps à Luynes, pendant les premiers mois de cette année 1816. Il y fut témoin de divers incidents locaux qui l'incitèrent à publier en décembre suivant son premier pamphlet politique *Pétition aux deux chambres*. Mais il est encore considéré, dit-il, dans les milieux royalistes du pays comme la « pureté même », car il a été « pur dans un temps où tout était embrené ».

Dès ce moment, Courier désirait acheter une propriété à proximité de sa forêt de Larçay, dont Luynes est trop éloigné (31). « J'ai vu I..., dit-il dans sa lettre du 30 janvier 1816... sa maison est bien ce qu'il nous faudrait. Elle est plus simple que je ne l'aurais cru en la voyant de loin. Il dit qu'il ne veut point la vendre. Cependant, il me l'a fait voir dans le plus grand détail, et il me la vantait du ton d'un homme qui veut faire valoir sa marchandise. Moi je l'ai fort approuvé de ne point vouloir s'en défaire, et j'ai refusé de voir les appartements qu'il voulait aussi me montrer. »

Il s'agit, sans doute, déjà d'Isambert et de la

(31) Lettre de Tours, 30 janvier 1816.

Chavonnière que Paul-Louis ne devait acquérir que deux ans plus tard.

Son beau-père, Etienne Clavier, mourut le 18 novembre 1817, laissant inachevée son édition de Pausanias, dont les derniers volumes parurent avec des notes de Courier lui-même.

Paul-Louis avait promis à Mme Clavier, dans une lettre qui précéda de peu son mariage, alors sur le point d'être rompu, « de faire pour son mari toutes les traductions, recherches, notes, mémoires » qu'il lui plairait de lui commander, et de tâcher même d'être de l'Institut, de faire des « visites et des démarches pour avoir des places, comme ceux qui s'en soucient ». Il ne tarda pas à exécuter sa promesse : il se présenta, pour remplacer son beau-père, à l'Académie des Inscriptions et Belles-Lettres, mais il se vit préférer un courtisan. Il s'en vengea par sa *Lettre à l'Académie*, l'un de ses meilleurs pamphlets.

Le 21 avril 1818, il acquiert enfin la Chavonnière, et, au cours de l'été, il vient s'y établir. Il va pouvoir surveiller l'exploitation de sa forêt et de son domaine qui contient des vignes et des terres. Paul-Louis est devenu vigneron. Ce n'est que plus tard qu'il adoptera cette qualification dans ses pamphlets, mais il faut bien reconnaître qu'il s'occupera parfois sérieusement de sa vigne et de sa ferme.

Il ne trouvera pas, là encore, la tranquillité qu'il cherche, il se heurtera assez rapidement à l'animosité du maire Archambault-Debeaune, qui lui fit subir les vexations qu'il est « au pouvoir d'un maire d'exercer contre ses administrés, et dont il est impossible de se faire une idée quand on n'a vécu qu'à Paris ou dans les grandes villes », nous dit le commentaire.

Au début de l'année 1819, il vint à Paris, pour faire imprimer sa *Luciade* et suivre aussi la vente de la bibliothèque de Clavier (32) ; des amis le présentèrent à Decazes, on écrivit au préfet de le laisser tranquille. Un peu plus on destituait Archambault-Debeaune, et Courier était nommé à sa place. Mais la *Lettre à l'Académie*, parue à ce moment, fit échouer ce projet.

Courier éprouvait de grandes difficultés dans l'exploitation de sa forêt. Il lui fallait, car elle constituait une importante partie de son revenu, se défendre contre ses voisins, contre les marchands de bois, contre beaucoup de paysans qui avaient, de longue date, pris l'habitude, de père en fils, de venir

(32) La bibliothèque de Clavier fut vendue du lundi 18 janvier 1819 au mardi 9 mars 1819, en 38 vacations.

Catalogue des Livres de la Bibliothèque de feu M. Clavier. *Bibliothèque Nationale*, Δ 9785.

La comparaison de ce catalogue et de celui de la bibliothèque de Courier ne nous permet pas d'affirmer qu'il se rendit acquéreur de quelques ouvrages.

dans la forêt de Larçay, ramasser le bois mort ou les feuilles sèches. Il dut prendre un garde sévère et s'attira, ainsi, l'inimitié d'une partie de la population.

Nous n'insisterons pas sur les dernières années de Paul-Louis Courier à la Chavonnière, sur ses infortunes et les circonstances de l'assassinat du 10 avril 1825, qui nous sont parfaitement connues dans tous leurs détails, depuis les travaux de Rivière et d'André (33).

Tout au plus, rappellerons-nous que l'assassin fut acquitté en 1825, et qu'en présence de la chose jugée il ne put être poursuivi en 1830, lors de la révélation par Sylvine Grivault des auteurs du drame. Les complices furent, eux aussi, acquittés.

Bizarre destinée que celle de Courier dont la vie est ainsi placée entre deux drames domestiques. Le crime accompli resta impuni alors que le crime d'intention avait été sévèrement réprimé, mais dans les deux cas les instigateurs ne furent qu'imparfaitement confondus.

Courier s'était aigri dans ses dernières années. D'ailleurs, des germes morbides avaient sérieusement influé sur son caractère qui « gai d'abord »

(33) L'assassinat de Paul-Louis Courier, 1913.

devint « irritable, égoïste et misanthrope (34) ».

Delécluze, qui le vit souvent à la fin de 1824 prétend qu'il « vivait plongé habituellement dans un abattement dont il ne pouvait sortir qu'en se procurant une ivresse factice, en se laissant aller à tout le dévergondage de son esprit ».

Nous ne souscrirons pas à toutes les appréciations d'Etienne, qui est souvent un peu guindé, et qui admire certes plus Bertin-Devaux (35) que notre pamphlétaire, mais nous retiendrons comme un document son témoignage sur le Courier des dernières années, soit quand il fut reçu à la Chavonnière en 1820, soit lorsqu'il le vit dans le cénacle qui réunissait parfois, outre Courier et Stendhal Mérimée, Albert Stapfer et Sautelet (36), — qui devait être plus tard l'éditeur de ses œuvres, — ou mieux encore dans cette rencontre qu'il fit de Paul-Louis, au début de 1825, dans la galerie des antiques du Louvre : « Cependant, Courier inquiétait ses amis. Sautelet avait annoncé qu'il se rendrait à une réunion du dimanche, et on ne le vit pas.

(34) Dr Roger Goulard. Essai Médical sur Paul-Louis Courier (*Bulletin de la société française d'histoire de la médecine*, mai-juin 1921).

(35) Directeur du *Journal des Débats*.

(36) Philibert-Auguste Sautelet, éditeur, gérant du *National* se suicida dans la nuit du 13 au 14 mai 1830, à 5 heures et demie du matin. Il avait été le condisciple de Balzac au collège des Oratoriens de Vendôme, puis à Paris, l'élève de Cousin et l'ami de Stapfer et de Mérimée.

Quelques jours après Etienne le rencontra dans les galeries des antiques du Louvre. Son œil était hagard, sa toilette plus négligée encore que de coutume, et ce ne fut qu'après quelques instants de silence qu'il se livra à la conversation. En parcourant les salles, les deux promeneurs s'entretinrent sur l'art chez les anciens, et comme Courier, quelque trouble qu'il eût dans le cœur, avait la faculté de laisser son esprit s'éveiller de son côté, dès qu'il se présentait une question qui l'intéressait, se jeta sur celle relative à l'équipement des chevaux qu'il poursuivait pour arriver à l'intelligence complète du passage de Xénophon, ce qui le mit en verve et le rendit intéressant et spirituel en la traitant (37). »

« Une passion absorbait chez lui toutes les autres, ajoute Delécluze, celle d'écrire. Méditer, retourner de mille manières une phrase jusqu'à ce qu'il lui eût donné le tour et la perfection qu'il avait rêvés, suspendait chez lui l'action des peines les plus cuisantes, le rendait même momentanément heureux », et plus loin : « Son goût pour tout ce qui se rattachait aux lettres était si impérieux, qu'une quinzaine de jours après l'entrevue à la salle des antiques et lorsqu'il était déjà bourrelé d'inquiétudes, il se rendit à la société du dimanche ayant

(37) *Souvenirs de soixante années*, Paris 1862, p. 236 à 242, 248 à 253, 256 à 263.

appris que Beyle devait y lire la seconde partie de son pamphlet intitulé *Racine et Shakespeare.* »

Delécluze dit encore : « Quand on l'a connu intimement on a bien de la peine à croire que la composition de ses pamphlets lui ait été inspirée par la violence de ses opinions politiques. »

C'est aussi l'avis de Cournot, qui, devenu précepteur du fils unique de Gouvion Saint-Cyr, le vit, en août 1824 (38), à Reverseau, dans la terre du Maréchal, qui le recevait parfois.

Courier venait de chez Lafayette, alors au château de la Grange (39), lorsqu'il arriva chez le Maréchal et « il ne se faisait faute de lancer de bons brocards, tant contre le héros des deux mondes que contre son entourage libéral, non sans donner la tentation de croire qu'il pourrait bien ne pas plus ménager les hôtes du jour que ceux de la veille ».

Cournot nous a laissé un pénétrant portrait de Paul-Louis : « Enfin, je parlerai d'un écrivain dont les piquants pamphlets passaient pour des événements politiques, quoiqu'il ne fût lui-même rien moins qu'un homme politique. En effet, Paul-Louis Courier... était uniquement un artiste en fait de langue et de style, qui aurait donné toutes les

(38) Cournot. *Souvenirs.* Cette visite eut lieu en août 1824 et non dans l'été de 1825 comme l'indique Cournot. Reverseau était en Beauce près de Chartres.
(39) Dans la Brie.

chartes et toutes les constitutions du monde pour une expression frappée au bon coin, ou pour un trait bien acéré ; qui ne cherchait qu'une occasion de saisir des ridicules, de marquer par son originalité, et dont une faute contre le goût aurait agacé les nerfs bien plus qu'un coup d'état...

Courier aimait par-dessus tout son indépendance et par suite son patrimoine qui le rendait indépendant. Il était bûcheron et vigneron, en ce sens qu'il tenait infiniment à ses bois et à ses vignes. Jusque-là rien de mieux ; mais son aversion des dépenses superflues était portée trop souvent jusqu'à des travers comiques, dont il prenait le parti de plaisanter lui-même, et qu'il se faisait pardonner à force d'esprit. »

Paul-Louis devait se plaire dans la société du Maréchal Gouvion Saint-Cyr, dont les idées se rapprochaient des siennes, à la fois sur les arts et sur les questions militaires : « Le Maréchal Saint-Cyr était certainement un homme de guerre d'une espèce à part dans un temps qui a dû fournir et consommer tant d'hommes de guerre. Il n'avait rien du tempérament ni des goûts d'un soldat, et prisait assez peu la science de la guerre, c'est-à-dire les théories (40), les systèmes qui font en cette ma-

(40) Cournot. *Souvenirs.*

tière comme en d'autres, la pâture des esprits spéculatifs ».

Gouvion avait, certes, dû goûter la *Conversation chez la comtesse d'Albany* inédite alors, et dont Courier n'avait sans doute pas manqué de lui donner lecture ; mais, en politique, comme d'autres amis de Paul-Louis, il ne faisait pas d'opposition au gouvernement monarchique. D'ailleurs, nous avons bien vu que Paul-Louis, lui non plus, n'avait pas d'opposition de principe contre le régime restauré.

Trop intelligent pour croire à la supériorité de la société française issue de 1789, il avait salué avec sympathie la Restauration qu'apportaient les Bourbons après les essais sanglants des révolutionnaires et de Bonaparte. Comme presque toute la France, hors ceux qui tenaient uniquement leur faveur de l'empereur et ne pouvaient la conserver sous le nouveau maître, il avait accueilli Louis XVIII comme le libérateur qui ferait cesser ce régime de guerre éternelle dont le pays souffrit tant et dont le principe était à la fois chez les Girondins, dans la Montagne et chez le dictateur.

Louis XVIII était donc à ses yeux un pacificateur, et il était préparé, dès lors, à un retour modéré aux manières de gouverner de l'ancien régime. Mais la machine administrative impériale était un instrument de domination trop commode pour qu'on ne fut pas tenté, dans l'entourage du Roi, de l'utiliser. Les gouvernements sont toujours la proie de leurs partisans. Le Roi fut vite débordé par les Ultras qui inquiétèrent les sentiments et les intérêts. Peut-être eût-il suffi, pour préserver la France des trois révolutions qu'elle eut à subir au cours du XIXe siècle, d'un peu de souplesse à l'origine, et Paul-Louis Courier n'avait pas d'autre but que d'obtenir du pouvoir un peu de modération.

Les idées étaient bien changées depuis vingt-cinq ans, l'aimable scepticisme qui pénétrait tous les milieux à la fin du siècle précédent avait fait place à une sorte de fanatisme dominant tous les partis. Les esprits devenaient étroits et fermés, et un ardent prosélytisme orientait le pays vers une guerre religieuse prochaine, qui fut la cause profonde de la chute de la branche aînée, et détermina encore longtemps après la politique intérieure.

Aussi, la Restauration, dont la société fut « digne d'être anglaise tant elle fut hypocrite » (41) le déçût-elle fort vite.

De plus, les guerres de la Révolution et de l'Empire avaient laissé la France amoindrie et appauvrie. Le pays, loin d'être ruiné, était cependant accablé

(41) Barbey d'Aurevilly. *Une vieille maîtresse.* Cadot, 1858, p. 16.

de très lourdes charges qu'aggravaient encore les exigences des anciens émigrés, et les ministres du Roi devaient lui demander des sacrifices de plus en plus lourds. Or, le contribuable ne s'offre jamais en holocauste, et Courier, imbu des idées de l'ancien régime croyait que le rôle du Parlement est non de proposer de nouvelles charges, mais de prendre la défense de ses mandants, en un mot, de consentir l'impôt. Il a souvent précisé sa pensée sur ce point, dans ses écrits, mais nulle part mieux ni plus complètement qu'en ce passage de la première *Réponse aux anonymes*, où il rappelle un épisode de la vie de Wakefield (42) : « C'était un homme de bien, fameux par son savoir. Les ministres, voulant augmenter le budget, vantaient l'économie et la gloire que ce serait à la nation anglaise de payer plus d'impôts qu'aucune de l'Europe. Les impôts ; selon eux, ne pouvaient être trop forts. Que l'on ôte à chacun la moitié de son bien, le rapport des fortunes entre elles restant le même, personne n'est appauvri. Si, disaient-ils, une maison s'enfonçait d'un étage ou deux, en gardant son niveau, elle en serait plus solide. Ainsi, la réduction de toutes les fortunes au profit du trésor consolide l'Etat, et cette réduction est une chose en soi absolument

(42) Gilbert Wakefield, philologue et théologien anglais (1756-1801).

indifférente. Oui bien pour vous, dit Wakefield dans un écrit célèbre alors, pour vous, qui habitez le haut de la maison ; mais nous, dans les étages bas, nous sommes enterrés, monseigneur. Ce mot parut séditieux, offensant le roi, la morale, subversif de l'ordre social, et le bon Wakefield, traduit devant ses juges naturels qui tous dépendaient des ministres, avec un avocat également naturel, qui dépendait des juges, son procès instruit dans la forme, s'entendit condamner à trois ans de prison »... Il y mourut.

L'esprit d'indépendance à l'égard du pouvoir était réel et très développé sous l'ancien régime, et Courier est bien, là encore, un homme du XVIIIe siècle. Il ne croit pas participer par son vote à l'exercice de la puissance publique, et si le parti à côté duquel il combattait avait bientôt gouverné il n'eût pas, pour cela, perdu toute faculté critique.

D'ailleurs, Courier n'était pas un partisan : « Il n'est pas jacobin, mais il ne veut point du tout qu'on pende les jacobins, il n'aime pas Bonaparte, mais il ne veut point qu'on emprisonne les bonapartistes... on l'a toujours vu du parti opprimé. Aristocrate sous Robespierre, libéral en 1815, il... ne vous renoncera, dit-il aux libéraux, que quand vous serez forts, c'est-à-dire insolents (43). »

(43) Deuxième lettre particulière.

Paul-Louis s'était toujours, en somme, accommodé des différents régimes qu'il avait connus, mais, s'il avait vu avec plaisir diminuer le pouvoir du roi, il était sans préférence pour aucune forme de gouvernement. S'il entra, par la suite, en correspondance avec un prince du sang qui devint roi, s'il sembla même donner son adhésion au parti d'Orléans, c'est qu'il lui paraissait dépouillé de certaines influences étroites qu'il reprochait à la branche aînée de subir.

Il se sentait donc, certes, plus à l'aise près du parti libéral, parti d'opposition, mais il était de cette nature d'esprits trop fins, trop nuancés pour accepter des opinions tranchées. Fort intelligent, trop même pour son repos, il avait cette faculté si rare de pouvoir concilier les contraires, et, sceptique en toutes choses, il l'était aussi en matière politique. Mais il ne restait pas indifférent à ces questions qui le touchaient dans la mesure où sa liberté, et les conditions mêmes de son existence et de son indépendance étaient affectées par le régime qui s'était établi.

Bien que fortement équilibrée, sa raison n'échappa pas tout à fait aux influences de sa sensibilité. Quelques faits déterminent parfois l'homme et éclairent sa psychologie : Courier, lorsqu'il feuilletait certains documents conservés dans ses papiers

de famille (44), pouvait-il se rappeler sans amertume que son père avait failli être victime de
l'attentat d'un duc resté débiteur envers les siens
d'une somme considérable.

Le biographe de 1824 nous a dit que Paul-Louis
n'aimait pas la noblesse. Il faut reconnaître que
l'aventure du duc d'O... était bien de nature à le
rendre au moins circonspect. L'influence des grands
seigneurs qui s'agitaient autour du trône restauré
n'allait-elle pas renaître et grandir à l'excès ? Il y
avait là matière à inquiétude pour un acquéreur de
« bien national ». Telles étaient ses préoccupations
en 1821.

Aussi n'est-il pas étonnant qu'il ait pris parti de
bonne heure contre la reconstitution des grands
domaines. S'il nous choque quand il défend les
bandes noires, qui morcelèrent de belles terres ou
détruisirent certains monuments de l'art, souvenons-nous que le point de vue esthétique et archéologique auquel nous nous plaçons n'était pas le
même alors.

Le XVIIIe siècle était sans admiration pour le gothique et la Renaissance, et n'appréciait les monu-

------

(44) L'inventaire dressé par Me Bidaut, notaire à Tours, les 22 avril 1825 et
jours suivants mentionne notamment : « Une liasse de notes concernant la
famille de Montmorency, au nombre de 36. »

ments du temps et ceux du siècle précédent que pour leur magnificence (45).

D'ailleurs si Paul-Louis ne pensait pas que l'on ait écrit en français depuis le XVIIe siècle, il croyait à peine que l'on ait bâti, sculpté ou peint depuis les Grecs. Son culte de la beauté s'arrêtait aux antiques. Il devait donc être injuste pour les merveilles de l'art français que nous avons découvertes depuis sa mort.

Ce n'est même pas une injustice de cet ordre qu'il a montrée dans ses boutades contre l'histoire, ou plutôt contre Plutarque, qu'il aimait comme écrivain et non comme historien (46). Courier lui reprochait, en somme, un manque de sens critique et un excès d'optimisme à l'égard des grands hommes, et tout le monde en convient aujourd'hui. Paul-Louis avait cependant de réelles connaissances historiques, complétées par des lectures de mémoires, et, — ce sera la revanche de l'histoire, — elle nous est indispensable aujourd'hui pour l'intelligence de ses pamphlets et de ses lettres, qui resteront comme d'impérissables monuments de la langue française;

(45) Nous n'énumérerons pas les mutilations subies par les anciens monuments français au XVIIIe siècle. Qu'il nous suffise de citer l'affreux portail de Saint-Eustache, — en construction lors du baptême de Paul-Louis, — sa première paroisse.

(46) Lettre à M. et Mme Thomassin. Lucerne, 25 août 1809.

Lettre à M. Sylvestre de Sacy. Rome, le 3 octobre 1810.

non seulement par son inimitable style, mais encore parce que, s'il ne faut pas chercher en lui des opinions absolues ou des idées originales, ses œuvres ont néanmoins quelque chose d'universel. Par les sentiments profondément humains qui les animent : résistance à l'oppression, indépendance de l'esprit, large souffle de tolérance, Courier remonte, là encore, au delà du XVIIIe siècle pour rejoindre les grands écrivains de notre Renaissance : Montaigne et Rabelais.

C'est pourquoi, malgré ses pamphlets, malgré ses vives attaques contre un régime dont il souffrait, il n'était point homme de parti, et nul ne saurait le réclamer ; Paul-Louis était sceptique et indépendant.

M. Charles Maurras, de son point de vue doctrinaire, ne s'y est point trompé en écrivant : « Comme Paul-Louis Courier, de qui le style fait honte aux idées, mais beaucoup plus haut pour l'intérêt de la matière et la valeur de l'esprit, Henry Beyle est incomparable quand il s'agit de sentir juste, de voir clair et à fond, de donner en quelques paroles très simples l'abrégé des méandres d'une vie ou d'une pensée (47). »

Cet éloge de son style et de son esprit vif par

(47) Charles Maurras. Préface de *Rome, Naples et Florence*. Paris, Champion, 1919.

l'éminent royaliste nous est précieux, encore que tempéré par une réserve attendue et par la préférence donnée à Stendhal.

Nous retiendrons plutôt l'entière admiration de Beyle qui le regardait comme son maître et celle qu'Anatole France exprimait lors du centenaire de l'installation de Paul-Louis à la Chavonnière : « On y trouve (dans ses pamphlets) peu de doctrine, point de système, mais beaucoup de raison et beaucoup d'humanité. Ils sont encore aujourd'hui le régal des délicats, qui reconnaissent en Courier le meilleur écrivain de son temps, le plus pur, le plus sobre, le plus exact à la fois et le plus charmant et pour tout dire d'un mot, le moins romantique (48). »

(48) Discours prononcé à Véretz le 8 septembre 1918 par Anatole France (*L'Œuvre*, 10 septembre 1918).

II

ORIGINE ET FORTUNE
DE LA FAMILLE COURIER

II

Origine et fortune de la famille Courier.

La famille Courier est originaire des trois vallées formées par l'Orvin (1), son affluent le Rognon (2), et le rû presque toujours sec qui suit le vallon de Sognes, passe au pied du Plessis-Gâtebled et de la Louptière et rencontre l'Orvin en aval de Trainel.

Ces ruisseaux encadrent sur trois côtés, à l'est, au nord et à l'ouest, un plateau vallonné situé à la limite de la Champagne pouilleuse et du Sénonais, d'une altitude moyenne de 153 mètres et qui s'élève jusqu'à 189 mètres un peu plus au sud, dans la forêt de Lancy, pour se terminer près des collines des Bois de Maimbœuf, des Chardonnières et des

(1) Affluent de la rive gauche de la Seine qui prend sa source près de Somme-Fontaine ou Saint-Lupien et se jette dans ce fleuve à Courceroy (une autre branche, le Vieil-Orvin, se déverse dans la Seine après avoir traversé Villiers-sur-Seine).

(2) Le Rognon prend sa source à Saint-Maurice-aux-Riches-Hommes et se jette dans l'Orvin près de Trancault.

Sauvageons dont les hauteurs atteignent de 213 mètres à 239 mètres.

Toute cette région, très boisée, contient d'assez grandes forêts comme celle de Lancy, qui commence près de Saint-Maurice-aux-Riches-Hommes et s'étend aux confins de Courgenay et de Villeneuve-l'Archevêque. Les sommets sont couverts de bois, mais les plateaux crayeux qui se dirigent vers l'est sont assez pauvres et ne permettaient guère autrefois que l'élevage des moutons. Au contraire, on rencontre à l'ouest de riches terres à blé.

Telles étaient les principales ressources de la région ; la vigne y était aussi cultivée, mais pour la consommation purement locale, comme en beaucoup d'autres régions de la France d'où elle a, maintenant, disparu.

Plus au sud encore, sur la rive gauche de la Vanne s'étend la grande forêt d'Othe, entre l'Yonne, son affluent l'Armançon, et la Seine, jusqu'aux portes de Troyes. C'était alors le centre de la fabrication d'une partie du charbon de bois consommé à Paris.

Vers le milieu du XVIIe siècle, Michel Courier était établi charpentier à Solligny (3), petit village

(3) Solligny, actuellement Soligny-les-Etangs, autrefois diocèse de Troyes. Bailliage de Sens. Grenier à Sel de Nogent. Gouvernement de Champagne. Généralité et Intendance de Châlons (élection et subdivision de Troyes).

(61 feux en 1720. Dénombrement du royaume). Il reste encore à Soligny quelques parties d'un château-fort (*Dictionnaire topographique de l'Aube*).

situé sur la rive gauche de l'Orvin, au confluent du ruisseau Sainte-Elisabeth, en aval de deux étangs maintenant asséchés, et dont la seigneurie appartenait alors à la famille de Vienne (4).

Des enfants qu'il eut de son épouse, Anne Malle, l'aîné, Pierre, naquit à Solligny vers 1654 (5).

Pierre avait appris de son père, qui mourut le 31 janvier 1671, âgé de 60 ans environ (6), le métier de charpentier.

Il l'exerça d'abord à Solligny où il épousa, le 30 janvier 1679, Marie Joubert, fille de Jacques Joubert et de Jeanne Brun (7).

Cinq enfants naquirent de cette union à Solligny, entre 1680 et 1690 (8).

(4) Registres d'état-civil de Soligny. *Archives départementales de l'Aube.* Baptême d'Agathe de Vienne, 10 septembre 1670.

(5) *Archives départementales de l'Aube.* Registres de Solligny.

Nos recherches et celles qu'a bien voulu faire pour nous M. Jehan Dorez dans les *Archives de l'Aube* nous permettent de supposer que la famille Courier était bien originaire de Solligny. Mais les nombreuses lacunes des registres, dont les plus anciens remontent à 1566 interdisent la vérification de cette hypothèse (les années suivantes manquent : 1567 à 1573, 1575 à 1582, 1584 à 1586, 1588 à 1607, 1608 à 1610, 1619 à 1623, 1626 à 1628, 1632, 1634 à 1658).

Le premier document sur lequel apparaît Michel Courier est l'acte de baptême de son fils Michel né le 9 août 1669.

Les registres conservés dans les *Archives communales* ne commencent qu'en 1695.

(6) Voir Appendice I.

(7) Voir Appendice II.

(8) Auger (3 septembre 1680), Hiérosme (31 juillet 1682), Nicolas (vers 1683), Edme (27 janvier 1687), François (mars 1690).

Après le décès de François, survenu le 18 septembre 1690 à l'âge de 6 mois le

Après cette dernière date il vint s'installer dans la paroisse voisine de Boüi (9), où nous le retrouvons Lieutenant de la Prévôté le 19 juin 1694 (10).

Pierre Courier possédait, sans doute, une instruction suffisante pour exercer cette charge, mais il n'abandonnait pas cependant sa profession de charpentier, à laquelle il semble avoir adjoint, de bonne heure, celle de marchand de bois (11).

La terre de Boui appartenait alors à Odoard de

nom de Pierre Courier ne figure plus sur les registres de cette paroisse que le 5 novembre 1691. A cette date il donne, avec son frère Louis, son consentement au mariage de leur frère cadet Michel, mineur de moins de 25 ans.

(9) Bouy-sur-Orvin, à 2 kilomètres environ au Nord-Ouest de Soligny, sur l'autre rive de l'Orvin.

Diocèse de Troyes. Bailliage de Troyes (certains disent Sens). Grenier à sel de Nogent. Maîtrise de Troyes. Gouvernement de Champagne. Généralité et Intendance de Paris (élection et subdivision de Nogent).

54 feux en 1720 (Dénombrement...)

L'abbé Branchard, curé de Boüi, avait annoté son registre de très curieuses mentions, qui constituent de véritables mémoires (Guerre, paix, famine de 1693-1694, état des récoltes, etc...)

Il a laissé une liste des feux de la paroisse en 1698.

1 Messire Jacques Angenoult, écuier.

2 Me Pierre Courier, lieutenant.

22. Branchard, curé. (*Archives communales de Bouy-sur-Orvin*).

Nous avons pu prendre connaissance de ces documents grâce à l'aimable obligeance de M. Favin maire de Bouy-sur-Orvin.

(10) Baptême de Marie Courier, sa fille.

(11) *Archives départementales de la Marne.*

Nous n'avons pu les consulter sur place, mais M. l'Archiviste départemental a bien voulu nous écrire, après avoir parcouru ces documents, que le nom de Courier figurait bien comme nous l'avions supposé parmi les adjudicataires de coupes de bois (Procès-verbaux de vente des bois, Villeneuve-aux-Riches-Hommes G. 245)

Marisy, curé de Solligny (12). Après sa mort, survenue au début de l'année suivante la seigneurie passa à son neveu, Jacques Angenoult, sieur de Birouis, avocat au Parlement. Il habitait fréquemment le château, dont les principaux bâtiments datent du début du XVIIe siècle, et sont actuellement transformés en ferme.

C'est donc au nom de ces derniers que Pierre Courier rendait la Justice (13).

Plusieurs enfants (14) lui naquirent encore en cette paroisse qu'il quitta, croyons-nous, en 1702 (15).

(12) Registres de l'état-civil de Bouy-sur-Orvin.
Archives départementales de l'Aube, G. 571.

(13) Les seigneurs avaient depuis longtemps cessé de juger eux-mêmes, ils étaient tenus de commettre à cet effet un juge âgé d'au moins 25 ans, de capacité suffisante, reçu à la juridiction royale de laquelle il relevait, et d'instituer aussi un lieutenant et un procureur fiscal, un greffier, des sergents. (Marion. *Dictionnaire des Institutions* aux XVIIe et XVIIIe siècles.)

Les lieutenants étaient d'ordinaire des praticiens qui expédiaient les affaires courantes. Ils présentaient au bailliage les lettres de provisions que leur donnaient les seigneurs et prêtaient serment entre les mains du Lieutenant Général.

(Babeau. *Le village sous l'ancien régime*).

Le procureur fiscal exerçait le ministère public ; il s'occupait des intérêts des mineurs, de la poursuite des crimes, du maintien de la police. Il surveillait la perception des droits seigneuriaux et les actes des garde-chasses ou des gardes des bois.

(*Id.* Voir aussi de Poix de Fréminville, *Dictionnaire de Police*, 1756.)

(14) Outre Marie déjà citée, Jean (15 novembre 1696) et Pierre (23 juin 1700).

(15) Son beau-frère, Jean Joubert (âgé de 46 ans) huissier à Trancault, avait perdu, le 18 octobre 1701 sa première femme, Renée Denisot. Il épousait, le 25 avril suivant, à Villeneuve-aux-Riches-Hommes, Anne Balancier, fille d'Edme Balancier, lieutenant de cette justice, en présence d'Edme Balancier, de Nicolas Denis et de Pierre Courier.

C'est, en effet, vers la fin de cette année que nous le voyons succéder à Edme Balancier dans la charge de Lieutenant de Justice de Villeneuve-aux-Riches-Hommes (16), ayant juridiction sur Saint-Maurice-aux-Riches-Hommes (17), et dont le seigneur, l'Evêque de Châlons, était alors Gaston J.-B. de Noailles (18).

Des fiefs mouvants de Villeneuve-aux-Riches-Hommes (Saint - Maurice - aux - Riches - Hommes, Maulny-aux-Riches-Hommes. La Chaume. Bercenay-Le-Hayer. La Fresnaye. La Louptière. Sognes. Le Plessis-Gâtebled) Saint-Maurice, Maulny et la Chaume seuls dépendaient de la prévôté de Villeneuve. Les autres étaient sous la juridiction de leurs seigneurs respectifs.

(16) Diocèse de Troyes. Baillage de Sens. Grenier à sel de Nogent. Gouvernement de Champagne. Généralité et Intendance de Châlons (élection et subdivision de Troyes).

7 feux en 1720. (Dénombrement)...

Villeneuve possédait un prieuré dépendant de l'abbaye bénédictine de Molesme. Ce village devait son surnom à l'origine espagnole de ses premiers seigneurs qualifiés Ricos-Hombres, mots qui répondaient alors au titre de comte ou à celui de baron. Villeneuve possédait un château-fort qui avait servi de refuge aux protestants pendant les guerres du XVIᵉ siècle (*Dictionnaire topographique de l'Aube*).

Villeneuve est aujourd'hui réuni à la commune de Trancault (Trancault-le-Repos) où serait né Hastings, qui se mit au service des Normands et devint leur chef (IXᵉ siècle).

(17) Diocèse de Sens. Bailliage de Sens. Gouvernement de l'Ile-de-France. Généralité et Intendance de Paris (élection et subdivision de Sens) 166 feux en 1720.

(18) De 1695 à 1715. Il avait succédé à son frère Antoine de Noailles, devenu archevêque de Paris, en 1695.

Cette terre avait eu longtemps pour seigneurs aux XVe et XVIe siècles les membres de la famille Raguier, collatéraux de Jacques Raguier, le bon buveur, l'un des légataires de Villon (19).

Elle avait été acquise, le 13 mars 1624, par contrat passé devant Herbinet et son confrère, notaires au Châtelet de Paris par Cosme Claude, évêque de Châlons, de Marie Raguier dame de l'Isle.

L'évêque paraît avoir toujours eu beaucoup de difficultés pour protéger cette terre et surtout les bois contre les déprédations (20). Le choix de Pierre Courier, praticien rompu à ce métier, comme Lieutenant de cette Justice peut avoir été guidé par cette nécessité de se garantir.

Villeneuve-aux-Riches-Hommes ne comprenait alors, près des terrains marécageux qui avoisinent le Rognon, que les bâtiments seigneuriaux, la Chapelle, en tout sept feux. Il en est à peu près de même aujourd'hui. Ce pittoresque coin des confins de l'Ile-de-France n'a pas dû changer sensiblement depuis deux siècles. Les deux derniers en-

(19) Cette parenté est, d'ailleurs contestée (Voir Pierre Champion, François Villon, Louis Thuasne *Œuvres de Franqois Villon*).

(20) Voir notamment : Charles Porée. La vente des biens nationaux dans le district de Sens, t. I, p. 57 (bail emphythéotique de la seigneurerie de Villeneuve et Saint-Maurice-aux-Riches-Hommes, à Crespin, procureur au Parlement de Paris pour 99 années. 15 décembre 1785).

fants de Pierre (21) y virent le jour. Et peut-être vint-il habiter ensuite à Saint-Maurice-aux-Riches-Hommes ? Du moins, les actes de catholicité que nous avons parcourus nous permettent-ils de croire qu'il s'y installa vers 1707 ; il y mourut le 8 août 1711 (22). Sa veuve lui survécut dix-neuf ans. Elle fut inhumée en ce même village le 9 janvier 1730 (23).

Pierre Courier dut laisser une situation de fortune aisée, mais, des cinq enfants qui lui restaient (24), Edme, qui devenait le chef de la famille (25), n'avait alors que 24 ans, et plusieurs étaient encore en très bas âge.

Jean, l'aïeul de notre grand écrivain, n'était alors, lui-même, âgé que de quinze ans. Il était né en effet le 15 novembre 1696 à Boui (26), et, par une singulière confusion, il avait été déclaré comme fille et

(21) Jacques (24 janvier 1703) et Marie-Anne (4 janvier 1705).

(22) Agé de 57 ans (*Archives municipales de Saint-Maurice-aux-Riches-Hommes*). Voir Appendice III. Cet acte nous a été fort aimablement communiqué par M. Calmus, secrétaire de mairie, à Saint-Maurice-aux-Riches-Hommes.

(23) Décès du 8 janvier 1730 (*Archives municipales de Saint-Maurice-aux-Riches-Hommes*).

(24) Edme (24 ans), Marie (17 ans) qui épousa peu après Edme Lauxerrois, et dont une fille, Catherine, fut marraine de Jean-Paul Courier en 1732. Jean (15 ans) qui fut le grand-père de Paul-Louis, Pierre (11 ans), Jacques (8 ans).

(25) Edme épousa le 11 mai 1720, en la paroisse Saint-Benoît de Sens, Nicolle Huguenin (*Archives communales de Sens*) qui devait lui donner un fils le mois suivant et mourut quelques jours après (le 23 juin 1720) (*Archives communales de Saint-Maurice-aux-Riches-Hommes*).

(26) Bouy-sur-Orvin.

baptisé sous le nom d'Anne. L'acte fut rectifié lors de la découverte peut-être assez tardive de l'erreur, puisque les registres conservés à Bouy-sur-Orvin furent seuls modifiés par le prêtre desservant, alors que ceux envoyés au bailliage n'en font pas mention. Le prénom qui lui fut donné était celui de son parrain, Jean Roux, fermier au clos de Boui (27).

Son enfance s'était, jusqu'alors, déroulée dans la maison familiale, où il apprit probablement de bonne heure la profession paternelle de charpentier et de marchand de bois. Il semble avoir reçu une assez bonne instruction et peut-être fut-il initié dès lors à la « pratique », ce qui lui permit d'assumer plus tard la charge de procureur fiscal au Plessis-Gâtebled et à la Chapelle-sur-Seine.

Quelque temps après la mort de son père il quitta Saint-Maurice-aux-Riches-Hommes. Les centres de la région étaient alors Nogent (28), qui est, peut-être plus encore aujourd'hui, le marché ordinaire de ces villages, et, surtout, à cette époque, Sens, qui, située dans la vallée de l'Yonne, la grande voie du commerce des bois, attirait alors presque tous les échanges du pays (29).

(27) Voir Appendice IV.
(28) Nogent-sur-Seine.
(29) « Les Marchands de bois de Sens font un commerce si considérable avec ceux de Paris qu'ils s'honorent du titre de « Marchands de bois pour la provision

Nous ne pouvons savoir vers lequel il se dirigea, peut-être fit-il un séjour à Montereau, où nous le verrons plus tard ayant d'assez nombreuses relations dans le milieu de la batellerie, mais il est sûr qu'il vint de bonne heure à Paris. Il y était installé avant le 1er décembre 1718. Il est, en effet, qualifié « Bourgeois de Paris » (30), y demeurant rue Aumaire, paroisse Saint-Nicolas-des-Champs, dans son contrat de mariage avec Jeanne Joly (31), demeurant rue du Cimetière (32), en cette même paroisse, dressé par Mes Jame et Foucault, notaires à Paris (33), en la demeure, rue du Cimetière, de

de Paris » où ils envoyent aussi des bateaux de charbon, qu'on y vend pour leur compte. » (*Almanach général des marchands, négociants et commerçants de la France et de l'Europe*, et., pour l'année 1772. Paris, Valade.)

Nous savons que, dans son acte de mariage (paroisse de Mazières, 11 février 1777) Jean-Paul Courier, Seigneur du Breuil et de ses dépendances est qualifié fils de feu *M. Jean Courier, marchand pour la provision de Paris* (*Archives Nationales*. Y 5037).

(30) A Paris, le droit de bourgeoisie était acquis par la naissance ou par la résidence d'an et jour, mais il fallait être « officier du Roi », marchand, gens qui vivent de leurs rentes (Marion, Dictionnaire, etc.)

Les bourgeois de Paris possédaient certains privilèges judiciaires, et fiscaux (exemption de tailles, de droits, d'aides). Ils avaient le droit au port d'armes.

(31) Orthographié aussi Jolly et Joli. Elle avait signé, d'une belle écriture, « Jeanne Jolly » tous les actes que nous avons consultés. Elle est encore qualifiée « Bourgeoise de Paris » dans son acte de décès (*Archives Communales de Chatenay-sur-Seine*).

(32) Actuellement rue Chapon.

(33) Nous avons pu consulter la minute de cet acte grâce à l'aimable obligeance de Me Charpentier, notaire à Paris, successeur médiat de Me Foucault.

Louis Tassin, marchand bourgeois de Paris, et D^{lle} Suzanne Poupart, son épouse, amis de Jeanne Joly.

Étaient aussi présents au contrat, du côté de l'épouse, outre les époux Tassin, François Joly (34), laboureur à Meaux, et Marie Frémy (35), ses pères et mère « étant ce jour logés rue de Montmorency », — Jean-Sébastien Liébault, marchand tapissier, — et, du côté de l'époux, Edme et Pierre Courier, ses frères.

Les futurs époux stipulaient qu'ils seraient « communs en tous biens meubles et conquest immeubles suivant la coutume de Paris ». Les Biens présents de Jeanne Joly consistaient en la somme de « quinze cens livres, dont douze cens livres en deniers comptants et trois cens livres en habits, linge et hardes à l'usage de ladite future épouse. Le tout provenant de ses gains et épargnes qu'elle apporte en dote ». « De laquelle dote moitié entrera en ladite communauté et l'autre moitié sera et demeurera propre à ladite future épouse, etc... » Celle-ci était douée de deux cent cinquante livres de rente de douaire, et pouvait prélever par préci-

---

(34) Décédé avant le 28 janvier 1740. Il est indiqué « feu Charles Jolly, marchand » dans l'acte de décès de sa femme. (Voir ci-dessous).

(35) Décédée le 28 janvier 1740, âgée de 86 ans environ. Elle est prénommée Charlotte dans son acte de décès (*Archives communales de Chatenay-sur-Seine*).

put, 600 livres en deniers comptans ou en objets mobiliers à prisée d'inventaire.

Enfin, le contrat prévoyait le remploi des héritages et rentes propres aliénés, et contenait don mutuel au survivant d'eux.

Jean Courier déclarait que « ses biens consistent actuellement en la somme de vingt mille livres de deniers comptans, de laquelle somme il entrera celle de trois mil livres en lad. communauté et les dix-sept mil livres de surplus avec tout ce qui echerra et adviendra au futur époux par succession, donation, legs ou autrement » lui demeurera propre.

Jean Courier, âgé seulement de vingt-trois ans, jouissait déjà d'une situation de fortune assez brillante. Dès 1720, il vint faire, avec sa jeune femme, un séjour de quelque durée auprès de sa mère, à Saint-Maurice-aux-Riches-Hommes.

Nous voyons, en effet, Jeanne Jolly tenir sur les fonts baptismaux, le 13 mai 1720, Jeanne Guignet, fille du procureur fiscal de Saint-Maurice-aux-Riches-Hommes. Elle est qualifiée, épouse de Maître Jean Courier « Bourgeois de Paris ». Le parrain était Jean Protin, qui avait succédé à Pierre Courier dans la charge de Lieutenant de la Prévôté de Villeneuve-aux-Riches-Hommes (36).

(36) *Archives de Saint-Maurice-aux-Riches-Hommes.*

Les époux Courier étaient encore à Saint-Maurice à la fin du mois de juin 1720 (37).

Jean exerçait sans doute alors la profession de marchand de bois pour la provision de Paris qui lui est attribuée dans l'acte de mariage de son fils Jean-Paul. Nous verrons plus loin que toutes ses relations étaient dans le milieu des marchands de bois et des voituriers par eau des régions de Sens et de Montereau.

D'autre part, il n'est pas sans intérêt de noter que Jean Courier était à Paris pendant cette fièvre de spéculation que fut la première période de la Régence, celle du Système (38) et de la Compagnie des Indes, et que nous le retrouvons à Saint-Maurice en mai-juin 1720, à l'époque où tous les spéculateurs avisés achetaient des terres. Aucun document ne nous a permis jusqu'ici d'affirmer que Jean Courier avait pu faire à cette époque des opérations heureuses, mais les coïncidences de dates sont

(37) Du 27 juin 1720 acte de décès de Nicolie Huguenin femme d'Edme Courier. Jean Courier y est encore qualifié « Bourgeois de Paris ». (*Archives communales de Saint-Maurice-aux-Riches-Hommes*).

(38) 1716-1720. Le système de Law atteignit son apogée en novembre 1719, mais la confiance s'ébranla peu après, les arrêts du Conseil du 11 mars 1720 (abolissant le cours de l'or et de l'argent à partir du 1er mai 1720) et du 21 mai 1720 (abrogé le 27 mai suivant) qui réduisaient progressivement les actions de la Cⁱᵉ des Indes) furent la fin du système Law fut destitué le 29 mai 1720.

C'est le 26 mars qu'avait eu lieu l'exécution du comte de Horn rappelée dans la notice biographique de 1824.

assez curieuses, tout au moins pour les signaler.

Jean Courier n'était alors âgé que de vingt-quatre ans et il est remarquable de constater qu'il avait déjà abandonné les perspectives d'enrichissement que Paris pouvait lui offrir. Il est vrai que son séjour au pays paternel fut peut-être alors d'assez courte durée. Mais en 1723 il paraît bien être revenu s'installer définitivement près des siens. Il est encore qualifié « bourgeois de Paris » dans l'acte de baptême de son fils Louis-Gabriel (39), le 27 janvier 1723. L'année suivante il n'est plus appelé que « marchand » (40).

Le séjour des époux Courier à Villeneuve-aux-Riches-Hommes ne devait, d'ailleurs, pas être de longue durée. Ce que nous connaissons de Jean Courier nous permet de le considérer comme un homme très actif. En 1725 il se décida à prendre à ferme les terres de la seigneurie (41), du Plessis-Gâtebled

(39) Fils légitime de Maître Jean Courier, bourgeois de Paris, et de Jeanne Joli, son épouse (*Archives de Saint-Maurice-aux-Riches-Hommes*. Registres de cette paroisse conservés au Greffe du Tribunal civil de Sens. Le curé de Saint-Maurice avait baptisé l'enfant en l'absence du curé de Villeneuve-aux-Riches-Hommes).

(40) Baptême de deux enfants jumeaux (Louis et Elisabeth-Suzanne) morts le jour même de leur naissance (19ᵉ janvier 1724). (*Archives départementales de l'Aube*. Registres de Trancault et Villeneuve-aux-Riches-Hommes. Greffe de Sens. Registres de Saint-Maurice).

(41) Les fermiers des terres seigneuriales s'appellent Receveurs (*Dictionnaire. de Droit et de Pratique* de Claude-Joseph de Ferrière. Paris 1762).

et à acquérir la charge de procureur fiscal de cette paroisse.

La ferme (Le Plessis) où il dut s'installer existe encore sur la hauteur qui domine l'église et le village, à peu de distance du chemin de Vertilly. Il en reste un bâtiment ancien qui paraît avoir été construit au début du XVIIe siècle.

Le Plessis-Gâtebled (42), était un fief mouvant de Villeneuve-aux-Riches-Hommes, et relevant des évêques de Châlons, ainsi que les fiefs voisins de La Louptière et de Sognes (43).

Nous n'avons pas de description du Plessis-Gâtebled au XVIIIe siècle, mais M. de La Louptière à laissé dans ses œuvres (44), un aperçu, de ce que pouvait être le village très voisin de La Louptière, vers 1755 (45).

---

(42) Le Plessis-Gâtebled. Diocèse de Sens. Bailliage de Sens. Grenier à sel de Nogent. Gouvernement de Champagne. Généralité et intendance de Paris (élection et subdivision de Sens. 41 feux en 1720).

(43) L'évêque de Châlons était alors Nicolas de Saulx-Tavannes, mais il résulte de l'Inventaire des archives départementales (G. 239) que Gaston J.-B. de Noailles, son prédécesseur, avait vendu la terre du Plessis-Gâtebled (24 mars 1724).

(44) Œuvres diverses de M. de La Louptière, de l'Académie des Arcades. Amsterdam 1774, Jean-Charles de Relongne de La Louptière, né à La Louptière le 16 juin 1727, mort à Paris en 1784.

(45) La Louptière village à 1 kilomètre au Nord du Plessis-Gâtebled. Diocèse de Sens (succursale de Saint-Gervais de Trainel). Bailliage de Sens Grenier à sel de Nogent. Gouvernement de Champagne. Généralité et Intendance de Paris (élection et subdivision de Sens). 84 feux en 1720.

Sous un ciel vif et pur, au penchant d'un coteau
Dont le sommet nourrit des grappes abondantes
Et dont le pied reçoit des moissons jaunissantes
L'œil découvre de loin ton antique château
   Qu'annonce une tour orgueilleuse
   Ceinte de spacieux fossés
   De ronces toujours hérissés ;

. . . .

Non loin, tourne un pressoir assis sur un enclos.
   Que défend une faible haie ;

. . . .

   A ses côtés deux métairies
Sous un aspect riant regardent le clocher !

. . . .

Ce morceau assez médiocre, contient encore des tableaux de mœurs locales qui paraissent vraiment idylliques. C'était la mode alors, et M. de La Louptière, qui aimait fort son village natal, s'est efforcé de nous le montrer sous un aspect enchanteur. Ni le pays ni les vers de M. de La Louptière ne méritent le dithyrambe, mais il nous a toutefois conservé, avec un aperçu de ce que pouvait être la vie locale dans cette région au XVIIIe siècle des documents précieux sur le dialecte du pays, à cette époque (46).

Le Plessis-Gâtebled, à un kilomètre au sud de

(46) Les œuvres de M. de La Louptière contiennent plusieurs épîtres en patois local fort curieuses.

C'est dans l'une des métairies de La Louptière que naquit le chimiste Thénard (1777-1857).

La Louptière, et au flanc du même coteau ne devait pas différer sensiblement de ce dernier village.

Il importe de noter dès maintenant que les terres de l'évêque de Châlons : Villeneuve, Saint-Maurice et le Plessis-Gâtebled, etc... étaient enclavées au milieu de celles qui appartenaient à la riche famille Harlus de Vertilly (47), qui possédait notamment Vertilly (48), Villiers-Bonneux (49), Avon (50), Bercenay (50 *bis*), Sommefontaine (51).

Jean Courier, à la fois procureur fiscal et Receveur de la terre du Plessis-Gâtebled était l'un des personnages importants de cette paroisse. Il était sans doute en relations avec les justices voisines

(47) Bibliothèque Nationale. F° Fm 2142.

(48) Vertilly. Diocèse de Sens. Province de l'Ile-de-France, siège d'une prévôté ressortissant au bailliage de Sens. Fief mouvant de Pailly (*Dictionnaire Topographique de l'Yonne*) 60 feux en 1720.

Le fief de Pailly relevait lui-même de la terre de Bray (Bray-sur-Seine).

(49) Villiers-Bonneux. Diocèse de Sens. Province de l'Ile-de-France. Siège d'une prévôté ressortissant au bailliage de Sens. (*Dictionnaire topographique de l'Yonne*) 42 feux en 1720.

(50) Avon-la-Pèze. Diocèse de Troyes. Bailliage de Sens. Grenier à sel de Nogent. Maîtrise de Sens. Gouvernement de Champagne. Généralité et Intendance de Châlons (élection et subdivision de Troyes). 71 feux en 1720.

(50 *bis*) Bercenay-le-Hayer. Diocèse de Troyes. Bailliage de Troyes. Grenier à sel d'Estissac. Gouvernement de Champagne. Généralité et Intendance de Châlons (élection et subdivision de Troyes). 50 feux en 1720.

Bercenay-le-Hayer était un fief mouvant de Villeneuve-aux-Riches-Hommes.

(51) Déclaration faite au chapitre de Sens comme seigneur de Sommefontaine au nom de dame Angélique Harlus de Vertilly, portant le nom de dame d'Avon-la-Pèze. (*Archives départementales de l'Aube. G. 12.*)

et nous pouvons aussi supposer que les achats de bois de son père et les siens avaient pu le mettre en rapport avec les intendants de la famille Harlus de Vertilly, qui relevait elle-même des évêques de Châlons pour sa terre de Bercenay-le-Hayer, mouvant de Villeneuve-aux-Riches-Hommes.

Cette famille était alors représentée par René de Harlus, Marquis de Vertilly (52), maréchal de Camp, dont la fille, Anne-Angélique (53), avait épousé, le 19 avril 1717, Charles-Paul-Sigismond de Montmorency-Luxembourg, duc de Châtillon, puis duc de Boutteville, père du duc d'Olonne (54).

Peut-être faut-il chercher là l'origine de l'entrée de Jean-Paul Courier, dans la maison du duc d'Olonne comme lieutenant de ses chasses.

Jean Courier resta dix ans (de 1725 à 1735) au Plessis-Gâtebled. Il y eut sept enfants (55).

Il exerçait encore ses fonctions lors de la naissance de Jean-Paul, le 3 novembre 1732 (56) mais

(52) Né en 1651, mort le 29 avril 1729.
(53) Née en 1700, morte le 28 février 1769.
(54) Né le 31 août 1721.
(55) Louis-Gabriel (25 décembre 1725. 14 janvier 1726)
Elisabeth-Suzanne (17 février 1727).
Jean-Baptiste (16 décembre 1728).
Louis (13 février 1730).
Jeanne (27 avril 1731).
Jean-Paul (3 novembre 1732) père de Paul-Louis.
Jean-Baptiste-Gabriel (9 novembre 1735).
(56) Voir appendice V.

il n'est plus qualifié que ci-devant Receveur dans l'acte de baptême de Jean-Baptiste-Gabriel le 9 novembre 1735 (57).

Jean quittait, d'ailleurs, peu après cette date, le Plessis-Gâtebled pour s'installer à la Chapelle-sur-Seine (paroisse de Chatenay-sur-Seine) (58), petit village situé sur un affluent de la rive droite de ce fleuve que l'on appelle, encore aujourd'hui, la Vieille-Seine, et qui est bordé de pâturages fréquemment recouverts par les eaux.

La Chapelle-sur-Seine était un prieuré à la collation de l'abbé de Sainte-Colombe de Sens, dont le prieur avait droit de justice haute, moyenne et basse, et de tabellionnage (59).

(57) Nous n'avons pu consulter les pièces du procès entre les habitants du Plessis et le curé du lieu au sujet des dîmes de vin (*Archives communales du Plessis-Gâtebled*, 1732-1734. Liasse, 32 p.).

Ces documents permettent peut-être de déterminer à quelle date Jean Courier abandonna ses fonctions de Procureur fiscal et de Receveur.

(58) Châtenay-sur-Seine. Diocèse de Sens (doyenné de Montereau), Election de Montereau. Généralité de Paris. Bailliage de Sens. Village situé à la limite de la Brie et du Montois (*Almanach de Seine-et-Marne*, 1882, p. 90) 135 feux en 1720.

Près de là, à 4 kilomètres au Nord s'élevait le château de Montigny (Montigny-Lencoup) qui appartenait aux Trudaine, et dont André Chénier, qui venait souvent y retrouver ses amis Louis et Charles-Michel Trudaine (guillotinés aussi en 1794) a célébré les beaux et séculaires ombrages.

(59) Une partie de la terre de La Chapelle avait un seigneur laïque, Pierre Galland. Il avait succédé à Claude Galland (mort en juin 1715). Cette terre fut donnée à bail le 19 novembre 1723.

En 1752, cette seigneurie appartenait à Turgot, frère du ministre.

Dès 1736 (60), Jean Courier était Receveur de La Chapelle-sur-Seine : il habitait la ferme du prieuré qu'il exploitait (61) avec sa femme Jeanne Joly. Il y avait amené une partie de sa famille : Marie Courier, veuve d'Edme Lauxerrois, sa sœur, demeurant avec lui, ainsi que son frère Jacques, sa belle-mère, Charlotte Frémy, veuve de Charles Joly, et ses enfants.

Les bâtiments du prieuré, qui existent encore en grande partie, la ferme et le moulin, étaient situés près de la Vieille-Seine ; et la description que nous avons découverte mentionne que le tout était entouré de fossés à eau vive (62).

(60) Les *Archives Départementales de Seine-et-Marne* que nous avons pu consulter grâce à l'aimable obligeance de M. Canal, Archiviste départemental, contiennent dans la liasse « Bailliage de La Chapelle-sur-Seine », une série de comptes rendus (1733-1779) aux officiers de ce bailliage des deniers communs du lieu et de Chatenay. Les seigneurs y sont ainsi désignés :

« Les vénérables religieux de l'abbaye royale de Sainte-Colombe-lès-Sens, et seigneurs châtelains fonciers et propriétaires de La Chapelle-sur-Seine.

Jean Courier apparaît et signe les comptes rendus des 10 juin 1736, 5 mai 1737, 7 mai 1738, 10 juin 1739, 1741 à 1745, 1747, 17 juin 1748, 21 novembre 1748, 21 juin 1752, 27 juin 1753 (dernière signature. Il est encore qualifié dans cet acte, « Receveur »).

(61) « Dénonciation faite par Jean Courier, Receveur de la terre de la Chapelle qui avait acheté, le 25 juillet, en foire de Vallance une génisse qu'il avait fait conduire en la ferme du prieuré dans ledit lieu, qu'il exploite, et qui est morte de maladie épidémique. 25 août 1740 (*Archives départementales de Seine-et-Marne.* Bailliage de la Chapelle-sur-Seine).

(62) Le prieuré de La Chapelle-sur-Seine, paroisse de Chatenay, uni à la mense des religieux consiste :

1° En seigneurie, bailliage, justice haute, moyenne et basse, avec droit de

Peu après son arrivée, le 25 septembre 1736, sa nièce Catherine Lauxerrois (63) épousait Jacques Renault de la paroisse de Chatenay.

Deux ans après, le 28 août 1738, Jean Courier assistait à l'inhumation de son frère Jacques et le 28 janvier 1740 à celle de sa belle-mère, Charlotte Frémy, veuve de Charles Joly.

Les archives du baillliage de La Chapelle-sur-Seine (64) nous ont appris que Jean Courier avait un tempérament positif et défendait soigneusement ses intérêts (65).

tabellionnage, rentes seigneuriales, droits de cens, lods et ventes, droits d'épaves, confiscations, déshérence et autres droits suivant les coutumes de Sens, droit de dîmes, en grains et vin, grosses et menues, dans la paroisse de Chatenay, droit de chasse et de pêche dans la Vieille-Seine, droit de banalité pour le moulin et le pressoir, droit de percevoir sur tous les habitants de La Chapelle et de Chatenay 2 deniers de cens par chaque feu et 4 deniers sur les habitants de Gravon ;

2° En château et maison seigneuriale et autres bâtiments, le tout entouré de fossés à eau vive, basse-cour, pressoir et moulin.

3° En 2 arpents de bois autrefois en futaye, 60 arpents de bois taillis, 268 arpents de terres labourables exemptes de toutes dîmes, 105 arpents de prés.

Le tout affermé à Bertrand, Receveur de la terre de Chatenay (le bail est de 1778) moyennant 5.500 livres et 12 fromages de Brie au grand moule (et 3.000 livres de pot-de-vin. Voir H. 100, F° 263).

(Porée. La vente des biens nationaux dans l'Yonne, t. I, p. 76. Abbaye de Sainte-Colombe Bénédictins (Menses abbatiale et conventuelle réunies, déclaration du 10 mai 1790 (*Archives de l'Yonne*, Q. 358).

(63) Son nom est orthographié parfois Le Serrois Loxeroy. Lauxeroy sur les registres du Greffe de Provins et des *Archives Communales de Chatenay*.

Catherine Lauxerrois était la marraine de Jean-Paul Courier.

(64) *Archives de Seine-et-Marne*.

(65) Dénonciation du 25 août 1740 plus haut citée, rapports d'experts à la requête de Jean Courier, 8 juin 1740, 2 septembre 1748.

Il eut, parfois, à se défendre lui-même. Le 18 juillet 1742, il déposait une plainte contre Jean Dudognon, pâtre de la commune de Chaupry, dont une vache avait mangé le foin d'un « pied de mulle » (66). Jean Courier lui en fit l'observation. Dudognon, après l'avoir menacé et injurié le prit à la gorge (67).

Cette plainte, assez banale, en somme, nous éclaire cependant sur la vie que menait Jean Courier à La Chapelle-sur-Seine, et nous montre qu'il ne dédaignait pas de pénétrer dans tous les détails des travaux de la ferme. Paul-Louis, avec moins de bonheur, ne procédait pas autrement à La Chavonnière.

La plainte fut communiquée à l'ancien procureur, attendu que ledit Courier est procureur fiscal de ce bailliage du 20 de ce mois (juillet) (68).

Il remplit cette charge pendant quelques années, mais il l'avait abandonnée avant 1748, et il n'est plus qualifié que Receveur dans l'acte de mariage (69) de sa fille Jeanne avec Gervais Protais Pigalle, fils

(66) Meule.

(67) Procédure criminelle à la requête de Jean Courier contre Jean Dudognon. Plainte du 18 juillet 1742. Assignation aux témoins du 19 juillet. Information du 25 juillet (Informations criminelles de La Chapelle-sur-Seine. *Archives de Seine-et-Marne*).

(68) Jacques Letellier, avocat au Parlement, était bailli de La Chapelle-sur-Seine, et Louis-François Guérard, greffier.

(69) Du 14 mai 1748. Jeanne Courier n'avait encore que 17 ans (Registres de l'état civil de Chatenay. *Archives communales*).

de Jean-Louis Pigalle, marchand de bois à Sens.

Jean-Louis Pigalle, qui était né à Paris en février 1701, était venu s'établir, après son mariage avec Madeleine Epoigny, le 8 juillet 1720, à Sens, dans une maison située en l'île d'Yonne, à côté de l'église Saint-Maurice, et qui a, depuis, servi de presbytère (70).

Fils de Gervais Pigalle, charpentier à Paris (71) qui avait travaillé aux constructions qui terminèrent le château de Versailles, et mourut en 1744 (72), Jean-Louis avait suivi la profession paternelle, puis s'était livré au commerce des bois.

Le bois consommé à Paris provenait, en grande partie, par le flottage, du Morvan et des forêts situées à proximité des rivières de Seine et d'Yonne.

Sens et Montereau étaient des centres importants de ce commerce, et nous avons vu que les marchands de bois de Sens étaient qualifiés « Marchands pour la provision de Paris ».

Jean Courier et Jean-Louis Pigalle avaient vrai-

(70) E. Landry. *Les Tarbé Généalogie. Biographie.* Sens 1902.

(71) Rue de la Mortellerie. Paroisse Saint-Gervais (Acte de mariage de Jean-Louis Pigalle, paroisse Saint-Maurice de Sens). Gervais était né à Paris en 1669.

(72) Prosper Tarbé. *La Vie et les ouvrages de Jean-Baptiste Pigalle sculpteur,* Paris, 1859. Voir aussi les comptes des bâtiments du Roi où le nom de Pigalle (orthographié aussi Pigal) figure parmi les charpentiers.

D'après la généalogie donnée par Tarbé, Gervais était cousin issu de germain de Jean Pigalle, menuisier, père du grand sculpteur, Jean-Baptiste. Voir aussi Jal. *Dictionnaire.*

semblablement des relations déjà anciennes, et nous ne serions pas éloignés de croire qu'elles remontaient à l'époque de la Régence, pendant le séjour que fit Jean Courier à Paris, avant son mariage.

Il est, à ce propos, curieux de constater qu'à la date du mariage de Jean-Louis Pigalle (9 juillet 1720) Jean Courier venait de passer plusieurs semaines dans le village paternel de Villeneuve-aux-Riches-Hommes, et qu'il a bien pu assister à cette cérémonie.

Toutefois, l'acte de mariage célébré à la paroisse Saint-Maurice, de Sens (73) ne le mentionne pas parmi les parents et amis ayant signé.

Jean-Louis Pigalle ne mourut qu'en novembre 1775 (74) âgé de près de soixante-quinze ans. Il avait eu de nombreux enfants, dont une fille, Colombe-Catherine, épousa Pierre Hardouin Tarbé (75) im-

---

(73) *Archives Communales de Sens* (Paroisse Saint-Maurice).

(74) Le dimanche, 9 novembre. *Archives Communales de Sens* (Paroisse Saint-Maurice). Parmi les parents et amis qui ont signé nous relevons, outre Pierre Hardouin Tarbé, son autre gendre Bernard Tarbé, marchand de draps, qui avait épousé Madeleine Colombe Pigalle, et ses fils Gervais Protais Pigalle marchand de bois demeurant à Paris ; Jean-Louis Barnabé Pigalle, Receveur de la terre et seigneurie de Villeneuve-l'Archevêque, Louis-Sébastien Pigalle, Receveur de la seigneurie de Vareil. Ce dernier est appelé Pigalle de Vareilles dans la généalogie de Tarbé, mais il ne faut voir là qu'une dénomination de famille ainsi que dans l'appellation des Granges accolée au nom de Louis-Armand Pigalle.

(75) Pierre-Hardouin Tarbé rédigea et imprima, de 1763 à 1781 le précieux

primeur de la ville et de S. E. Mgr le Cardinal de Luynes, archevêque de Sens, et fut la souche d'une famille importante dont les membres occupèrent une situation exceptionnelle dans les assemblées de la Révolution, par leur valeur personnelle et leur fidélité aux principes de la constitution monar‑ chique.

Jeanne Courier s'alliait ainsi à une famille d'an‑ cienne souche parisienne (76) apparentée au génial sculpteur (77) et qui avait su prendre une place importante dans le commerce des bois pour la pro‑ vision de Paris, dont Sens était le centre.

Almanach historique du diocèse de Sens qui fut continué, à partir de 1782, par Tarbé des Sablons, son fils.

Il avait eu 14 enfants ; l'un d'eux, Louis-Hardouin Tarbé, fut ministre des Finances en 1791 et créa la contribution foncière, sous sa nouvelle forme. Caché puis emprisonné jusqu'au 9 thermidor, il put cependant, ainsi que son frère Charles, député de la Seine-Inférieure à la Législative, survivre aux orages révo‑ lutionnaires.

Parmi ses descendants on rencontre Edmond Tarbé des Sablons, journaliste, qui fonda *Le Gaulois.*

Louis-Hardouin Prosper Tarbé des Sablons, archéologue (1809-1871) qui publia la *Vie de Pigalle.* Il est curieux de constater que cet intéressant ouvrage, qui contient une généalogie des Pigalle et des Tarbé ne mentionne même pas, comme alliée, la famille Courier.

Prosper, ce consciencieux archéologue, était cependant l'arrière-neveu de Jeanne Courier. Peut-être se souvenait-il encore de l'appréciation un peu dure, mais cependant méritée, portée par Paul-Louis sur cette branche de leur famille.

(76) La famille Pigalle est citée dans les documents publiés par la Société d'Histoire de la Ville de Paris, comme étant fixée à Montmartre dès le début du XVIIe siècle (laboureurs à Montmartre).

(77) P. Tarbé. Ouvrage cité.

Le mariage de Jeanne Courier avec Gervais-Protais Pigalle fut célébré en l'église de Chatenay-sur-Seine le 14 mai 1748 (78), en présence des familles Courier et Pigalle et de nombreux amis.

Les jeunes époux s'établirent d'abord à Sens en l'île d'Yonne puis vers 1754 au Clos-le-Roi. Plus tard, en 1764, nous les verrons s'installer à Paris, sur le Quai Saint-Bernard, hors Tournelle, où Gervais Protais Pigalle était marchand de bois et de charbon à l'enseigne de l'Ecu.

Moins de deux ans après, le 3 février 1750, Louis Courier, l'aîné des fils vivants de Jean, épousait, en l'église de Fromonville (79) Charlotte-Elisabeth Didon, fille de Jean Didon, bourgeois de Paris, seigneur de Darvault, et de dame Elisabeth Morisseau, son épouse.

Le mariage avait lieu en présence des parents et amis des jeunes époux, parmi lesquels Gervais-Protais Pigalle, beau-frère de l'époux, et D[lle] Elisabeth-Suzanne Courier, sa sœur. Nous ne savons si Jean-Paul put assister à la cérémonie. Il n'avait encore qu'un peu plus de dix-sept ans et ne pouvait signer à l'acte.

Avant de mourir Jean Courier eut encore la satis-

(78) *Archives communales de Chatenay-sur-Seine.*
(79) *Archives communales de Fromonville (Greffe de Fontainebleau).*

faction de marier un troisième enfant, Elisabeth-
Suzanne Courier, qui épousa, le 27 février 1753, à
Chatenay (80), Claude Turlin, fils de Claude Turlin
et de Louise-Angélique Guillot, de fait de la pa-
roisse Saint-Gervais, de Paris, et de droit, de Saint-
Germain-en-Laye.

Au contrat de mariage qui avait été dressé le
20 décembre 1752, par Me Mathis, et son confrère,
notaires à Paris (81) intervenaient Jacques-Nicolas
Guillot, entrepreneur des voitures par eau des rivières de Seine et d'Yonne et Denise Frambois, sa
femme, chez qui demeurait le futur époux, leur
neveu, auquel ils faisaient donation d'une somme
de six mille livres,

« Et aussy en faveur dudit mariage ledit sieur
Courier, tant pour lui que pour ladite dame son
épouse, donne et constitue en dot à la dite demoiselle future épouse, leur fille, en avancement de
leurs successions futures, la somme de cinq mille
livres que ledit sieur Courier promet et s'oblige
à payer aux dits sieurs et demoiselle futurs époux la
veille des épousailles, laquelle sera imputée sur

(80 *Archives communales de Chatenay*.

(81) Nous avons pu prendre connaissance de ce contrat grâce à l'aimable
obligeance de Me Constantin, notaire à Paris, qui a bien voulu nous autoriser à
consulter la minute.

la succession du premier mourant desdits sur la d[lle] Courier. »

Les futurs époux étaient communs en biens suivant la coutume de Paris, et de chaque côté, une somme de deux mille livres entrait en communauté « le surplus avec ce qui leur adviendra par succession et donations, legs et autrement en meubles ou immeubles leur sera et demeurera propre ».

En outre, le survivant des époux prendrait par préciput 1.200 livres, et la future épouse aurait 2.500 livres de douaire.

Enfin, il était permis à la future épouse et « aux enfants qui naîtront dudit mariage de renoncer à la communauté, et, ce faisant de reprendre tout ce que la future épouse aura apporté ».

Le contrat avait été dressé en la demeure des sieur et dame Guillot, où Jean Courier et sa fille étaient descendus ; en présence des parents du futur époux, de Jean Courier stipulant tant en son nom qu'en celui de D[lle] Jeanne Jolly, sa femme, de D[lle] Elisabeth-Suzanne Courier, leur fille mineure, et de divers parents et amis :

Charles-Philippe Duplessis, marchand orfèvre, bourgeois de Paris, oncle à la mode de Bretagne du futur époux ;

D[lle] Denise Vaugeois, veuve du sieur Pierre

Mauzin, marchand orfèvre, grand'tante dudit futur époux ;

D^{lle} Marie-Denise Duplessis, fille dudit sieur Duplessis, cousine dudit futur époux ;

D^{lle} Marie-Françoise Loisel, femme de sieur Pierre Laforge (82), Receveur des Consignations de Montreau (*sic*) ;

de D^{lle} Jeanne Laforge, épouse de sieur Thomas Préau (83), Maître du Pont de Montreau, toutes deux amies communes des sieur et demoiselle futurs époux.

Au mariage qui eut lieu le 27 février 1753 assistait toute la famille, et, notamment Jean-Paul Courier, ainsi que Pierre Laforge, sa femme et Preau.

Les deux époux vinrent s'installer à Paris sans doute chez l'oncle Guillot qui devait céder bientôt à Claude Turlin son commerce de voiturier.

Quelques mois après le mariage de Suzanne-Elisabeth, Jean Courier mourait à La Chapelle-sur-Seine, et était inhumé, le 4 octobre 1753, en l'église

(82) Pierre Laforge, Receveur des Consignations ayant quitté le commerce de bois. (*Archives de Seine-et-Marne.* BB. ¹¹).

(83) Thomas Edme Préau, hôtelier et marchand de bois, avait épousé le 14 juillet 1739 Jeanne Laforge. Il était aubergiste à l'« Ange » en 1747, puis maître des Ponts de Montereau (*Archives départementales de Seine-et-Marne.* BB. 17. EE. 18. GG. 12).

Ceci nous confirme bien que les relations de Jean Courier étaient surtout parmi les marchands de bois et voituriers par eau.

de Chatenay, sa paroisse, en présence des sieurs Louis Courier et Jean-Paul Courier ses fils, de Gervais-Protais Pigalle et Claude Turlin, ses gendres (84).

Il est encore qualifié Receveur de La Chapelle-sur-Seine dans son acte de décès, et sans doute avait-il continué aussi sa profession de « marchand de bois pour la provision de Paris ».

Nous pouvons supposer qu'il avait laissé une aisance respectable, et probablement même une fortune (85). La dot qu'il avait donnée à sa fille Suzanne-Elisabeth n'était évidemment pas considérable, même pour l'époque, mais nous verrons

(84) Appendice VI.

(85) Nous avons vainement recherché les actes qui ont dû être dressés après son décès, et qui doivent se trouver conservés dans les minutes d'un notaire de Donnemarie-en-Montois.

Il résulte, en effet, des renseignements contenus dans l'*Histoire de la Province du Montois*, par Delettre (Nogent-sur-Seine, Raveau, 1850) que, par actes]des 19 avril 1747 et 7 novembre 1767, le tabellionnage de Chatenay et de huit autres communes du Montois avait été loué à Mᵉ Legendre, puis à Mᵉ Nicolas Charpillon, son successeur, notaires à Donnemarie-en-Montois.

Sur le conseil de M. le Président de la Chambre des Notaires de l'arrondissement de Provins nous avions écrit d'abord à Mᵉ Davanne, qui nous avait fort aimablement répondu, après recherches, ne pas posséder les actes qui nous intéressaient.

Nous avons été moins heureux en nous adressant ensuite à Mᵉ Goriot, auquel Mᵉ Davanne avait déjà communiqué notre demande. Malgré trois lettres, dont une recommandée, nous n'avons jamais pu savoir si Mᵉ Goriot, auquel nous avions naturellement offert de rembourser le coût de ses recherches, nous refusait par principe les éléments de notre documentation, ou si ces questions le laissaient parfaitement indifférent, ce que nous croyons.

que Jean-Paul Courier put disposer de bonne heure d'une somme assez importante pour acheter le fief de Méré et l'agrandir par l'acquisition de terres avoisinantes.

Jean Courier laissait quatre enfants vivants :

Elisabeth-Suzanne Courier, épouse de Claude Turlin, d'abord marchand de bois et charbons et voiturier par eau.

Louis Courier qui devint peu après seigneur de Darvault.

Jeanne Courier épouse de Gervais-Protais Pigalle, marchand de bois pour la provision de Paris, à Sens.

Jean-Paul Courier à peine âgé de vingt et un ans.

Jeanne Joly, veuve de Jean Courier, lui survécut quatorze ans. Elle mourut à Chatenay, âgée de soixante-dix ans, et fut inhumée le 7 août 1767 comme son mari, dans l'église de cette paroisse. Ses enfants ni ses gendres n'assistaient à l'inhumation (86).

Avant d'étudier plus complètement la vie de Jean-Paul Courier, jetons un coup d'œil sur les

____

(86) Appendice VII. Elle est qualifiée dans l'acte de décès « Bourgeoise de Paris ».

Nous avons rencontré les mêmes difficultés pour consulter les actes notariés qui ont pu être dressés après le décès de Jeanne Joly veuve Courier que pour obtenir des renseignements sur la succession de son mari.

trois aînés que laissait Jean Courier, et sur leur descendance, afin de mieux situer Paul-Louis dans sa famille et d'éclairer sa correspondance.

Claude Turlin, et sa femme, Elisabeth-Suzanne Courier, vinrent demeurer rue Guillaume (87) en l'île Notre-Dame (88) dans une maison qui leur appartenait encore en 1791 (89) et qui était située sur l'emplacement du n° 6 actuel.

Claude Turlin exerça en même temps les professions de voiturier par eau, puis de fermier général des coches de la Haute-Seine, et de marchand de bois et de charbon. Nous supposons que Jean-Paul Courier avait des intérêts dans ses affaires. De toute manière, il conserva, tout au moins jusqu'en 1768, d'étroites relations avec sa sœur. Il se rendait fréquemment chez elle ou dans une maison très voisine pendant ses séjours à Paris (90).

Les époux Turlin n'eurent qu'un enfant, Jacques-Claude Turlin, qui mourut à Saint-Germain-en-Laye, le 10 avril 1758, âgé de vingt et un mois (91).

(87) Aujourd'hui rue Budé.

(88) Ile Saint-Louis.

(89) Sommier des rentes nationales (1790-1791) IVe arrondissement (*Archives Nationales*, Q 2,209).

(90) Il est qualifié : « Bourgeois de Paris » et demeurant, rue Guillaume Isle Notre-Dame, Paroisse Saint-Louis, dans une procuration reçue par Me Paulmier notaire à Paris, le 22 janvier 1768.

(91) *Archives communales de Saint-Germain-en-Laye.*

En 1773, le 29 décembre, « considérant qu'ils n'ont point d'enfants de leur mariage et voulant procurer au survivant d'eux le moyen de vivre plus commodément » ils se firent don mutuel par acte passé devant Me Blacque, et son confrère, notaires au Châtelet de Paris (92).

Claude Turlin était décédé avant sa femme, qui mourut elle-même à Paris, 10, rue Beautreillis, le 12 pluviôse an II (93). Elle ne laissait que des collatéraux, dont Paul-Louis. La déclaration de succession fut faite par Me Monnot, ancien notaire, fondé de pouvoirs de dame Jeanne Courier, veuve de Gervais-Protais Pigalle, demeurant à Amiens. L'inventaire avait été dressé par Me Tarbé (94) le 10 germinal an II.

Louis Courier devint, peu après le décès de son père, Seigneur de Darvault, par la mort de Jean Didon (95) et mourut lui-même, le 20 décembre

(92) *Archives Nationales.* Insinuations. Y 435 F° 123 R° l'insinuation est du 17 février 1774,

(93) *Archives départementales de la Seine.* Déclarations de mutations. D. 140, Q 8.

(94) Sébastien Prosper Tarbé, neveu de Jeanne Courier veuve Pigalle, fut notaire à Paris du 18 messidor an IX au 6 juillet 1814. Il était le père de l'auteur de la *Vie de Pigalle.*

(95) Il est qualifié seigneur de Darvault dans l'acte de baptême de son fils, Claude Harnault Courier, né le 5 janvier 1755, à Darvault (Registres d'état-civil de la commune de Fromonville. Greffe du Tribunal civil de Fontainebleau).

1755, à Darvault (96) laissant un fils et une fille puînée (97).

Il fut inhumé en présence de Jean-Paul Courier étudiant en droit à Paris, son frère, Claude Turlin et Pigalle, ses beaux-frères.

Sa fille Elisabeth-Félicité Courier épousa le 23 décembre 1776, à Nemours, Jean-Baptiste Benou, bourgeois, échevin de la Ville de Montargis, veuf en premières noces de Cécile-Marie-Magdelaine Sochet, et en secondes noces de Marie-Louise Guyot, et qui mourut lui-même le 22 ventôse an VII à Ingranne (Loiret).

Leur fille, Agathe-Félicité Benou (98) épousa, le 15 thermidor an X (99), à Orléans, Toussaint Bonneau, notaire en cette ville, qui fut l'un des correspondants de Paul-Louis.

Elisabeth-Félicité Courier, veuve Benou, mourut à Orléans, le 17 nivôse an XII (100).

Gervais-Protais Pigalle (101) avait habité, d'abord près de son père en l'île d'Yonne (paroisse Saint-Maurice) où il eut cinq enfants, de 1749 à 1752.

(96) Registres de Fromonville.

(97) Elisabeth-Félicité Courier, née le 13 août 1756 à Darvault (Registres de Fromonville).

(98) Née à Montargis le 21 juillet 1780 (*Archives communales de Montargis*).

(99) et (100) *Archives communales d'Orléans.*

(101) Il était né à Sens (Paroisse Saint-Maurice, le 9 novembre 1724 (*Archives communales de Sens*).

Installé au Clos-le-Roi (Paroisse Saint-Didier, aujourd'hui Sainte-Mathie) vers 1754, il eut encore sept enfants, dont le dernier, Louis-Armand Pigalle, naquit le 2 janvier 1764.

Longtemps Directeur des contributions directes du département du Nord (102), ce dernier avait épousé une parisienne, Sophie Bourgeois (103), la jolie cousine de Paul-Louis, qui lui adressa quelques-unes de ses plus spirituelles lettres (104).

Une autre fille de Gervais-Protais Pigalle, Elisabeth-Suzanne (105) avait épousé un fonctionnaire des finances, M. Marchand. Elle habitait rue des Bourdonnais n° 12 (ancien) (106). Courier descendait chez elle lors de ses séjours à Paris, et il y demeura, notamment de 1812 au 12 mai 1814, date de son mariage, Il parait s'être brouillé avec elle, à ce propos d'ailleurs.

Une autre fille de Gervais-Protais Pigalle, Magdeleine-Elisabeth, née le 11 novembre 1751 à Sens eut

(102) Il se fit plus tard appeler des Granges.

(103) Née vers 1781.

(104) Dans sa lettre « Ah! mamselle Sophie qu'avez-vous fai. là ! » (Mileto, 25 octobre 1806) Paul-Louis fait allusion à la naissance de Pierre-Louis-Frédéric-Armand Pigalle survenue à Lille le 21 septembre 1806 (*Archives communales de Lille*).

(105) Née à Sens le 20 janvier 1753.

(106) Cette maison, qui existe encore (c'est l'ancien hôtel de Villeroy) porte actuellement le n° 34.

pour marraine Elisabeth-Suzanne Courier, plus tard épouse Turlin.

Prosper Tarbé raconte (107) qu'elle «avait environ quinze ans quand J.-B. Pigalle vint à Sens ; on lui fit voir les dessins de cette jeune fille, il lui trouva du goût, de la facilité, du naturel, et proposa d'en faire son élève : l'offre fut acceptée. La jeune Sénonaise n'apprit pas à tenir le ciseau, mais elle devint peintre de portraits... ses œuvres sont disséminées dans le département de l'Yonne. Lors d'une des expositions qui s'ouvrirent avant la Révolution elle fit recevoir les portraits de ses aïeux... Elisabeth Pigalle mourut à Némours en 1827 sans laisser de nom dans l'histoire des arts » (108).

(107) *Vie de Pigalle.*

(108) Nous avons vainement recherché les œuvres de Magdeleine-Elisabeth Pigalle, qui pourraient constituer de précieux documents iconographiques sur ces familles.

III

JEAN-PAUL COURIER
L'ATTENTAT DU DUC D'OLONNE

III

JEAN-PAUL COURIER. — L'ATTENTAT DU DUC
D'OLONNE.

Jean-Paul Courier était, au décès de son père âgé
d'un peu plus de vingt ans (1).

Il avait été, sans doute, élevé, d'abord dans la
maison familiale (Le Plessis) où il était né le 3 novembre 1732, puis il était venu avec les siens, à l'âge
de quatre ans, à La Chapelle-sur-Seine.

Nous savons, par son fils, dont il dirigea seul la
première éducation, qu'il était fort instruit (2)
mais nous ignorons où il avait fait ses études.

Toutefois, nous pouvons formuler cette hypothèse
qu'il fut mis de bonne heure, ainsi que son frère
Louis, au collège, et sans doute au collège de
Sens (3), dont les Jésuites avaient, depuis 1623, la

(1) Voir appendice V.

(2) Paul-Louis avait conservé dans sa mémoire une paraphrase du psaume
Super flumina Babylonis, écrite par son père et qui a été reproduite en partie
dans ses œuvres.

(3) Il avait été fondé, en 1537, par Philippe Hodoard, docteur en théologie, et
chanoine de la cathédrale de Sens.

Nous supposons que c'est au co lège de Sens que Jean-Paul Courier connut

direction et la conservèrent jusqu'à la suppression de l'Ordre en France (1764).

C'est, en effet, dans cette région sénonaise que Jean avait une grande partie de ses relations ; lui-même était receveur d'une terre appartenant à l'abbaye de Sainte-Colombe-lès-Sens, et sa fille, Jeanne, mariée à Gervais-Protais Pigalle, marchand de bois pour la provision de Paris y demeurait depuis 1748 (4).

Pendant cette période il apparaît cependant deux fois sur le registre des baptêmes de Chatenay, le 4 juin 1743, comme parrain de Marie-Louise-Jeanne Courtin et le 2 octobre 1746 comme parrain de sa petite-cousine, Jeanne Renault, fille de sa propre marraine Catherine Lauxerrois (5).

Il assiste encore, à Chatenay, le 27 février 1753 au mariage de sa sœur Elisabeth-Suzanne et de Claude Turlin, puis à l'inhumation de son père, le 4 octobre 1753.

François Lejeune, sénonais, qu'il retrouva ensuite à la Faculté de Droit de Paris.

Leurs relations durèrent jusqu'à la mort de Jean-Paul. Lejeune était venu se retirer près de ses vieux amis en 1794, et il fut témoin à l'acte de décès de Louise-Elisabeth Laborde, le 11 vendémiaire an X.

Après la mort de Mme Vve Courier il se retira à Saumur, où Paul-Louis lui écrivait.

(4) L'*Almanach de Sens* publié depuis 1757, et qui, à partir de 1763, fut imprimé par Tarbé, donne les palmarès du Collège, mais malheureusement trop tard pour notre sujet.

(5) Fille de Jacques Renau't et de Catherine Lauxerrois (*Archives communales de Chatenay*).

Deux ans plus tard, le 15 octobre 1755 il est à Sens parrain de son neveu Jean-Gervais Pigalle (6) et quelques mois plus tard à Darvault, le 26 décembre 1755, il signe l'acte de sépulture de son frère Louis, seigneur de Darvault, acte dans lequel il est qualifié « Etudiant en Droit » (7).

Il s'était, en effet, inscrit dès la fin d'octobre 1755 comme étudiant de la Faculté de Droit de Paris, au cours du professeur Thomassin (8). Il y connut Jean-François Vauvilliers (9) qui devint son ami et fut le professeur de grec de Paul-Louis.

Jean Courier, qui avait laissé à ses enfants une

(6) Paroisse Saint-Didier actuellement Sainte-Mathie (*Archives communales de Sens*).

(7) Registres de l'état civil de Fromonville (Greffe du Tribunal civil de Fontainebleau.)

(8) *Ego Joannes Paulus Courier Senonensis excipio Lectiones D. Thomassin die ultimo* (*Archives de la Faculté de Droit de Paris*. Inscriptions. Reg. 36 p. 647).

Jean-Paul Courier renouvela ses inscriptions en janvier, avril et juillet 1756, mais il ne semble pas avoir passé ses examens de fin d'année, et il n'apparaît plus sur les registres d'inscriptions des années suivantes.

(9) Jean-François Vauvilliers, né à Paris le 24 septembre 1737 (Rabbe. *Biographie universelle et portative des contemporains*) d'autres disent à Noyers (Yonne) helléniste, fut lecteur et professeur de grec au Collège de France. Il joua un rôle actif pendant la première partie de la Révolution. Il présida la Section de Ste-Geneviève, Lieutenant du maire de Paris, il fut chargé en 1789, pendant la disette, de l'approvisionnement de la ville. Fidèle à ses principes royalistes, il fut arrêté après le 10 août ; relâché, puis compromis dans la conspiration de La Villeheurnois et de l'abbé Brotier. Acquitté il fut élu au Conseil des Cinq Cents. Compris sur une liste de proscription après le 18 fructidor, il se réfugia en Suisse puis en Russie où il mourut le 23 juillet 1801.

Ooutre ses ouvrages d'érudition il publia entre 1794 et 1799 plusieurs mémoi-

enviable situation de fortune, leur avait aussi donné des principes fort positifs. Jean-Paul ne put certainement rester inactif. Toutefois, nous le perdons de vue à partir de cette époque, sans pouvoir affirmer qu'il ait exercé lui-même le commerce des bois. Nous croyons cependant qu'il dut prendre des intérêts dans celui de l'un de ses beaux-frères, soit de Gervais-Protais Pigalle, « marchand de bois pour la provision de Paris », à Sens, et qui devait venir s'installer, au début de 1764, à Paris, sur le Quai Saint-Bernard, hors Tournelle, à l'enseigne de l'Ecu (10), soit plutôt de Claude Turlin, qui était voiturier par eau, mais s'occupait aussi du négoce des bois et charbons, et parfois, même du blé. Jean-Paul Courier entretenait en effet des rela-

res sur l'approvisionnement de Paris en bois et charbon, ainsi que sur la navigation de la Seine et de ses affluents.

Son éloge fut publié en 1801 dans le *Magasin Encyclopédique* (t. IV, n° 15) par son neveu Duret.

(10) Il avait, en outre, comme tous les marchands de bois et de charbons, un chantier dans l'Ile Louviers.

Un procès qu'il soutint contre Julien Robert en 1779 devant les Juges-Consuls et qui fut ensuite porté devant le Parlement a permis de conserver dans un dépôt public (*Archives Nationales*, X 2 B 1414 et 1415) ses livres de commerce, qui pour la période 1764-1777 contiennent des renseignements précieux sur le commerce des bois au XVIIIe siècle.

On y rencontre, en outre, les noms des fournisseurs et des clients de Gervais Protais Pigalle. Il fournissait notamment Mme Gourdan (La Petite Comtesse) à l'Hôtel d'Artois (du 1er mars 1770 au 31 octobre 1776) M. Pigalle, le « sculpteur » (du 5 novembre 1770 au 27 avril 1775).

tions étroites, en 1764, avec les époux Turlin, chez lesquels il se rendait quotidiennement. Il était domicilié chez eux ou dans le voisinage immédiat au cours de janvier 1768.

Nous avons vu que Louis Courier était devenu, par mariage, seigneur de Darvault. Parallèlement, Jean Paul devint lui-même lieutenant des chasses du duc d'Olonne, ce qui était un office noble.

A quelle époque Jean-Paul entra-t-il en cette maison? Ainsi que nous l'avons indiqué plus haut, Anne-Angélique Harlus de Vertilly, femme du duc de Boutteville, possédait des terres entourant la seigneurie de Villeneuve-aux-Riches-Hommes, qui appartenait aux évêques de Châlons.

Et même la terre de Bercenay-le-Hayer mouvait de ce fief de Villeneuve, et depuis longtemps des relations avaient pu s'établir entre officiers de justice, et lieutenants de cette famille, ou peut-être cette famille elle-même. Puis aussi, ses Intendants n'étaient-ils pas en rapports avec les avisés marchands de bois qu'étaient les Courier. La famille de Montmorency-Luxembourg était, depuis longtemps, obérée et peut-être avait-elle pu trouver des prêteurs en ces riches commerçants.

Jean Courier était donc lieutenant des chasses du duc d'Olonne, au début de 1764, lorsque se passèrent les événements relatés avec beaucoup de fantaisie dans la notice de 1824, et dont ont douté la plupart des biographes de Courier.

La vérité pour être quelque peu différente et moins romanesque, peut-être, que la légende créée par le biographe anonyme n'en est pas moins fort curieuse.

Le jeudi, 9 février 1764 (11), à 5 h. 1/2 du soir, le commissaire au Châtelet, Hubert Mutel, chargé du quartier du Louvre (dit aussi de Saint-Germain-l'Auxerrois) et dont le bureau était rue Saint-Honoré près la rue d'Orléans (12) recevait, accompagné du sieur Pierre-Jacques de la Villegaudin, Inspecteur de Police, le soldat au Régiment des Gardes Françoises, Fiacre Hiblot dit La Lancette, de la « Compagnie de M. Delasaulne, demeurant à la Cazerne de ladite Compagnie, rue de Traverse (13), paroisse Saint-Sulpice. »

(11) On était en plein Carnaval (Pâques tomba, en effet, cette année le 22 avril).

(12) Cette rue, qui a disparu lors du percement de la rue du Louvre, donnait, d'un bout, rue Saint-Honoré, vis-à-vis la rue des Poulies et d'autre bout rue des Deux-Ecus, près la Halle au blé, qui était alors à peine terminée (commencée en mars 1762 sur l'emplacement de l'Hôtel de Soissons).

(13) La rue Traverse, appelée aussi rue de la Plume, allait de la rue Plumet (rue Oudinot) à la rue de Sève (rue de Sèvres). C'est aujourd'hui la rue Pierre-Leroux.

Nous n'avons pu déterminer l'emplacement exact de cette caserne.

A cette époque, les casernes ne contenaient généralement qu'une compagnie de Gardes Françaises (126 hommes y compris 6 sergents, 3 caporaux, 9 anspessades). Elles appartenaient à des particuliers et étaient louées à bail au régiment des Gardes Françaises. Celle de la rue de la Plume était occupée dès 1744 (par

La Lancette venait faire une très grave déclaration au sujet d'un particulier qui lui avait proposé d'assassiner un homme (14).

Le lundi 6 février « entre 6 heures et 7 heures du matin étant dans le corps de garde de sa compagnie le nommé Alexis, aussy soldat de cette compagnie », lui avait déclaré qu'un « particulier lui avoit proposé quelques jours auparavant, de donner un coup d'épée, même plusieurs s'il en était besoin, à un homme qu'il vouloit faire assassiner ». Ce particulier lui avoit offert une somme et lui avoit donné rendez-vous pour ce même jour lundy à 7 heures du matin dans le cabaret à eau-de-vie au coin des rues de Saint-Maur (15) et de Sève (16).

Mais Alexis « n'ayant point l'intention de commettre un assassinat, et ne se sentant pas en état de conduire cette affaire avec assez de prudence

la compagnie Vaudreuil). Elle figure encore sur l'Etat du régiment des Gardes Françoises de mai 1763 (Compagne La Sône F.S. Germ. rue de la Plume). Elle n'est plus mentionnée sur l'Etat de mai 1764 (à cette date la Compagnie La Sône était logée Faubourg Saint-Germain au coin de la rue Saint-Romain). La caserne actuelle de Babylone ne fut construite que vers 1775.

M. de la Sône, Lieutenant-Colonel du Régiment des Gardes Françoises depuis février 1761, habitait place Vendôme, était lieutenant général des Armées du Roi (du 28 décembre 1758) et commandait, comme capitaine, la compagnie qui portait son nom et qui était casernée rue de la Plume (ou rue Traverse).

(14) Bibliothèque de l'Arsenal. *Archives de la Bastille* 12.220, liasse Jacques Tachet.

(15) Actuellement rue de l'Abbé-Grégoire.

(16) Ou de Sèvres.

pour faire punir ce particulier » ne vouloit point se trouver au rendez-vous, et connaissant La Lancette plus intelligent que lui, le priait de s'y rendre à sa place. Il lui donnoit le signalement du particulier et le chargeoit de lui dire que, blessé la veille à la jambe par la roue d'un canon, il ne pouvait venir lui-même.

Hiblot étant en habit uniforme (17) avec son épée s'était rendu sur-le-champ dans le cabaret à eau-de-vie, et après avoir attendu un quart d'heure avait vu entrer le particulier qui lui avait été désigné, et qu'il reconnut à son signalement (18).

L'ayant abordé, il lui dit qu'il était envoyé par Alexis, son camarade, au sujet de l'affaire dont il l'avait entretenu. Le particulier ayant demandé à parler audit Alexis, La Lancette lui expliqua qu'il « n'avoit pas pu venir, attendu qu'il était blessé à la jambe, mais qu'il ferait en sorte de le mettre à portée de lui parler en le faisant venir dans un cabaret voisin de la cazerne, ou en le faisant monter dans la cazerne ». Sortis ensemble pour gagner la rue Traverse, Hiblot fit entrer son compagnon dans le

(17) L'uniforme des Gardes Françoises était l'habit bleu, avec doublure, veste, parements, collet culotte et bas rouges et agréments blancs de trois en trois sur l'habit, boutonnières blanches, et bordé blanc sur la veste, casaque bleue, chapeau bordé d'argent, cravate et cocarde de soie noire.

(18) Vêtu d'un habit de drap gris et d'une veste de drap ventre de biche galonnée en argent.

cabaret voisin de la caserne pendant qu'il allait chercher Alexis. Il revint peu après au cabaret, mais le particulier avait trouvé Alexis et, l'ayant tiré à part, lui avoit demandé si son camarade était un homme capable de le servir dans l'affaire qu'il lui avoit proposée et s'il pourrait se confier à lui.

Alexis fit approcher La Lancette, et après l'avoir présenté audit particulier, affirma qu'il était capable de « faire ce qu'il désiroit de lui, et qu'il étoit redouté sur le pavé de Paris ».

« Puisqu'il en est ainsi, dit-il, je puis donc me fier à lui. » Il paya trois « choppines » de vin qui avaient été bues, et il partit avec Hiblot, en suivant la rue de Sève et la rue du Bac.

Pendant le chemin, ce particulier avoit proposé à La Lancette de tuer un homme qu'il devoit lui faire voir dans la maison où il le conduisait, et lui avoit dit qu'il « falloit lui donner plusieurs coups d'épée si un seul ne suffisoit pas ». Il avait ajouté que s'il « faisoit cette affaire il lui donneroit deux louis d'or, et que, comme en détruisant cet homme, il faisait sa fortune, par la suite l'argent ne lui manqueroit pas ».

Se trouvant rue du Bac ils entrèrent dans le cabaret à l'enseigne du « Bon Coin » (19) où La Lancette

_(19) Sans doute à l'angle de la rue de Varenne. Le débit qui se trouve à cet endroit portait encore ce nom il y a peu d'années.

quitta son habit uniforme et son épée pour endosser un habit et une veste de bergopsomme bleu qu'il avoit apporté de la caserne sous son bras.

Ils se rendirent ensuite « rue de Grenelle, faubourg Saint-Germain, dans une maison à porte cochère qu'il croit être la cinquième à main gauche, en entrant par la rue du Bacq et en montant vers les Invalides (20) ; et, le particulier ayant dit à La Lancette de le suivre sans affectation pour être à portée de voir l'homme qu'il lui feroit connaître, ce dernier le suivit à quelques pas de distance. Mais le particulier sortit peu après de la cuisine où il avoit parlé à un domestique portant une veste et un bonnet blanc et ils se rendirent dans un cabaret rue du Bacq, près celle de Grenelle, où étant à boire une pinte de vin et mangeant un morceau de pain et de fromage, La Lancette apprit qu'il n'y avait rien à faire pour ce jour-là, attendu que l'homme dont il s'agissait était sorti.

(20) Cette maison porte aujourd'hui le n° 81 de la rue de Grenelle et appartient à l'ambassade de Russie. C'était auparavant le petit hôtel d'Estrées. Vers 1760 il était habité par le comte Annibal de Montmorency-Luxembourg qui mourut à Pau en septembre 1762. Sa veuve, Marie-Jeanne-Thérèse de Lespinay de Marteville s'étant remariée (décembre 1762) avec le duc d'Olonne, ce dernier vint alors s'y installer.[1]

Plus tard, l'hôtel appartint au marquis d'Harcourt qui le réunit au Grand Hôtel d'Harcourt, vers 1775 (Rochegude).

Par une singulière coïncidence, toute fortuite, cet hôtel, situé vis-à-vis la rue Saint-Simon est à moins de cent mètres de la rue Paul-Louis Courier (ancienne rue Sainte-Marie ouverte vers 1800 et ainsi dénommée en 1879).

Ils se quittèrent, en se donnant rendez-vous sur les 6 à 7 heures du soir dans la chambre de La Lancette, rue des Poulies (21). Ledit particulier s'y rendit à l'heure indiquée et ils allèrent ensemble souper au cabaret de « La Pallette » rue Saint-Honoré près la Croix du Trahoir (22). Mais ils ne purent parler de l'affaire en question parce qu'il y avait plusieurs personnes dans la salle et que le particulier ayant vu entrer un homme qui lui avait paru suspect, Hiblot lui répondit adroitement, pour gagner sa confiance, « qu'il croyait que c'était un mouchard », ce qui l'incita à régler la dépense et à sortir.

Dans la rue ils discutèrent un rendez-vous pour le lendemain au cabaret rue du Bac à l'enseigne du « Bon Coin ». Mais La Lancette déclara qu'ils ne pourraient se rejoindre car il « étoit obligé de monter la garde au Pont-Neuf ». Son compagnon lui donna sur-le-champ 24 livres pour se faire remplacer et ils se rendirent aussitôt au « Bon Coin » où ils burent une chopine de vin et où Hiblot reprit

(21) Sur l'emplacement actuel de la rue du Louvre entre la rue Saint-Honoré et la rue des Fossés Saint-Germain-l'Auxerrois (rue Perrault).

(22) La fontaine de la Croix du Trahoir élevée en 1529 au milieu de la rue de l'Arbre-Sec fut transférée en 1696 à l'angle de la rue Saint-Honoré et de la rue de l'Arbre-Sec qu'elle occupe aujourd'hui (Béraud et Dufay. *Dictionnaire Historique* de Paris. 1825). La fontaine a été reconstruite en 1778 par Soufflot (Rochegude).

son habit uniforme et son épée, après avoir laissé son habit et sa veste de bergopsomme.

Le lendemain, mardi 7 février, entre 7 et 8 heures du matin, La Lancette se rendit avec Alexis au « Bon Coin », le particulier les attendait. Ils burent une chopine de vin. Hiblot reprit ses vêtements de bergopsomme bleu de la veille et mit son épée entre son habit et sa veste. Le particulier lui réitéra la proposition qu'il lui avait faite de tuer l'homme qu'il devait lui faire connaître et lui recommanda sur toutes choses de ne point le manquer et de lui porter plusieurs coups si un seul ne suffisait pas. Il lui fit remarquer que son épée lui paraissait plus courte que celle qu'il avait la veille. La Lancette le rassura, il n'avait pas besoin « d'une plus longue épée car il n'avait à faire qu'à un seul homme ».

Ils laissèrent Alexis au cabaret et sortirent ensemble pour se rendre rue de Grenelle près la cinquième maison à porte cochère. Le particulier, laissant son compagnon l'attendre, entra dans la maison où il resta environ une heure. Il en sortit vers 9 h 1/2 dans la crainte que La Lancette ne s'impatientât. Ils se rendirent ensemble rue du Bac près celle de Grenelle dans le cabaret où ils étaient allés la veille, et y burent une chopine de vin en mangeant un petit pain. Puis le particulier retourna dans la maison ; Hiblot l'attendait près de la porte, lorsque, vers 10 h. 1 /2 ou 11 heures du matin il vit sortir de l'hôtel un « homme paraissant âgé de vingt-cinq à trente ans, ayant le visage bazanné, portant che-veux ou perruque brune et en bourse, vêtu d'une redingotte bleue galonnée d'un petit galon d'argent un peu usé, ayant sur sa tête un chapeau uni et portant épée et des bas blancs ».

Le particulier sortit immédiatement après en faisant signe à Hiblot que cet homme était celui qu'il vouloit lui faire connoitre pour l'assassiner.

L'homme prit son chemin par la rue de Grenelle, suivi par Hiblot à environ 20 ou 25 pas de distance, le particulier étant lui-même à pareille distance derrière lui, jusqu'à la rue de la Chaise, où il le rejoignit. Et, comme le particulier vouloit que l'assassinat ait lieu en cette occasion, Hiblot lui dit : « Cet homme prend une mauvaise routte », — et l'autre lui répondit qu'il prenait le vrai chemin pour se rendre en l'Isle Saint-Louis, « où il savait qu'il se rendoit, et qu'il trouveroit dans ce chemin quelque endroit favorable pour le détruire ».

Ils suivirent l'homme jusqu'à la rue du Four où ils le virent entrer chez un débitant de tabac. Mais, Hiblot, voulant trouver un prétexte de le perdre de vue, se rapprocha de son compagnon et lui dit que cet homme devait avoir des connaissances dans ce quartier. Puis, ayant vu l'homme sortir de la maison du débitant de tabac et suivre la rue du Four, il se garda d'en aviser son compagnon. Feignant, au contraire, de ne savoir ce qu'il était devenu il parcourut avec lui en tous sens la rue du Four pendant un demi-quart d'heure. N'ayant pu le retrouver ils entrèrent dans un cabaret rue du Four, vis-à-vis la rue Beurière (23) où Hiblot paya la chopine de vin qu'ils burent, sur une pièce de 12 sous que le particulier lui avait donnée, mais ce dernier lui confia qu'il avait un regret mortel que le coup ait été manqué, et pria son compagnon, avec beaucoup d'instance, de ne point le trahir.

Ils se donnèrent rendez-vous, pour le soir même, entre 5 et 6 heures, dans la chambre de la rue des Poulies, et Hiblot partit, sur-le-champ, trouver le sieur de la Villegaudin pour lui rendre compte de toutes les circonstances de l'affaire. Celui-ci fit placer, sur les 4 h. 1/2 du soir dans cette chambre, deux hommes cachés derrière des chaises couvertes d'un drap, afin d'observer ledit individu et d'entendre ses discours. Mais celui-ci ne vint pas.

Le lendemain, mercredi, 8 février, vers 7 h. 1/4 du matin, le particulier fit mander à La Lancette, à la caserne, qu'il l'attendait au « Bon Coin ». Mais,

---

(23) La rue Beurière allait de la rue du Vieux-Colombier à la rue du Four vis-à-vis la rue du Sabot.

Hiblot ne voulant pas y aller seul se fit accompagner par le nommé Tranquille, soldat de la même compagnie. Sur ses reproches de n'être pas venu la veille le particulier s'excusa, en disant qu'il n'avait pu avoir d'argent ce jour-là, et après avoir bu trois chopines de vin et mangé trois petits pains qu'il paya, il donna à Hiblot rendez-vous pour le lendemain jeudi 9 février dans la chambre de la rue des Poulies entre 6 et 8 heures du soir, à l'effet de prendre les dernières mesures pour finir cette affaire, et lui promettant de lui donner 12 livres pour l'exempter de se rendre le vendredi à Versailles pour monter la garde. Après s'être quittés Hiblot alla aussitôt, avec Alexis et Tranquille rendre compte au sieur de la Villegaudin de ce qui venait de se passer.

A la fin de cette déclaration, Hiblot ajoutait que le particulier lui avait dit, dans ses différentes conversations, que c'était pour une fille « qu'il vouloit faire assassiner cet homme ».

Vers 9 heures du soir, Hiblot revenait de nouveau au Bureau du Commissaire Mutel, avec le sieur de la Villegaudin, mais ils étaient accompagnés, cette fois, des Inspecteurs de Police Sarraire et Receveur, et du nommé Jacques Tachet dit Clermont, qui venait d'être arrêté dans la chambre de la rue des Poulies.

Le Commissaire reçut les nouvelles déclarations

qui lui furent faites par le sieur de la Villegaudin. Celui-ci exposa qu'ayant rendu compte à M. le Lieutenant Général de Police des faits portés en la déclaration de La Lancette, le magistrat l'a chargé de s'assurer de la vérité des faits en faisant placer dans la chambre de Fiacre Hiblot, cachés derrière des chaises recouvertes d'un drap, les Inspecteurs Sarraire et Receveur.

Le Commissaire reçut aussi une deuxième déclaration de La Lancette : le particulier étant venu au rendez-vous vers 8 heures du soir, lui avait de nouveau proposé d'assassiner l'homme demeurant rue de Grenelle. Mais le comparant lui ayant rappelé qu'il était obligé de partir demain pour monter la garde à Versailles et qu'il lui avait promis de lui donner 12 livres pour se faire remplacer par un autre soldat, le particulier lui avait répondu qu'il n'avait point d'argent, et n'avait pu en trouver quoiqu'il eut couru pour en avoir.

La Lancette lui fit remarquer que c'était un assassinat prémédité qu'il vouloit lui faire commettre et l'autre lui répondit qu'il le savait bien, et lui demanda : « Quand veux-tu donc le faire? » Hiblot objecta qu'il fallait que ce fut pendant que sa compagnie serait de garde pour qu'on ne le soupçonnât pas et qu'il lui falloit de l'argent pour la faire monter. Alors s'engagea entre eux le dialogue suivant :

Le particulier : « S'il ne tient qu'à de l'argent je mettrai ma montre en gage, mais finis donc demain et ne me trahis pas. » Puis sur la remarque faite par Hiblot pour gagner sa confiance : « Je ne te trahirois pas et quand je serais attrapé, je ne te déclarerais pas » le particulier lui répondit : « Tu es soldat, tu n'es pas comme un autre, on ne te connoitra pas, tu ne risques rien. » La Lancette « Qu'appelles-tu je ne risque rien, sais-tu que c'est un assassinat, je risque d'aller à la Grève. » Le particulier : « Tu dis qu'il te faut 9 livres, je vais mettre ma montre en gage en sortant de la chambre », il ajouta seulement « Mon ami, ne me trahis pas. »

A ce moment il descendit jusqu'à la porte de la maison où il fut arrêté.

Dans leurs déclarations reçues immédiatement après celle d'Hiblot, les Inspecteurs Receveur et Sarraire indiquèrent que La Lancette, étant entré dans la chambre de la rue des Poulies vers 8 heures avec un particulier auquel il dit : « Nous avons bon feu », et que ce particulier s'étant approché de la cheminée dans laquelle il y avait du feu avait dit : « Voici une chaise » et qu'il s'était assis. Ils confirmèrent, en outre, les termes de la déclaration d'Hiblot jusqu'à l'arrestation du particulier dès qu'il eut mis le pied dans la rue.

Ensuite, il fut procédé à l'interrogatoire de l'individu arrêté qui, après serment par lui fait de dire vérité a déclaré se nommer Jacques Tachet dit Clermont, âgé de trente ans, natif de Saint-Jacques d'Ambure (24) en Auvergne, laquais actuellement au service de M. le duc d'Olonne, logé en son hôtel, rue de Grenelle Saint-Germain, paroisse Saint-Sulpice (25). « Enquis s'il connoît le nommé Alexis, soldat au Régiment des Gardes Françoises, compagnie de la Saulne depuis quel temps et à quelle occasion » a dit qu'il en a fait la connaissance « par le moyen de la nommée Michelle, sa maîtresse, demeurant petite rue Taranne (26) qui a raccroché le répondant, qu'il a été chez elle et a fait la connaissance dudit Alexis, qui s'est trouvé dans un cabaret où ladite Michelle l'a conduit. »

Au début Tachet n'opposait pas de dénégations à toutes les questions posées d'après les déclarations d'Hiblot. Il s'était bien trouvé au cabaret à eau-de-vie, à l'angle des rues Saint-Maur et de Sève, puis à celui de la rue Traverse près le corps

(24) Saint-Jacques d'Ambure (Puy-de-Dôme). Arrondissement de Riom.

(25) Un rapport complémentaire du sieur de la Villegaudin, du 14 février nous donne le signalement de Jacques Tachet dit Clermont : « qui est de la taille de cinq pieds un pouce corsé, le visage marqué de petite vérolle, les cheveux bruns en bourse, les sourcils noirs et épais, les yeux renfoncés, et bien pris dans sa taille. »

(26) La rue Bernard-Palissy actuelle.

de garde, mais c'était pour avoir des nouvelles de la santé d'Alexis.

« A lui représenté qu'il ne rend pas justice à la vérité, attendu que c'était pour s'informer dudit Alexis s'il pouvoit se fier audit La Lancette pour lui proposer de commettre un assassinat en la personne d'un homme qu'il devoit lui faire connaître. »

« A dit que non. »

Il prétendait d'abord, s'être rendu, en sortant du cabaret de la rue Traverse chez le duc d'Olonne, son maître, après avoir quitté La Lancette; puis les questions devenant plus pressantes, Tachet essaya de nier ou de confondre les dates et les faits. Mais, bientôt il fut convaincu de mensonge, et son interrogatoire nous fait assister à ses contradictions. Lontemps, toutefois il nia la proposition d'assassinat qu'il dut finalement avouer.

« Enquis à quel dessein il a donné audit La Lancette les différents rendez-vous et pourquoi il le deffrayait partout? »

« A dit que c'étoit pour le plaisir de boire avec luy. »

« A luy représenté qu'il ne dit point la vérité attendu que c'étoit pour engager ledit La Lancette à assassiner l'homme à qui il en vouloit? »

« A dit que non. »

« Questionné sur le fait d'avoir suivi l'homme

sorti de l'Hôtel de la rue de Grenelle le mardy sur les 10 h. 1/2 à 11 heures et que l'intention de lui répondant étoit que La Lancette assassinât sur le champ ledit homme. »

« A dit que cela est faux et que le même jour mardy à l'heure de midy il a rencontré, par hazard ledit La Lancette rue du Four près la Croix-Rouge et qu'il n'y a vu aucune autre personne de sa connaissance. »

Puis le questionnaire devint plus serré encore :

« Enquis quel est cet homme qu'il vouloit faire assassiner ? »

« A dit qu'il ne le connoit point et qu'il ne veut faire assassiner personne. »

« Enquis s'il n'est pas vrai qu'au moment que lui répondant est sorti dudit hôtel entre 10 heures et 11 heures du matin ledit jour mardy dernier il venoit de sortir un homme vêtu d'une redingotte bleue bordée d'un petit galon d'or très usé et paroissant comme de l'argent ayant un chapeau uni avec bouton et garni d'argent, des bas blancs, portant épée, cheveux bruns en bourse, ayant le visage brun et piqué de petite vérolle ? »

« A dit qu'il n'a point vu sortir un homme comme cela. »

« Enquis s'il connoit dans ledit hôtel de M. le

duc d'Ollonne un homme qui ressemble à celui qui vient de lui être désigné ? »

« A dit qu'il n'avoue point connoitre un homme de cette façon-là, qu'on a qu'à lui dire un nom ? »

« Enquis s'il connoit le sieur Courier ? »

« A dit que oui qu'il le connoit. »

« Enquis s'il n'est pas vrai que Courier soit sorti entre 10 h. 1/2 et 11 heures du matin et s'il lui connoit cet habillement ? »

« A dit qu'il ne l'a pas vu sortir mais qu'il lui connoit ces sortes d'habits. »

Le Commissaire revint alors sur différents points de la déclaration de La Lancette.

Tachet continua d'abord à nier, mais peu à peu convaincu de mensonge il fut accablé par l'évidence des dépositions d'Hiblot. Il se décida enfin à déclarer que « tous ces faits sont vrais » (27).

« Enquis quel sujet de mécontentement il avoit contre ledit sieur Courier et par quel motif il a voulu le faire assassiner ? »

« A dit qu'il étoit mécontent dudit sieur Courier parce que c'est lui qui est cause que le répondant a

(27) Le rapport du sieur de la Villegaudin, du 14 février 1764, ci-dessus cité précise que Tachet s'était toujours retranché sur la négative pendant tout son interrogatoire, mais que, « sur les 4 heures du matin, cédant à la vérité, il est convenu avoir conçu ce dessein parce que le sieur Courier, Lieutenant des chasses du duc d'Olonne, était cause qu'il avait été congédié depuis environ un mois. »

été congédié de la maison de M. le duc d'Ollonne auquel lui répondant est toujours resté attaché mais sans le servir et qu'il a dit audit La Lancette de l'assassiner quoique lui répondant n'en eut pour ainsi dire point d'envie. »

« A lui représenté qu'il avoit un désir bien formé de faire assassiner ledit sieur Courier puisque non seulement il s'étoit décidé à mettre sa montre en gage pour être en état de donner de l'argent audit La Lancette, mais qu'il a répété plusieurs fois tant audit Alexis qu'audit La Lancette qu'il falloit donner plusieurs coups d'épée audit sieur Courier si un seul ne suffisoit pas ? »

« A dit qu'il n'a jamais parlé que de donner un seul coup d'épée. »

« Enquis s'il a été repris de justice ? »

« A dit que non. »

Le même jour, jeudi 9 février, Hubert Mutel avait reçut à 11 heures du soir, pendant une interruption de l'interrogatoire de Jacques Tachet (28), de nouvelles déclarations de l'Inspecteur de Police Receveur, « qui a fait la recherche de l'homme que Tachet vouloit faire assassiner ». Il a découvert qu'il se nomme le sieur Courier, demeurant susdite rue de Grenelle, paroisse Saint-Sulpice, à l'hôtel

---

(28) Nous avons vu que l'interrogatoire dura jusqu'à 4 heures du matin.

actuellement occupé par le duc d'Ollonne, auquel il est attaché en qualité de Lieutenant de ses Chasses (29). Receveur était accompagné dudit Courier.

Mutel écrit :

« En conséquence, et en exécution des ordres à nous adressés avons fait comparaître par devant nous ledit sieur Jean-Paul Courier (30), lieutenant des Chasses de M. le duc d'Ollonne, demeurant en son hôtel rue de Grenelle, paroisse Saint-Sulpice lequel nous a déclaré que ledit jour mardi dernier 7 du présent mois, environ sur les 10 à 11 heures du matin il est sorti dudit hôtel vêtu de sa redingotte de ratine bleue bordée d'un petit galon d'or très usé et paroissant être d'argent, ayant des bas blancs, ses cheveux bruns en bourse avec un chapeau uni

(29) Le Lieutenant des chasses était un officier de la Maison du Roi ou de celle d'un grand seigneur, chargé spécialement de la chasse. Selon l'importance des fonctions il était appelé capitaine ou lieutenant des chasses.

Voici quelles étaient ses attributions :

« Il faut qu'il ait soin de la chasse, et prenne garde que le gibier ne soit point détruit ny effarouché par les paysans ny par les seigneurs et les gens des châteaux et terres circonvoisines.

...Il doit aussi empêcher que les forests et autres bois ne soient dégradez, et prendre garde même aux étangs et rivières dépendans de ladite terre, afin que personne ne s'ingère d'y pécher sans permission, et avec des harnois prohibés. » (*La maison Réglée*, Paris, 1700).

Nous voyons que ces fonctions devaient parfaitement convenir à Jean-Paul Courier, formé, dès son enfance et par atavisme, à la surveillance des forêts.

(30) Jean-Paul Courier (né le 3 novembre 1732) était donc âgé de trente et un ans et trois mois.

avec bouton et garni d'argent, qu'il a pris son chemin par la rue de Grenelle et la rue du Four pour
se rendre dans l'isle Saint-Louis chez la dame
épouse du sieur Turlin, sa sœur, rue Guillaume (31),
qu'il se rappelle qu'étant dans la rue du Four, faubourg Saint-Germain il est entré dans la boutique
d'un débitant de tabac où il a acheté une demi-once
de tabac râpé et est ensuite sorti pour se rendre
chez ladite dame, sa sœur (32) ».

Enfin, Fiacre Hiblot mis en présence du sieur
Courier reconnut qu'il était bien le même homme
qu'il avait suivi le mardy au moment qu'il est sorti
de la rue de Grenelle, et que Tachet voulait faire
assassiner.

Après lecture et signature de l'interrogatoire,
Jacques Tachet fut conduit aux prisons du Grand
Châtelet (33) par le sieur de la Villegaudin dès les

---

(31) Actuellement rue Budé. Les époux Turlin habitaient l'immeuble portant aujourd'hui le n° 6.

(32) Pour se rendre de la rue de Grenelle à la rue Guillaume Jean-Paul devait en effet, suivre la rue du Four, puis, sans doute, la rue de Buci, la rue Saint-André-des-Arcs jusqu'au pont Saint-Michel, les quais et le pont de la Tournelle. Mais les quais étaient alors impraticables près la place Maubert par suite des inonda-tions (Voir note suivante) et il devait traverser la cité pour passer la Seine au Pont-Rouge.

(33) Le Grand Châtelet (démoli en 1802-1810) était situé sur l'emplacement de la Place du Châtelet actuelle.

C'était, d'ailleurs, un fâcheux moment pour les prisonniers du Châtelet, dont les cellules n'étaient pas à l'abri des inondations de la Seine voisine.

Et, justement la Seine, qui était sortie de son lit ordinaire « commença à croître

premières heures du vendredi 10 février. Dès le 11, le commissaire Mutel déposait au greffe du Grand Châtelet (34) une expédition de la déclaration de Fiacre Hiblot ainsi que les procès-verbaux et déclarations reçues dans la nuit du 9 au 10 (35).

Peu après commençait l'information.

Conformément à l'ordonnance d'août 1670 elle était secrète et inconnue de l'accusé, les témoins assignés devaient comparaître en personne, les dépositions étant écrites par le greffier en présence du juge et signées par lui, par le greffier et par les témoins. Ces derniers étaient entendus secrètement et séparément et défense était faite de communiquer l'information et les pièces du procès à d'autres qu'au procureur et au rapporteur.

Nous n'avons pu recueillir d'informations pré-

(1er février 1764) si considérablement que le lundy suivant (6 février) on ne passait plus aux grands degrés de la place Maubert ; le jeudy (9 février) il ne s'en fallait que de deux pieds et demi qu'elle ne fut au taux de 1740 et de cinq qu'elle ne fut à celui de 1658 qui est sa plus grande crue depuis que la ville de Paris existe. Elle diminua de plus d'un pied la nuit du 9 au 10 de manière que dans l'espace de huit à dix jours elle se trouva où elle était le 1er du mois. (Hardy. *Mes Loisirs*, t. I, p. 2).

(34) Aux termes de l'ordonnance de 1670 les commissaires au Châtelet étaient tenus, sous peine de 100 livres d'amende, de remettre au Greffe dans les 24 heures une expédition des plaintes qu'ils avaient reçues et des informations faites en vertu de ces plaintes (Muyart de Vouglans. *Instruction criminelle*. Paris, Cellot, 1767. Partie I. Titre III. art. III).

(35) *Archives Nationales*. Châtelet. Registres du Greffe Criminel. Y. 10.575.

cises sur la marche de cette procédure au Châtelet (36).

(36) Chaque procédure comprenait :

a) Une expédition du procès-verbal de la plainte ou de la déclaration reçue par le commissaire au Châtelet ;

b) Les procès-verbaux d'interrogatoire par le Commissaire au Châtelet ;

c) Un certificat des médecins chirurgiens du Châtelet afin de savoir si l'inculpé était repris de justice et s'il portait une marque ;

d) L'information et la confirmation s'il y avait lieu ;

e) Le récollement ;

f) La confrontation (par le récollement et la confrontation le procès était censé entièrement instruit) ;

g) La requête du Procureur du Roy (par écrit ; il était interdit de donner des conclusions de vive voix et le procureur du roy n'assistait pas au jugement.)

h) La sentence.

Toutes ces pièces étaient jointes à la sentence et lorsque le procès était porté devant le Parlement les minutes étaient conservées par le Greffe des Juridictions où elles étaient instruites et jugées sans qu'en aucun cas les Parlements puissent en ordonner la remise au Greffe de la Cour si ce n'est lorsqu'elles sont arguées de faux. Le Parlement recevait des grosses des informations et autres procédures. (Muyart de Vouglans. ouv. cité).

Le Greffe du Châtelet, auquel le prisonnier était renvoyé pour l'exécution quand il y avait lieu recevait un extrait sur parchemin de l'arrêt intervenu, qui était annexé à la sentence.

Nous n'avons pu retrouver la sentence du 11 juillet 1764, qui n'est pas dans la liasse de juillet 1764. (*Archives Nationales*. Châtelet, sentences et informations Grand criminel). Y. 10.259.

Nous supposons que, en raison de l'importance des déclarations *in extremis* du condamné qui aboutirent à la lettre de cachet dont nous parlerons plus loin, ces pièces furent communiquées au Roi et ne furent pas renvoyées au Greffe du Châtelet. La grosse de la procédure ne se trouve pas non plus dans les *Archives du Parlement* avec la minute de l'arrêt (*Archives Nationales*. X. 2 B 1032.)

Dans sa Notice sur les *Archives du Parlement* M. A Grün indiquait que nombre de ces documents ont été détruits lorsque pendant la Révolution leur suppression fut proposée par le bureau de triage des titres. Il existe une liste des procédures qui ont été conservées à part (le procès de Jacques Tachet dit Clermont n'y figure pas).

Nous savons seulement (37) que l'instruction était terminée le 18 mai 1764 et que le procès fut rapporté le 5 juin 1764.

L'accusé semble n'avoir pas subi la question préparatoire. Depuis 1670, les sentences de condamnation à la question ne pouvaient être exécutées qu'après avoir été confirmées par arrêts des cours (38). Et, d'ailleurs, il avait avoué, et la question préparatoire n'avait pour but que de provoquer des aveux.

Ce n'est que le 11 juillet 1764 (39), à l'audience du matin (40) qu'intervint la sentence par laquelle Jacques Tachet dit Clermont était convaincu « d'avoir pendant différents jours consécutifs sollicité et engagé par promesses et à prix d'argent des soldats d'assassiner un particulier auquel il en vouloit, d'avoir pour l'exécution de son dessein donné auxdits soldats les indications et renseignements nécessaires, même fait connaître ledit particulier

(37) *Archives Nationales* (Châtelet. Registres d'inscription des procès instruits Y. 10652).

(38) Aussitôt le jugement de condamnation à la torture prononcé les premiers juges devaient envoyer le condamné et son procès au Parlement (Muyart de Vouglans. Commentaire de l'art. 7. Titre XIX).

(39) Répertoire alphabétique des noms de personnes jugées en la Chambre Criminelle (1740-1791) (*Archives Nationales*. Y. 10619).

(40) Par une opportune prudence « les procès où les procureurs ont pris des conclusions à mort doivent être jugés *le matin* et *non de relevée*. (Voir le curieux commentaire de Muyart de Vouglans. art. 9).

à l'un desdits soldats, lesquels, après avoir feint de se prêter aux intentions dudit Tachet l'ont déclaré à Justice, ainsi qu'il est mentionné au procès, pour réparation, condamné à avoir les bras, jambes, cuisses et reins rompus vifs par l'exécuteur de la Haute Justice, sur un échaffaut lequel pour cet effet serait dressé en la place de Grève. Ce fait mis sur une roue la face tournée vers le ciel pour y demeurer tant et si longtemps qu'il plaira à Dieu lui conserver la vie, ses biens acquis et confisqués au Roi ou à qui il appartiendra, sur iceux préalablement pris la somme de deux cents livres d'amende envers le Roy au cas que confiscation n'ait pas lieu au profit de Sa majesté et avant l'exécution ledit Tachet être appliqué à la question ordinaire et extraordinaire pour apprendre par sa bouche la vérité d'aucuns faits résultants du procès et les noms de ses complices (41). »

Toutes les sentences rendues par le juge des lieux

(41) Nous citons d'après l'arrêt du Parlement qui reprend en partie les termes de la sentence du Châtelet. (*Archives Nationales*. Parlement. Registres d'arrêts transcrits, 18 juillet 1764, X, 2A. 824).

Cette sentence qui peut paraître dure est conforme à l'ordonnance de 1670, et nulle intervention, même puissante ne pouvait la modifier.

« Ne seront données aucunes lettres d'abolition pour les duels et les assassinats prémédités... ni à ceux qui se louent ou s'engagent pour tuer... ni à ceux qui *les auront loués ou induits pour ce faire, encore qu'il n'y ait eu que la seule machination ou attentat et que l'effet n'en soit pas ensuivi.* (Muyart de Vouglans. Titre XVI, art. 4, p. 367).

qui portaient condamnation de peine corpo-
relle, etc. (42) qu'il y ait ou non appel entraînaient
l'envoi de l'accusé et de son procès au Parlement.

Tachet fut envoyé le lendemain même, le jeudy
12 juillet (43) et, sans doute, incarcéré, selon l'usage,
à la Conciergerie, qui était la prison du Parlement.
Dès le 13, le procès était remis à Titon de Vilotran (44) et l'affaire venait à l'audience du matin,
le mercredy 18 juillet 1764, sous la présidence de
Jean-Baptiste Bochard de Saron assisté de Anne-
Louis Pinon (45).

Le plumitif du Conseil qui est le seul document
que nous ayons pu trouver sur cette partie de l'instruction contient un certain nombre de questions
posées à Jacques Tachet dit Clermont pendant cette
audience.

(42) D'après Muyart de Vouglans, les peines corporelles étaient : la mort
naturelle (sic) (écartèlement, feu, roue, potence, tête tranchée) et la question
(Commentaire de l'art. 13 du titre XXV).

(43) *Archives Nationales.* Châtelet. Registres d'inscription des pièces portées
au Parlement (1762-1777). Y. 10.662 ; Procès extraordinaire en 16 pièces para-
phées et 60 rôles.

(44) *Archives Nationales.* Parlement. Registre de distribution des procès à la
Chambre de la Tournelle Criminelle (2 janvier 1756, 20 mars 1765) X 2 A 1303.

Titon de Vilotran était Conseiller à la Grande Chambre depuis 1744.

(45) *Archives Nationales.* Parlement. Plumitif du Conseil (12 novembre 1763-
27 octobre 1764).

Les conseillers étaient : Barraly, Mayneau de Bèze, Périn, Anjorant, de la
Guillaumie, Barentin, Gauthier, Trinquant, Titon, Barré, Rolland, de Gars,
Guiot, Dionis, Bouturière.

Le condamné a pris le parti de revenir sur ses aveux, il nie tout.

Lorsqu'on lui demande :

« S'il n'en a pas voulu au sieur Courier. »

Il répond simplement : « non ».

« S'il n'a pas engagé des soldats aux Gardes à le Battre ». « Non ».

« Si le 1er février il n'a pas été trouvé (*sic*) une fille pour luy trouver des soldats aux Gardes. » « Non ».

« S'il n'a pas dit à Alexis qu'il y avoit un homme qui vouloit le férir ». « Non ».

« S'il ne luy a pas donné vingt-quatres sols ». « Non ».

« S'il n'a pas eu plusieurs rendez-vous avec luy dans différents cabarets. » « Oui ».

« S'il n'a pas trouvé Hiblot dit La Lancette à qui il a fait part du complot qu'il avoit fait avec Alexis. » « Non ».

« S'il n'a pas emmené Alexis dans le jardin du cabaret. » « Non ».

« S'il n'a pas dit à Alexis de ne le point trahir. » « Non ».

« S'il n'a pas mené La Lancette dans la maison du duc d'Ologne, s'il ne luy a pas dit Courier est au lit l'affaire est bonne. » « Non ».

« S'il n'a pas dit qu'il yroit le trouver dans la rue des Poulies. » « Non ».

« Si le sieur Courier n'avoit pas une redingotte bleud et s'il ne luy dit pas le voilà qui va dans l'isle Saint-Louis (46).

« S'il ne luy a pas donné douze sols pour avoir du tabac. » « Non ».

« Si (47) le jeudy il ne l'a pas envoyé chercher par un petit garçon. » « Oui ».

« S'il ne luy a pas offert de luy donner 9 livres pour faire monter sa garde à Versailles. » « Non ».

« S'il n'a pas dit qu'il alloit mettre sa montre en gage pour luy en donner. » « Non ».

« S'il ne dit pas quand il est entré dans la chambre de la rue des Poulies voilà bon feu. » « Non ».

« Si La Lancette ne luy dit pas c'est un assassin (*sic*) dont tu me parle. » « Non ».

« S'il ne luy a pas promis 48 livres. » « Non » (48).

« S'il ne luy dit pas de le détruire. » « Non ».

Malgré ses dénégations, sans doute renouvelées de celles qu'il avait dû faire déjà devant la Chambre Criminelle du Châtelet, Jacques Tachet dit Clermont vit la sentence des premiers juges confirmée.

---

(46) Sans réponse dans le plumitif.

(47) Deux mots rayés sur le plumitif.

(48) Le plumitif se ressent sans doute de la rapidité des questions et des réponses.

Toutefois, l'Arrêt du Parlement (49), qui en ordonnait en même temps l'impression et l'affichage dans la Ville fauxbourgs et banlieue de Paris, supprimait la question préalable (50) et, par un retentum mentionnait que Jacques Tachet serait secrètement étranglé sur la Croix de saint André après qu'il y aurait reçu deux coups vifs.

Faut-il inférer de cette relative indulgence que certains membres du Parlement aient reçu de pressantes démarches, ou qu'ils aient été impressionnés par le rang d'une personnalité pouvant être atteinte par les révélations de Tachet pendant la question. L'attitude même du condamné, revenu sur tous ses aveux, semble bien laisser croire, en effet, qu'il comptait sur une intervention puissante, qui lui avait, sans doute été promise, et que jusqu'alors il s'était gardé de toutes révélations.

Nous verrons d'ailleurs, que son attente était vaine, car le duc d'Olonne était lui-même enfermé au château de Saumur par ordre du Roy du 26 avril 1764.

Aucun document certain ne permet d'affirmer la date du supplice, mais il est probable que, selon

(49) *Archives Nationales.* Parlement. Minutes, X 2B 1052. Registre d'arrêts transcrits. X 2A 824. Appendice X.

(50) « Infligée à un accusé avant l'exécution pour obtenir révélation de ses complices » (Marion, *Dictionnaire*, etc.).

la coutume à cette époque il eut lieu dans l'après-
midi du même jour après renvoi du condamné devant
le lieutenant criminel du Châtelet pour l'exécution.

Toutefois, il existe, dans les documents recueillis
par Gueullette, substitut du procureur du Roi au
Châtelet, qui était bien placé pour être informé, un
exemplaire imprimé (51) de l'arrêt du 18 juillet
1764 contenant en marge des mentions attribuées
à Gueullette lui-même et qui éclairent complètement cette affaire :

« Ce malheureux se fit conduire à l'Hôtel-de-
Ville (52) où il resta cinq heures. On prétend qu'il
déclara que c'étoit à la sollicitation de son maître
homme de la plus haute condition qu'il tenta de
faire assassiner le particulier dont il est question et
que pour soustraire son maître au supplice de la
roue qu'il méritoit il a été conduit à Pierre Encize
a Lion et y est enfermé pour le reste de sa vie. »

Au bas de la première page, au-dessous du texte
imprimé, Gueullette écrivait sans doute un peu
plus tard :

(51) A Paris chez P.G. Simon, Imprimeur du Parlement, rue de la Harpe, à
l'Hercule, 1764. (*Archives Nationales* AD III I, 17).

(52) Après lecture de l'arrêt sur la place de Grève le condamné était interrogé
sur les déclarations qu'il pouvait avoir à faire et qui étaient appelées « Testament de Mort ». S'il était prêt à faire des déclarations il était conduit à l'Hôtel
de Ville. De nombreux condamnés profitaient de ces dispositions pour retarder
l'heure du supplice.

« Ce maistre est le duc d'Olonne qui, par ordre
du Roi a esté conduit pour toute sa vie à Pierre
Encize. »

« Les gazettes en ont fait mention sans en dire le
sujet et que la duchesse d'Olonne s'estant présentée
au roy à Compiègne (1764) pour solliciter pour son
mari, elle y a esté enlevée, et conduitte en couvent. »

Dès le mois d'avril le duc d'Olonne avait par lettre de cachet reçu l'ordre de se rendre au château
de Saumur (53).

Le motif n'est, naturellement pas indiqué, mais
il est probable que cet ordre ne devait pas être étranger à des difficultés qui avaient pu survenir entre sa
femme et lui à l'occasion de cette affaire, et peut-être
même à des sévices qu'il aurait exercés sur elle.
Nous savons, en effet, par un acte de donation du
22 may 1764 qu'elle était, à cette date, réfugiée au
couvent des Dames de Sainte-Aure, rue Neuve-
Sainte-Geneviève (54). Dans cet acte, la Duchesse

(53) *Archives Nationales*. Ol 108 (Maison du Roy. Secrétariat. Ordres du Roy)
p. 560 et suivantes : « Du 26 avril 1764. Le sieur duc d'Olone, ordre pour qu'il
se rende au château de Saumur ou sa pension sera payée à raison de 6.000 livres
par an, y compris 2.000 livres pour son entretien et celui de ses domestiques. »

(54) Le couvent des Dames de Sainte-Aure existe encore (N° 16 et 18 rue
Tournefort).

« Les dames qui voulaient faire une retraite volontaire (comme il était fréquent
au XVIII siècle, et il en existe d'illustres exemples) y étaient reçues moyennant
« 500 livres de pension, sans y comprendre le vin, le bois, la chandelle, le blan-
chissage, etc.. » (*Tableau de Paris*, 1760 p. 377).

Il est piquant de constater que c'est dans ce quartier, rue de la Vieille-Estrad'Olonne, voulant récompenser les services que lui avait rendus Agnès-Véronique Georges, fille de sa femme de chambre, lui faisait donation entre vifs et irrévocable d'une rente et pension viagère de 400 livres (55).

Nous ne connaîtrons, sans doute, jamais les motifs de cette donation, mais il n'est pas interdit de penser, en raison du peu de temps qui s'écoula entre l'envoi du duc d'Olonne à Saumur par ordre du Roy (26 avril) et la date de l'acte signé en faveur de la fille de sa femme de chambre par la duchesse d'Olonne réfugiée au couvent de Sainte-Aure, qu'elle eut pour but de rémunérer un important service rendu à cette occasion par la demoiselle Georges à la duchesse.

Les indications données par Gueullette se trouvent confirmées par les documents eux-mêmes.

Après l'exécution de Tachet le procureur du Roy au Châtelet fit état des déclarations *in extremis* du condamné et commença, par une requête au Châtelet et un décret de prise de corps, une procédure criminelle contre le duc d'Olonne (56).

pade (6 ancien, 11 actuel), à quelques centaines de mètre à peine du couvent des dames de Sainte-Aure que Jean-Paul Courier habita, plus tard de 1784 à 1794.

(55) *Archives Nationales* (Insinuations Y. 407 f° 146 v°). donation reçue par René Lambot et Jean-Baptiste-Alexandre du Pré l'aîné. Insinué le 1er février 1765.

(56) Voir plus loin la lettre du Roi à son procureur au Châtelet.

C'est alors que la duchesse d'Olonne se **présenta** à l'audience du Roy à Compiègne (57) afin de solliciter pour son mari. Elle fut écoutée, mais la requête pressante prit vite, croyons-nous, l'allure d'une confession : il fallut avouer l'amant pour excuser le mari, et, devant le scandale déjà connu probablement de la cour et de la ville, le Roi dut sévir pour sauver le duc de la peine infamante qui le guettait.

La duchesse fut immédiatement conduite à la Visitation de Compiègne (8 août) et transférée, dès le 11, aux Ursulines de Viantais (58), près Loches.

Sa démarche ne fut, toutefois, pas inutile, car, seize jours plus tard, le Roi, revenu à Versailles écrivait à son procureur au Châtelet « qu'il ne jugeait pas à propos que cette affaire soit suivie jusqu'à ce que nous ayons fait connaître nos intentions ». Il

(57) En cette année 1764, la Cour fut à Compiègne de la mi-juin à la mi-août. Le Roi partit de Versailles le 19 juin, vint coucher à La Muette et partit pour Compiègne le lendemain (*Gazette de France* n° 50, vendredi 22 juin 1764). Il quitta Compiègne le 16 août (*Gazette de France*, n° 66, vendredi 17 août 1764).

Les gazettes de ce temps donnent des détails sur les troupes rassemblées au camp de Compiègne, qui manœuvrèrent devant le Roi.

(58) *Archives Nationales*, 0¹, 108 (Maison du Roi Secrétariat Ordres du Roy, p. 560 et suivantes) : du 8 août 1764. « La duchesse d'Ollonne conduite à la Visitation de Compiègne et transférée aux Ursulines de Viantais près Loches le 11 dudit mois. » En marge est écrit : « Libre le 23 novembre 1764. » (Le couvent des Ursulines de Viantais se trouvait sur la route de Loches à Beaulieu à mi-chemin environ de ces deux villes. Il en reste encore d'importants bâtiments, et surtout, un magnifique potager.)

lui ordonnait de « surseoir à toutes poursuites et procédures contre ledit Sieur duc d'Olonne »... « jusqu'à nouvel ordre de notre part (59) ».

Cet ordre nouveau ne devait naturellement jamais être donné, mais le duc d'Olonne avait été renfermé, ainsi que l'a noté Gueullette, au château de Pierre Encize (60) à Lyon, où nous le retrouverons en novembre 1764 (61)...

Il était de bonne justice que la victime fut elle aussi punie. Par lettre de cachet datée du même jour que la lettre au Procureur du Roi au Châtelet

(59) Voir Appendice XI. La procédure du Châtelet contre le duc d'Olonne devait sans doute comprendre toute la procédure contre Tachet. Nous n'avons pu en retrouver trace dans les *Archives du Châtelet*.

(60) Le château de Pierre Scize (ou Pierre Encize) était autrefois la demeure des archevêques de Lyon, ils l'abandonnèrent... Louis XIII ayant jugé à propos d'y mettre garnison, Richelieu, cardinal et archevêque de Lyon en céda la propriété au Roi moyennant la somme de 100.000 livres.

Le château de Pierre Scize est bâti sur un rocher escarpé, à la rive droite de la Saône : le Roi y entretient garnison, qui consiste ordinairement en trente hommes d'infanterie commandés par les officiers nécessaires. (Expilly. *Dictionnaire*, 1766).

Les Mémoires du Comte de Moré (1758-1837), publiés par Geoffroy de Grand-maison et le comte de Pontgibaud. (A. Picard. 1898) contiennent de très curieux renseignements sur le château de Pierre Scize où l'auteur fut enfermé du 19 février 1775 à septembre 1777 (époque à laquelle il s'évada.) Il y a, notamment une description du château et une « Vue du Fort de Pierre en Cize d'après un dessin exécuté par le comte de Moré ». L'auteur ne fait pas mention du séjour du duc d'Olonne qui cependant n'était pas encore mort à cette époque, mais avait, sans doute, été transféré, ailleurs.

(61) Nous n'avons pu retrouver dans les *Archives de la Maison du Roy* la lettre de cachet l'envoyant à Pierre Encize mais il y était certainement en novembre 1764. (Procédure d'interdiction, voir plus loin.)

(24 août 1764) le Sieur Courier était relégué à une certaine distance de Paris (62) (qui n'est malheureusement pas indiquée sur le registre par suite, sans doute, d'une omission du secrétaire).

La vérité est assez éloignée de la légende créée par la Notice Biographique de 1824, et propagée par Armand Carrel dans l'Essai superficiel qu'il consacra à Courier dans l'édition des œuvres complètes de 1829.

Il n'est plus question de l'agression commise au sortir de l'Opéra. Nous verrons plus loin ce qu'il en est des dettes du duc d'Olonne. Relevons aussi une autre inexactitude de ce biographe : le vicomte M... de M... (Mathieu de Montmorency) (63) nommé... (duc et pair le 30 novembre 1822) n'était pas le petit-fils du duc d'Olonne mais son petit-neveu.

(62) Du 24 août 1764 « Le sieur Courrier (*sic*) relégué à   lieues de Paris» (la distance n'a pas été mentionnée sur les registres) (*Archives Nationales*. 0' 108 (Maison du Roy. Secrétariat. Ordres du Roy. p. 560 et suivantes).

(63) Mathieu-Jean-Félicité de Montmorency-Laval, fils de Mathieu-Paul-Louis de Montmorency-Laval et de Catherine-Jeanne Tavernier de Boullongne, né à Paris le 10 juillet 1766, mort à Paris le 24 mars 1826. Il avait été créé duc et pair le 30 novembre 1822 à son retour du Congrès de Vérone, puis nommé académicien le 4 novembre 1825.

Cette branche n'avait qu'une parenté lointaine avec les Montmorency-Luxembourg, leur aïeul commun était Mathieu II de Montmorency mort dans la première moitié du XIIIe siècle, mais des alliances communes les avait rapprochés. C'est pourquoi Guy-André-Pierre de Montmorency-Laval figurait parmi les parents du duc d'Olonne appelés à se prononcer sur son interdiction. (Voir plus loin).

Le duc d'Olonne avait en effet, épousé le 22 octobre 1734 Marie-Etiennette de Bullion de Fervaques (64) sœur de Jacqueline-Hortense qui fut, elle-même, mariée à Guy-André Pierre de Montmorency, duc de Laval, grand-père de Mathieu.

La version donnée par sir Charles Morgan dans les appendices qu'il publia à la suite de l'ouvrage de sa femme, Lady Morgan (65), quoique succincte est beaucoup plus exacte. Toutefois le biographe de 1824, qui était, croyons-nous, un écrivain de second plan très répandu dans les salons de l'époque, a eu le mérite de nous signaler la dette du duc d'Olonne envers la famille Courier.

Les faits sont donc exacts dans leurs grandes lignes. Faut-il en retenir aussi que Jean-Paul Courier fut l'amant de la duchesse d'Olonne, et que l'attentat ait été réellement conçu à l'instigation du duc.

---

(64) Elle fut la première femme du duc d'Olonne et lui donna trois enfants.

(65) Les punitions infligées aux coupables sous l'ancien régime étaient variées et barbares, et elles dépendaient en grande partie du rang du criminel. Sous le règne de Louis XV, un Montmorency fut trouvé coupable d'assassinat ; son valet de chambre condamné comme complice, expira sur la roue, tandis que le principal coupable ne reçut d'autre châtiment que l'emprisonnement par lettre de cachet'

(*La France* par Lady Morgan, ci-devant miss Owenson, traduit de l'anglais par A.J.B.D. Troisième édition revue et corrigée. Paris Treuttel et Wurtz, 1818.

Trois appendices sur l'état de la législation, des Finances et de la Médecine en France par sir Charles Morgan, Docteur en Médecine, t. II, p. 367).

L'étude de la vie de ce grand seigneur et de celle de la duchesse ne nous permet guère d'en douter.

Charles-Anne-Sigismond de Montmonrency-Luxembourg, marquis de Royan, puis duc d'Olonne, fils de Charles-Paul-Sigismond de Montmorency. Luxembourg, lui-même duc d'Olonne, puis duc de Boutteville, et d'Anne-Angélique Harlus de Vertilly, était né le 31 août 1721.

Il appartenait à la maison de Montmorency-l'une des plus anciennes et des plus illustres de notre pays, remontant à Bouchard Ier, sire de Montmorency, que l'on trouve, dès 950, parmi les grands feudataires du duché de France (66).

Charles-Anne Sigismond, arrière-petit-fils du Maréchal de Luxembourg n'avait pas trouvé le Pactole dans son berceau. Nous savons, en effet, par les déclarations mêmes du duc de Luxembourg, son fils, dans un procès soutenu, en 1770, contre la duchesse de Montmorency et la D[lle] de Montmorency pour la possession du duché de Piney (67) qu'il « reste dans la succession de l'aïeul des dames de Montmorency tant de biens, indépendamment du duché substitué (68) qu'elles n'en seront pas

(66) Voir Appendice n° XII.

(67) Mémoire pour le duc de Luxembourg contre la duchesse de Montmorency et la demoiselle de Montmorency (Paris, Celliot, MDCCLXX).

(68) La valeur du duché de Piney-Luxembourg est évaluée par les dames de Montmorency à environ deux millions de livres (Précis pour le duc et la duchesse

moins d'une richesse proportionnée à leur naissance illustre ; elles n'auront jamais à se plaindre des avantages faits aux mâles, tandis qu'au contraire la branche du duc de Luxembourg n'a langui dans une sorte de médiocrité depuis plus d'un siècle qu'à cause des biens immenses que l'aîné avait réuni sur sa tête au préjudice de ses puînés. »

Ainsi, non seulement cette branche des Montmorency doit vivre près du Roi, où selon le tableau que Taine (69) nous a laissé de la haute noblesse, « elle s'obère par son luxe, par sa prodigalité, par son insouciance, et par ce faux point d'honneur qui consiste à regarder le soin de compter comme une occupation de comptable », mais encore elle n'a recueilli que des biens insuffisants qui ne lui permettent pas de faire figure à la Cour sans s'endetter !

Il n'est donc pas extraordinaire alors qu'en 1770 les biens du duc de Boutteville (70) aient été, de-

de Montmorency et les héritiers de la demoiselle de Montmorency contre le duc de Châtillon-sur-Loing, Paris, Simon, 1770).

(69) Taine. *Origines*, t. I , p. 68.

(70) Charles-Paul-Sigismond de Montmorency-Luxembourg, né le 20 février 1697, époux en deuxièmes noces d'Anne-Angélique Harlus de Vertilly, mourut le 26 mars 1785, à Paris.

Il avait « changé le nom de duc d'Olonne pour prendre celui de Châtillon à la mort de M. le duc de Châtillon, son père (1731), frère de M. le duc de Luxembourg » (*Mémoires du duc de Luynes*, t. I, p. 66). Il prit ensuite le nom de duc de Boutteville (à l'occasion de la nouvelle dignité du comte de Châtillon, février 1736) *Ibid.*

puis plus de trente ans, sous la direction de ses créanciers (71).

Le marquis de Royan, possesseur du duché de Châtillon-sur-Loing, épousa le 22 octobre 1734, Marie-Etiennette de Bullion de Fervaques, fille aînée du marquis de Fervaques (72), qui lui apporta 400.000 livres de dot (73).

A cette occasion il fut, par démission de son père, titré duc d'Olonne, et put siéger au Parlement comme duc héréditaire, non pair, vérifié au Parlement, mais il ne reçut jamais la pension de 6.000 livres que son père s'était engagé à lui faire en le mariant (74).

De cette première femme, qui mourut le 9 octobre 1749, le duc d'Olonne eut trois enfants :

(71) Et si le duc de Luxembourg a pu prendre des arrangements avec les créanciers de son grand-père c'est sans doute grâce à certains concours que lui valent sa situation et ses amitiés. Il était alors colonel du Régiment de Montmorency (depuis Haynaut).

Lié avec le très riche comte de Clermont (Louis de Bourbon Condé) qui devait mourir à Turin le 16 juin 1771, il devait épouser le 9 avril 1771 Adelaïde de Voyer d'Argenson, fille du riche marquis de Paulmy.

« Puis il s'est de même réglé avec le duc de Boutteville et le duc d'Olonne sur la remise anticipée qu'ils lui ont faite des biens substitués. Il a obtenu de la bonté du Roi des lettres patentes qui lui ont permis de les vendre et de transférer la substitution sur le duché de Piney » (Mémoire pour le duc de Luxembourg, plus haut cité).

Cet essai de rétablissement de la fortune de sa famille par le duc de Luxembourg nous montre dans quelle situation se trouvait cette maison en 1770.

(72) Mort le 23 avril 1745.

(73) Analyse pour Jean Laborde (1772, citée plus loin).

(74) *Ibid.*

1º Anne-Charles-Sigismond, né le 15 octobre 1737, marquis de Royan, puis duc de Luxembourg, en 1764 (75) ; colonel des Grenadiers de France le 24 août 1758, puis colonel du Régiment de Montmorency (depuis Hainaut) ; il épousa, le 9 avril 1771, Madeleine-Renée-Suzanne-Adélaïde de Voyer d'Argenson (76).

Maréchal de camp le 1ᵉʳ mars 1780, il fut député de la noblesse du Poitou aux Etats-Généraux, en 1789. Il présida l'Assemblée de la Noblesse le 12 juin 1789, puis il démissionna le 20 août.

Emigré en 1791, il commanda en second l'armée de Condé, puis se retira ensuite au Portugal où il mourut le 13 octobre 1803.

2º Anne-Paul-Emmanuel Sigismond, né le 8 décembre 1742, appelé le Chevalier de Luxembourg ; il quitta la Marine après avoir commandé, en 1763, la frégate *la Topaze*, et fut fait lieutenant-colonel à la suite du Régiment Royal Cavalerie.

(75) A la mort de Charles-François de Montmorency-Luxembourg, Maréchal et duc de Luxembourg, survenue le 18 mai 1764, et en qui s'éteignait cette branche aînée (son fils et son petit-fils étaient morts avant lui en 1761).

(76) Fille d'Antoine-René de Voyer d'Argenson, marquis de Paulmy, Bailly d'épée et Gouverneur de l'Arsenal, ancien ambassadeur à Lisbonne, Académicien depuis 1748, qui mourut le 13 août 1787, après avoir cédé en 1785 au comte d'Artois sa bibliothèque, qui devint la Bibliothèque de l'Arsenal.

Le duc de Luxembourg qui habita dès ce moment l'Arsenal eut deux enfants :

Charles-Emmanuel-Sigismond (né le 21 juin 1774, décédé à Châtillon-sur-Loing, le 15 mars 1861, sans postérité) et une fille, qui devint duchesse de Cadaval.

Il obtint, le 20 septembre 1767, la survivance de la troisième Compagnie des Gardes du Corps du Roi que commandait le prince de Tingry. Il mourut sans postérité le 5 juin 1790.

3° Bonne-Marie-Félicité, qui épousa le 23 janvier 1754, Armand-Louis de Sérent, marquis de Kersilly, mestre de Camp, lieutenant du Régiment Royal Cavalerie. Elle mourut le 4 février 1823 et fut inhumée à Picpus.

Cette branche de la famille de Montmorency, bien que de fortune médiocre, a toujours donné dans la galanterie, et nous verrons le marquis de Paulmy reconnaître (77) que le dérangement des affaires du grand-père de son gendre, le duc de Boutteville « fut occasionné surtout par son inconduite, mais que l'état de sa santé, et son âge de soixante-dix-sept ans doivent faire oublier ses torts (78) ».

Les autres membres de la famille, le duc de Luxembourg et le chevalier de Luxembourg ne lui cèdent en rien. Ils alimentent copieusement la chronique scandaleuse de l'époque.

Mais le duc d'Olonne, plus particulièrement encore, a des aventures nombreuses et souvent curieuses. Certaines mêmes sont assez inquiétantes, et

(77) Manuscrits de l'Arsenal, 6115.

(78) En 1772. Le duc de Bouteville avait été autorisé par le Roi, le 6 novembre 1771, à habiter l'Arsenal. Il y mourut le 26 mars 1785.

devront, fatalement le pousser, semble-t-il, à de fâcheuses extrémités.

René-Louis d'Argenson, père d'Antoine-René, a laissé dans son *Journal* (79) le piquant récit de la fin d'une liaison du duc d'Olonne (80) avant la mort de sa première femme :

« Décembre 1748. — Mme Thiroux, très jolie femme, épouse du Maître des Requêtes et intéressé dans la ferme des postes, avait le duc d'Olonne ; ils se sont brouillés, le loyer de la petite maison aux Porcherons n'étant pas payé, le duc n'a rien voulu donner au propriétaire et lui a dit d'aller à la dame avec qui il fréquentait sa maison. Le bourgeois a été justement la trouver, pendant qu'elle dînait avec son époux, le mari l'a payé, mais sur-le-champ on lui a vendu ses chevaux et supprimé le grand souper qu'elle avait chez elle tous les soirs. »

Sa liaison avec Mlle Amédée (81) danseuse à l'Opéra, est plus longue et plus funeste par ses conséquences.

(79) *Journal du marquis d'Argenson*, décembre 1748, (1863, t. V, p. 324).

(80) Le duc d'Olonne avait été colonel du régiment de Saintonge puis de Touraine. Brigadier d'Infanterie le 1er mai 1745, il venait d'être, depuis le 10 mai 1748, nommé Maréchal de camp des armées du Roi. La guerre de succession d'Autriche était virtuellement terminée (le traité de paix fut signé le 10 octobre 1748) et le duc était rentré depuis peu à Paris après avoir participé au siège de Bergopzoom.

(81) C. Piton. *Paris sous Louis XV*, 4e série, p. 22, 1749. 14 août. La demoiselle Amédée demeurait rue du Mail, près la Place des Victoires.

C'est le 14 août 1749 que cette aventure figure pour la première fois dans les Rapports des Inspecteurs de Police au Roi. Nous y trouvons un portrait du duc d'Olonne : « Il est garçon (82), âgé de vingt-quatre à vingt-cinq ans (83), grand, mince, blond, portant ses cheveux. Il ne manque pas un opéra et se met toujours par goût dans les coulisses afin de pouvoir plus aisément entretenir la D^lle Amédée. »

Celle-ci est âgée d'environ vingt-trois à vingt-quatre ans « petite, brune, les yeux noirs et grands, belle bouche, sourcils postiches. » (83 *bis*).

En janvier, nous apprenons que le duc d'Olonne « a fait et fait encore pour elle des dépenses considérables qui le mettent hors d'état de faire honneur à ses affaires qu'on assure être un peu délabrées (84). »

Il demeurait ci-devant rue de Bourbon (85) faubourg Saint-Germain, « actuellement il fait son principal domicile à sa petite maison n° 5, rue des Amandiers, dans laquelle il a fait porter tous les meubles qui étaient dans son hôtel à Paris (86). »

L'indiscret Inspecteur nous raconte, le 3 juin

---

(82) Nous avons vu, au contraire, qu'il était marié depuis 1734.

(83) Exactement 28 ans ,(né le 31 août 1721).

(83 *bis*) Plus loin l'Inspecteur dit : « sourcils teints, néanmoins jolie ».

(84) C. Piton, *ibid*, 4 janvier 1750.

(85) Actuellement rue de Lille.

(86) L'Inspecteur ajoute « et veuf depuis environ 4 mois » ; sa femme était, en effet, morte depuis le 9 octobre 1749.

1750 : « Il y a déjà quelques jours que le bruit se répand que M. le duc d'Olonne a quitté la demoiselle Amédée. Les uns veulent qu'il ait enfin cédé aux instances de sa famille ou plus vraisemblablement au mauvais état de ses affaires, pour se retirer à sa terre de Hallot en Normandie. D'autres pensent qu'il a été relégué par ordre du Roy. Quoi qu'il en soit, on ne le voit plus, et Amédée fut lundi dernier toute seule à la Comédie Française avec l'air d'une personne qui cherche à faire diversion à son chagrin (87). »

L'Inspecteur insinue habilement que le duc aurait été exilé par ordre du Roy. C'était en effet exact, mais que s'était-il passé ? Une chose assez grave et qui montre à quels expédients en était arrivé ce grand seigneur.

Une plainte adressée au comte d'Argenson (88) Secrétaire d'Etat à la Guerre, qui depuis 1749, avait dans ses attributions le département de Paris, nous fait connaître les circonstances mêmes d'une tentative d'escroquerie commise par le duc et ses agents (89).

(87) Les diversions vinrent assez vite : C. Piton *ibid.*, : 1750, 4 septembre, 23 septembre, 12 octobre, 16, 19, etc.

(88) Marc-Pierre, frère cadet de René-Louis plus haut cité, fut ministre de la Guerre de 1742 à 1757. Le Lieutenant Général de la Police était alors Berryer de Ravenoville, qui avait succédé, en 1747 à Feydeau de Marville.

(89) *Archives de la Bastille,* 11.721.

«André Laurent, marchand à Paris, rue du Chantre Saint-Honoré, représente très humblement à Votre Grandeur que le 16 mars dernier les nommés Dragée et de Lille se disant Gens d'affaires de M. le duc d'Olonne et qu'il a appris depuis être des intrigants vinrent chez le suppliant, ils lui proposèrent de lui procurer la vente d'une tapisserie à petite pointe soye et or composée de neuf pièces de quinze aunes de cours sur trois de hauteur qu'ils sçavoient qu'il avoit à vendre, et l'engagèrent à cet effet de porter avec eux la dite tenture rue des Amandiers (90), faubourg Saint-Antoine dans une maison occupée par le dit seigneur duc d'Olonne lequel présent après l'avoir bien examiné demanda au supliant le prix qu'il désiroit vendre ladite tapisserie ; ayant répondu qu'il ne pourroit la donner à moins de 70.000 livres M. le Duc d'Olonne lui en offrit 50.000 livres à quoi le supliant refusa d'acquiescer, mais voulant se mettre en devoir de remporter la dite tapisserie il en fût empêché par le dit sieur duc d'Olonne qui s'en est indûment emparé profitant de l'avantage qu'il avoit sur un simple particulier dans une maison écartée (91), et accompagné de son domestique, en sorte, Monsei-

---

(90) La rue des Amandiers est aujourd'hui la partie de la rue du Chemin-Vert comprise entre la rue Popincourt et le Boulevard de Ménilmontant.

(91) Cette rue était, en effet, à l'époque, fort peu construite.

gneur, que le supliant se trouva forcé de se retirer avec la douleur de se voir outragé et ruiné...

Cette conduite, Monseigneur, étant sans exemple de la part d'un seigneur dont le nom et la famille sont également respectables, le supliant, après plusieurs démarches de bienséance pour obliger M. le duc d'Olonne à luy faire justice sans en avoir tiré raison... » (92), a recours à l'autorité de Votre Grandeur pour luy faire restituer ladite tapisserie... »

D'une autre plainte, adressée sans doute en même temps (93) au Lieutenant Général de la Police, il résulte que c'est sous prétexte de son mariage avec la fille de Mme de Pompadour que le duc d'Olonne avait voulu acquérir la tapisserie... En réalité, ce grand seigneur l'avait engagée dès le lendemain, à raison de huit pièces chez Poussin, tapissier, rue Saint-Honoré, et d'une autre pièce chez Pierret, au Marché-Neuf.

A la suite d'une première plainte reçue par le commissaire Cadot, le duc d'Olonne avait envoyé le nommé Lavigne, son maître d'hôtel chez Laurent pour lui faire dire que s'il voulait avoir sa tapisserie il falloit lui donner deux cents louis afin de la dégager, car elle était mise en gage pour pareille somme.

(92) Non datée, elle porte cette mention de transmission : « A M. Berryer le 26 avril 1750 ».

(93) Non datée, en marge M. de Chaban, 25 avril 1750.

L'enquête menée activement n'avait cependant pas encore abouti, lorsque Laurent crut devoir adresser une nouvelle plainte, mais, cette fois au Roy, lui-même (94).

Peu de jours après, le 13 may 1750, les prêteurs furent réunis par les soins de la police chez le commissaire Grimprel et la tapisserie fut rendue au plaignant après remise par le secrétaire du prince de Tingry, de 1.580 livres au sieur Poussin, et 72 livres au sieur Pierret (95).

Le prince de Tingry (96) était intervenu sans doute à la demande du ministre d'Argenson (97), et il avait avancé la somme nécessaire mais, dans sa lettre du 11 may, après avoir demandé de prescrire le meilleur mode de règlement de l'affaire, il ajoutait : « Nous songerons ensuite à débarrasser Paris de M. d'Olonne. »

En réalité, le Roy y avait songé lui aussi en lui enjoignant par lettre de cachet transmise par d'Argenson le 24 mai 1750 (98), de se rendre

(94) Au bas M. le comte d'Argenson. « A. M. Berryer le 3 may 1750 ».

(95) Rapport de Gillot du 13 mai 1750.

(96) Charles-François-Christian de Montmorency-Luxembourg, prince de Tingry, comte de Beaumont, Lieutenant Général des armées du Roi depuis le 10 mai 1748. Né le 30 novembre 1713 il était cousin germain du duc de Boutteville. Il devint, en 1764, capitaine de la troisième compagnie des gardes du corps du Roi.

(97) Lettre du prince de Tingry, du 11 mai 1750.

(98) La lettre du Roy ne put, d'ailleurs, être remise au duc qui était déjà parti

incessamment dans « la terre d'Hallot pour y demeurer jusqu'à nouvel ordre ». Le comte d'Argenson
adressait en même temps au Père de la Tour, supérieur du collège des Jésuites (99), une lettre pour
lui marquer l'intention du Roy de ne point laisser
sortir pendant un mois, pour quelque raison que ce
puisse être, les fils de M. le duc d'Olonne, pension-
naires de ce collège.

En réalité, le duc d'Olonne, qui ne savait comment subvenir aux besoins de sa maîtresse, Amédée,
avait tout tenté avant d'en venir à cette extrémité.
Il s'était abouché avec de faux sorciers qui faisaient
voir le diable à différentes personnes, même de
considération, pour leur faire trouver des trésors.

Ainsi, nous savons par les Archives de la police
que « Dubuisson, peintre, a fait voir le diable à
M. le duc d'Olonne et à sa maîtresse Mlle Amédée,
au prince Camille, à M. de la Tour d'Auvergne et
à Mme la comtesse de Montboissier » (100).

Plus tard, lorsque la comtesse de Montboissier
fut arrêtée et conduite à l'abbaye de Mouchy près
Compiègne, on apprit en quoi consistaient ces

et elle fut renvoyée par Berryer au ministre (27 mai 1750) (*Archives de la Bastille*,
11.721, ainsi que les documents précédemment analysés). Elle est toutefois enre-
gistrée aux *Archives de la Police* (24 mai 1750, Relégué à la terre de Hallot).
(*Archives de la Préfecture de Police*, A.B. 362).

(99) Louis-le-Grand.

(100) *Archives de la Police* A a/7 651.

fameuses séances qui dénotaient chez les specta-
teurs et acteurs une certaine dose de naïveté et de
crédulité (101) :

« M. le duc d'Olonne demandoit au Diable quinze
millions dans son appartement du Pont-aux-choux.
M. de Bissy en étoit ainsi que Mlle Amédée.

« La comtesse de Montboissier y a été ainsi que le
sieur de Lafosse qui paroissoit fort versé à ces sortes
d'opérations.

« Sachant les 72 appels, c'est-à-dire l'art de con-
jurer les 72 noms sacrés sous lesquels on invoque
Dieu et les Esprits célestes.

« Il étoit question de donner cent treize livres au
diable pour payer une peau de bouc afin de con-
clure le marché et d'avoir ce que l'on demanderoit.

« Mme de Montboissier luy demanda de faire
trouver quinze millions dans son petit cabinet verd,
ce qu'il promit sous sept jours à condition qu'elle
signeroit un engagement. La dame de Montboissier
donna les cent treize livres à Dubuisson « au moyen
de quoy il luy porta le lendemain la peau de bouc
sur laquelle la dame écrivit son pacte avec le diable. »

« Sur son traité, elle exigeoit, premièrement les
quinze millions promis ;

2° Commandoit au diable de la préserver de

(101) *Archives de la Police* A a/7 746.

toutes maladies, surtout des vapeurs et de la folie ;

3° D'avoir le pouvoir de maintenir toujours dans ses chaînes le marquis de Souvré, sans que cependant ledit sieur marquis put rien gagner sur elle, et enfin de la garantir des persécutions du comte de Montboissier, son mary. »

Nous ignorons si la comtesse obtint tout ce qu'elle exigeait ou si elle en fut pour sa peau de bouc, mais ce que nous savons bien c'est que le duc d'Olonne n'eut certes pas ses quinze millions. Il lui fallut quelques mois plus tard emprunter deux cents louis sur la tapisserie du sieur Laurent, ce qui lui réussit assez mal.

Il n'attendit pas l'ordre du Roy et parvint fin may dans sa terre de Hallot (102).

Mais il était séparé de sa chère Amédée, qui trouva assez vite d'utiles protecteurs tout en donnant de temps à autre au duc d'Olonne des rendez-vous auxquels il se rendit, enfreignant ainsi l'ordre royal (103). D'ailleurs cette liaison ne paraît pas avoir survécu à l'année 1750. Au début de 1751 (le 24 janvier) Mlle Amédée partit avec un Anglais à Londres d'où elle ne revint que peu avant novembre

---

(102) Commune de Villiers-en-Désœuvre à 3 lieues de Vernon.

(103) A Saint-Germain-En-Laye (C. Piton, 20 octobre 1750) à Paris .« Note. M. le duc d'Olonne vient de temps en temps à Paris. Le prévôt de la maréchaussée de Rouen m'a mandé la même chose » (C. Piton, 12 octobre 1750).

et nous ne trouvons plus de trace de sa liaison avec le duc d'Olonne qui avait obtenu, dès la fin de décembre 1750, d'être envoyé dans sa terre de Châtillon-sur-Loing (104).

Ce n'est qu'à la fin de 1752 ou au début de 1753, qu'il fut autorisé à rentrer à Paris, où il descendit d'abord chez Jean Laborde (105), qui demeurait encore, croyons-nous, rue Saint-Honoré.

Peu après s'ébauchait le mariage du duc avec Agnès de Miotte de Ravanne, veuve de Mathieu Roch de La Rochefoucauld, marquis de Bayers. Le contrat fut signé par le Roi le 29 may 1753, et le mariage célébré le 2 juin.

La nouvelle duchesse fut présentée à la cour le mercredi 13 juin par Mme de Luxembourg (Ville-roy) (106). A cette occasion on disait que Mme de Bayers avait « 24.000 ou 25.000 livres de rentes mais, on m'a assuré, dit le duc de Luynes (107), qu'elle n'en avait pas plus de 15.000 ou 16.000 sans comp-ter une maison qu'elle a dans Paris ; ses affaires sont fort bien rangées : elle a environ vingt-cinq ans et une figure agréable. »

(104) Analyse pour Jean Laborde (cité plus loin).
(105) *Ibid.*
(106) Magdeleine-Angélique de Neupville de Villeroy, épouse du Maréchal de Luxembourg, cité plus haut, qui mourut en 1764.
(107) *Mémoires du duc de Luynes*, t. XII, p. 470.

Ce mariage dura tout juste trois ans, la duchesse mourut le 31 may 1756 laissant un testament par lequel M. de Royan, fils aîné de son mari, était institué légataire universel, et M. le duc d'Olonne, son mari, exécuteur testamentaire (108). Mais, s'il faut en croire le duc de Luynes, elle était à peu près ruinée. « Elle avoit 16.000 ou 17.000 livres de rentes quand elle se maria : on prétend qu'il ne lui restoit que la même somme en fonds (109). »

Les scellés furent apposés par Louis-Henri Auret Dalagrave, commissaire au Châtelet de Paris suivant procès-verbal en date, au commencement, du 1er juin 1756.

Le duc d'Olonne ne voulait pas rester longtemps veuf. Dès l'année 1759 il entrait en relation avec le marquis de la Pelleterie dont il devait épouser la fille. Le Journal des Inspecteurs de M. de Sartines (110) mentionne que « dans ce temps, c'est-à-dire en octobre 1759, cet Américain s'adressa avec mystère au sieur Danet, chirurgien, dont il était inconnu, pour qu'il lui fournit quelques drogues,

---

(108) Ce testament a été « publié » deux fois : le 1er juillet 1758, *Archives Nationales*. Y. 57. f° 422. v°. et le 31 mars 1764. Y 58, f° 556.

(109) *Mémoires du duc de Luynes*, t. XIII, p. 88.

(110) Bruxelles. Paris 1863, p. 167-168. Une note, bien faite, constate justement qu'il « était prédestiné du reste à être trompé par sa femme, car Marie-Jeanne de Lespinay de Marteville, avec laquelle il se remaria en 1762, mourut en laissant une assez triste réputation ».

essence ou breuvage, dont on peut se servir pour rendre à une jeune fille toutes les apparences de la virginité. Danet le satisfit, mais ne le fut pas de sa générosité. Il en fut rendu compte. »

Enfin, en 1762, le mariage tant attendu qui devait redorer le blason du duc d'Olonne, se présenta. Joseph-Maurice-Annibal de Montmorency-Luxembourg, comte de Luxe, marquis de Bréval, appelé le comte de Montmorency, frère cadet du prince de Tingry, et cousin germain du duc de Boutteville, venait de mourir à Pau en septembre 1762 (111), laissant sa seconde femme, Marie-Jeanne-Thérèse de l'Epinay de Marteville, sans enfant, mais pourvue d'une grosse fortune.

Moins de trois mois après, le 10 décembre 1762, elle épousait le duc d'Olonne (112).

---

(111) Agé de 44 ans. Le comte de Montmorency avait épousé, en première noces Françoise-Thérèse Martine Le Peletier de Rosambo, dont il n'eut qu'une fille née le 2 septembre 1750 ; il se remaria le 3 octobre 1751.

(112) On appelle l'année du deuil l'année de viduité, pendant laquelle une veuve doit s'abstenir de passer à un second mariage par respect pour la mémoire de son mari.

Chez les Romains... celles qui se remariaient avant l'échéance de cette année étaient... notées d'infamie, mais cette disposition rigoureuse n'a pas été adoptée par le Droit canon, non plus que par les Lois de ce Royaume...

En pays coutumier, l'an de viduité n'est que de bienséance. Ainsi, la veuve qui se remarie dans l'an de viduité, n'est privée que de la somme qu'elle aurait pu demander pour son deuil.

En pays de Droit écrit, la veuve qui se remarie dans l'année du deuil perd tous les avantages à elle faits par son défunt mari, conformément à la disposition des

— 141 —

Marie-Jeanne-Thérèse Lépinay (ou Lespinay) de Marteville, fille de Louis Lespinay, marquis de Marteville, Mestre de Camp de Cavalerie, dont la famille était originaire de Picardie, et de Marie Jeanne-Geneviève Camus de Pont-Carré, était née en 1734.

La marquise de Marteville était elle-même fille de Nicolas-Pierre Camus de Pontcarré, premier Président au Parlement de Rouen, qui mourut le 10 décembre 1734, et de sa troisième femme Jeanne-Marguerite de Boyvin.

Elle était donc la sœur consanguine de Jeanne Camus de Pontcarré (113) qui, après avoir été l'une des maîtresses du Régent avait épousé le 21 septembre 1724, Louis-Christophe de la Rochefoucauld, marquis de Langeac et d'Urfé (114).

Il est piquant de constater que la duchesse d'Olonne était ainsi la propre nièce de cette folle de marquise d'Urfé dont Casanova nous entretient pendant de longs et fort amusants chapitres de ses Mémoires (115).

Lois romaines. *Dictionnaire de Droit et de Pratique* par Claude-Joseph de Ferrière Paris, Saugrain 1762, *verbo :* Deuil.

(113) Née en 1705.

(114) Colonel du régiment de la Roche-Guyon.

(115) Voir aussi : *Souvenirs de la Marquise de Créquy*, 1873, t. I, p. 197.

A. Compigny des Bordes. Casanova et la marquise d'Urfé.

Le contrat des futurs époux d'Olonne fut dressé, dès le 24 novembre 1762 (116), par Me Guérin, notaire à Paris. Le duc d'Olonne y était déclaré demeurant en son hôtel, rue de Verneuil, faubourg Saint-Germain, paroisse Saint-Sulpice, et l'épouse, à Paris, en son hôtel rue de Grenelle, même faubourg et même paroisse.

Il n'y avoit point de communauté de biens entre les époux, outre son douaire, la dame future épouse *soit qu'elle demeure en viduité ou non* aura pour habitation le château dudit Châtillon avec jouissance des jardin et pré clôturé.

En outre, les époux se faisaient donation mutuelle, savoir : le duc à son épouse de tous les revenus généralement quelconques du duché de Chastillon et ses dépendances et annexes, y compris même les droits honorifiques, et de la propriété de tout le mobilier qui se trouvera lui appartenir au jour de son décès. La dame future épouse faisait donation à son futur mari :

1° De la somme de 200.000 livres à prendre sur les biens immeubles qui, au jour du décès se trouveront lui appartenir ;

2° De tout le mobilier qui se trouvera luy appar-

---

(116) *Archives Nationales.* Insinuations. Y. 401 f° 121 v°. L'insinuation est du 2 décembre 1762.

tenir au jour de son décès, soit à Paris, soit ailleurs.

Dans le cas où le duc d'Olonne survivrait y ayant enfants du mariage, ladite dame lui fait donation de 10.000 livres de rente viagère, payable par chacun an... ladite rente non saisissable par les créanciers du duc d'Olonne, sous quelque prétexte que ce soit.

Après le mariage le duc était venu habiter en l'hôtel de la rue de Grenelle et quatorze mois seulement s'étaient écoulés depuis lorsque survint le complot qui devait séparer à tout jamais les époux d'Olonne, et qui fit envoyer le duc au château de Pierre Scize (ou Pierre Encize) à Lyon alors que la duchesse était reléguée au couvent des Ursulines de Viantais près de Loches, d'où elle sortit le 23 novembre 1764.

Elle revint, sans doute, assez vite s'installer à Paris, mais nous n'avons pu découvrir si elle retrouva ou essaya de retrouver Jean-Paul soit dans la région tourangelle, soit à Paris. Pendant quelques années, nous la perdons de vue ; toutefois, lors de l'ouverture de la procédure d'interdiction contre le duc d'Olonne elle fut naturellement appelée à donner son avis.

Nous verrons plus loin en détail cette procédure ; notons ici qu'elle fut signifiée le 10 mars 1769 à la duchesse d'Olonne, demeurant alors rue du Petit-

Vaugirard (117) près la seconde barrière, faubourg Saint-Germain, paroisse Saint-Germain, en son hôtel et domicile.

Quelques années après la duchesse d'Olonne défraya de nouveau la chronique scandaleuse lors du retentissant procès qu'elle soutint contre le sieur Orourke, et dans lequel fut particulièrement remarqué Linguet, son avocat, qui prit directement et personnellement parti contre l'adversaire de sa cliente.

Bachaumont écrivait le 13 janvier 1772 :

M. Linguet se distingue au nouveau Parlement. Il paraît deux mémoires imprimés de cet orateur. L...

Le second, en faveur de Mme la duchesse d'Olonne contre le sieur Orourke.

Alors que de nombreux avocats, pour protester contre l'exil du Parlement, avaient refusé de plaider devant le Parlement Maupeou installé depuis le 13 avril 1771, Linguet, avocat depuis 1765, y prononça ses plus retentissantes plaidoiries. Il avait été, d'ailleurs, avocat du duc d'Aiguillon le ministre, le collègue de Maupeou,

---

(117) La rue du Petit-Vaugirard était située sur l'emplacement actuel de la rue du Cherche-Midi, dans la partie comprise entre la rue de Bagneux et le boulevard du Montparnasse.

contre lequel à propos de l'affaire de La Chalotais, l'animosité des Parlements avait été très vive.

La duchesse, dans son mémoire, daté de 1771, expose avec précision, tous les faits de la cause :

« Le sieur Orourke est Irlandais. Il y a dix-huit ans, à ce qu'il assure, qu'il est établi en France et qu'il y rend, si on l'en croit, de grands services à l'Etat. Toute sa fortune cependant s'y réduit à un brevet de Mestre de camp sans fonctions, à un autre brevet de chambellan honoraire du feu roi de Pologne, Stanislas, et, de son aveu, à un *petit pension* (118).

Il cherchait à la fin de 1770 à augmenter son aisance par son industrie...

Il se produisit dans le monde comme un homme capable de régir les biens de quelque grande maison ; c'est en cette qualité qu'il se produisit chez Mme la duchesse d'Olonne. Une femme confiante, généreuse, maîtresse de ses actions, était précisément ce qu'il lui falloit.

Mme la duchesse d'Ollonne avait déjà un autre intendant plein de zèle et de fidélité mais de fréquens voyages en Picardie, où elle a des possessions considérables, la privoit souvent du secours de cet officier. »

(118) Elle était de 1.500 livres par an.

Mme la duchesse d'Olonne consentit à prendre « chez elle le sieur Orourke qui lui avait été recommandé » ; elle lui fit assigner un logement dans son hôtel, et lui donna procuration générale pour régir, gouverner et administrer ses biens et affaires.

« A la vérité, dans l'acte, ce nouvel Intendant est qualifié de Seigneur. On y dit qu'il a été prié de se mettre à la tête des affaires. Ces égards étaient dus à la délicatesse de Mme la duchesse d'Ollonne ; elle croyait qu'il était de sa noblesse de déguiser la dérogeance que le sieur Orourke faisait à la sienne, ce n'est point par vanité qu'elle prenait un mestre de camp pour premier domestique.

Le sieur Orourke, parvenu à son but, exerça pendant cinq mois ses fonctions ; il recevoit et payoit tout dans la maison. Il engagea Mme la duchesse d'Ollonne à prendre un autre hôtel que celui qu'elle occupait à son arrivée... on remarquait dans le sieur Orourke une affectation outrée de paroître bien avec elle ; sa régie sembloit approcher du despotisme et l'on déméloit une envie secrète de faire croire qu'il devoit ses droits à sa personne plus qu'à son acte...

Mme la duchesse d'Ollonne à Paris n'en eut pas le moindre soupçon ; mais au printemps elle se transporta avec toute sa maison à sa terre de Marteville. « Là elle fut instruite de beaucoup de choses... »

Sans daigner approfondir les vues du sieur Orourke, sans lui faire l'honneur de s'en plaindre elle prit le parti le plus court et le plus sage, elle le congédia... (Elle ne songea ni à lui interdire l'accès de son hôtel à Paris ni à révoquer sa procuration.) Orourke s'empara de l'hôtel, se refusa à recevoir Mme d'Ollonne rentrée en hâte à Paris. Tous ses effets, ses bijoux, « ses papiers les plus secrets, tout ce qui pouvait intéresser sa fortune ou son cœur » sont à la discrétion de cet homme.

Il prétendit que la maison était louée à lui personnellement, que son nom seul avait paru dans le bail.

Elle révoqua la procuration par un acte du 17 juin 1771, signifié avant midi, puis elle s'adressa à la police et un inspecteur fit une enquête.

Dans l'intervalle il l'avait constituée débitrice d'une somme de 40.000 livres puis accordé un long délai à un débiteur de 60.000 livres, et le 18 juin 1771 il avait donné congé de l'hôtel.

La duchesse lui demandait une reddition de comptes, mais Orourke prétendait n'avoir pas été l'homme d'affaires de la duchesse et il donnait des détails. « On rougiroit, dit le mémoire de répéter ceux qu'il n'a pas rougi, non seulement d'avancer dans des Mémoires anonymes et clandestins, mais même de faire plaider à l'audience. »

Il essaie de faire naître l'idée qu'on cherchait moins en lui un agent expéditif qu'un favori commode et docile ; on assure même qu'il distribue des copies de quelques prétendus billets, où la preuve en est, dit-il, consignée de la propre main de Mme la duchesse d'Olonne. « Il ne cherche à compromettre l'honneur d'une femme de condition que pour se justifier de s'en être approprié l'argent... il se vante faussement d'avoir été un séducteur malhonnête. »

La duchesse avait eu l'imprudence, pour rentrer dans son hôtel, d'accepter du sieur Orourke un règlement provisoire, par acte du 25 juin 1771, et elle avait été condamnée par sentence du Châtelet du 18 septembre 1771 à faire provision par le dépôt chez un notaire d'une somme qui lui était réclamée.

C'est de ce jugement qu'elle appelait.

Elle perdit d'ailleurs son procès ; mais « Linguet gagna le sien » dirent les contemporains (118 *bis*).

Bachaumont revient plusieurs fois sur cette affaire, et le public ne s'y trompa pas, la preuve de l'intimité de la duchesse avec le sieur Orourke ne fit doute pour personne.

(118 *bis*) Archives Nationales X ¹ʙ 8409. Arrêt du 27 février 1772, Linguet avait été personnellement mis en cause par Orourke qui l'accusait de porter atteinte à la « dignité de la profession d'avocat ».

D'ailleurs, la duchesse ne devait pas tarder à le remplacer par Linguet lui-même dont la faveur fut de courte durée.

Puis elle prit dit-on un autre avocat Falconnet, qui fut son exécuteur testamentaire.

Elle mourut, en effet, en son hôtel, rue des Lyons Saint-Paul, le 26 novembre 1776 après avoir dicté, le 25 novembre, à Mes Momet, notaire, qui en garda la minute, et son confrère (Boulard) un testament qui excita lui aussi la malignité publique.

Bachaumont constate, le 5 décembre 1776 : « Mme la duchesse d'Olonne vient de mourir ; elle était fameuse par son inconduite et le dérangement de ses mœurs. On peut se rappeler le singulier procès qu'elle eut en 1772 contre le comte Orourke et les Mémoires plaisants de M. Linguet, contre cet ancien amant de sa cliente, qu'il qualifiait de prince de Conacie. L'avocat avoit remplacé le prince dans ses fonctions, mais étoit brouillé peu après avec elle. C'est Me Falconnet qui lui a succédé et qu'on peut appeler le dernier des Romains. Aussi est-il le mieux récompensé, la duchesse l'a fait son légataire universel. »

A la date du 6 décembre, Bachaumont complétait : « Le testament de Mme la duchesse d'Olonne est aussi bizarre que sa conduite ; elle ordonne que son corps soit transporté dans sa principauté de

Lux, fort éloignée, elle veut que le convoi soit très nombreux en voitures et en pauvres portant des torches, se fasse majestueusement, et ne parcoure pas plus de cinq lieues par jour »... suivaient d'autres détails, complétés le 8 décembre.

Me Falconnet n'était point son légataire universel mais son exécuteur testamentaire, « elle lui laisse pour présent une terre de petite valeur ; elle laisse aussi 15.000 livres au sieur Robé, poète qu'elle logeait et soutenait à Paris (119). Par un autre article de son testament non moins curieux, la duchesse d'Olonne traite fort bien ses domestiques, laissant à tous des rentes proportionnées à leurs services, mais, en même temps, elle les exile, c'est-à-dire leur assigne un domicile fixe, à une certaine distance de Paris, où ils doivent résider respectivement pour toucher leur rente ; son motif est qu'elle ne veut pas qu'ils s'entretiennent d'el'e après sa mort, et médisent sur son compte. »

Hardy s'étend aussi sur les détails extraordinaires de ce testament (120) mais nous devons à la vérité de reconnaître que la minute de cet acte ne con-

---

(119) Robbé de Beauveset, poète érotique (1714- 1794). L'importante correspondance de Robbé adressée à son oncle Desfriches, et conservée par un membre de la famille, érudit distingué, peut contenir une intéressante documentation sur la duchesse d'Olonne.

(120) *Mes loisirs*. Bibliothèque Nationale. Ms F. 6682, p. 300.

tient pas toutes les fantaisies qu'on lui a prêtées. Toutefois, elle demandait que son corps fût gardé « pendant quatre jours en son lit sans qu'il y soit touché (121). »

Ainsi se termina la vie de la duchesse d'Olonne, qui avait largement alimenté la chronique parisienne ainsi que les conversations du public et des salons, et nous pouvons reconnaître que après lecture de ces différents documents la notice biographique de 1824 ne nous paraît pas invraisemblable en ce qui la concerne.

Le duc d'Olonne ne devait d'ailleurs pas tarder à la suivre. Il mourut le 21 juillet 1777 au château de Loches (122).

(121) Nous avons pu consulter la minute de ce document grâce à l'aimable obligeance de Me Lefebvre, notaire à Paris, successeur médiat de Me Momet

(122) Père Anselme généalogie. L'acte de décès du duc d'Olonne ne figure ni dans les registres de la mairie de Loches ni dans ceux conservés au Greffe du Tribunal civil de cette ville.

A cette époque, le Gouverneur de Loches était Marc René, marquis de Voyer (1722-1782) grand bailly de Touraine, et cousin germain d'Antoine-René marquis de Paulmy, beau-père du duc de Luxembourg.

L'acte de sépulture n'était pas dressé au lieu du décès mais au lieu d'inhumation. Le corps n'aurait-il pas été transporté dans une terre voisine, Paulmy, par exemple?

IV

JEAN LABORDE
LES DETTES DU DUC D'OLONNE

IV

Jean Laborde. — Les dettes du duc d'Olonne

Après avoir vérifié, tout au moins partiellement,
l'exactitude de la Notice Biographique de 1824, en
ce qui concerne l'attentat et sa répression, il nous
reste à examiner s'il est bien réel que le duc
d'Olonne ait été débiteur envers la famille Courier,
de 160.000 livres, et, dans l'affirmative, quelle était
l'origine de cette importante dette.

Nous allons rencontrer, pour la première fois,
l'ascendance maternelle de Paul-Louis, dont nous
n'avons pas encore parlé jusqu'ici.

Après l'envoi du duc d'Olonne au château de
Pierre Encize, sa famille s'inquiéta de l'importance
des sommes qu'il pouvait devoir, et le moment lui
parut favorable d'entreprendre une procédure d'interdiction. Elle fut commencée à la requête de
Marie-Magdelaine-Hortence Gigaut de Bellefont

veuve d'Anne-Jacques de Bullion, marquis de Fervacques (1).

La requérante exposait que sa fille, Marie-Anne-Etiennette, décédée le 9 octobre 1749, avait été mariée en 1735 au duc d'Olonne, dont elle avait eu trois enfants, et que l'un d'eux, le chevalier de Luxembourg, encore mineur, était placé sous sa tutelle.

« Le duc d'Olonne, entraîné par son penchant à la dépense, et par les conseils pernicieux de ceux qui ont su profiter de sa foiblesse, s'est livré dès les premières années de son mariage à la dissipation (2) et à la profusion les plus excessives, dans l'espace d'environ quatorze années qu'a duré son premier mariage, outre les dettes qu'il a contractées, il a consommé la plus grande partie de la dot de sa femme, en sorte qu'il doit actuellement à ses enfants plus de 320.000 livres. »

Après son second mariage, en 1753, il a dissipé presque entièrement la dot de sa seconde femme qui mourut en 1756. Celle-ci ayant disposé par testament au profit du marquis de Royan, le duc d'Olonne doit plus de 200. 000 livres à son fils légataire universel.

« Le duc d'Olonne a convolé en troisièmes noces

(1) *Archives Nationales.* Avis de Parents, Y. 4926.
(2) Surcharge, le mot : débauche, primitivement inscrit, a été rayé.

avec dame Marie-Jeanne-Thérèse Lespinay de Marteville, veuve de M. le comte de Montmorency. Ce troisième mariage n'a esté ny plus heureux ny plus capable d'arrêter la fureur de dissipation et de prodigalité du duc d'Olonne ; la supliante à qui on a fait enfin ouvrir les yeux sur la conduite de son gendre et sur les intérêts de ses petits-enfants a été effrayée de voir, par un état qui lui a été remis », que les dettes du duc d'Olonne s'élevaient « à plus de 1.029.000 livres pour partie desquelles il y a des lettres de change, des billets d'honneur, des sentences et des condamnations par corps contre luy sans compter les autres dettes et les autres jugements qui ne sont point encore connus... »

« Une inconduite et un dérangement aussy marqués, des dissipations aussy outrées, enfin un esprit et une suite de prodigalités aussy constants et aussy notoires ne permettent pas à la supliante de rester plus longtemps dans le silence... »

Dans l'intérêt de ses petits-enfants, et l'avantage même du duc d'Olonne, elle demandait son interdiction, « d'autant plus pressante pour luy et pour sa famille qu'il a différents intérêts et des droits et actions essentiels à discuter, que la situation actuelle où il se trouve et le dérangement total de ses affaires le mettent dans l'incapacité et même dans l'impossibilité de traiter et de suivre avec succès. »

Par ordonnance du 27 novembre 1764 signée Dargouges, la requête fut prise en considération et
l'enquête commença.

L'état des dettes du duc d'Olonne fut dressé le
11 décembre 1764 (3) par Vimont, notaire en la
Chambre civile du Châtelet de Paris, et paraphé
quelques mois plus tard, le 8 mars 1765 à Lyon au
château de Pierrecise par le duc d'Olonne (4).

Il contenait les noms de 83 créanciers et le total
des dettes s'élevait à 1.029.553 livres.

Parmi les créanciers, nous citerons :

1º à Messieurs ses enfants du mariage de
    Madame leur mère · . . . . 322.000 liv.
2º à Monsieur le marquis de Royan comme
    légataire universel de Madame la se-
    conde duchesse d'Olonne . . . . . . 210.000 liv.

27º au sieur Laborde, tailleur. . . . . . . 80.770 liv. 10 s.

52º au sieur Courrier . . . . 12.000 liv.

à la fin se trouvait ce nota :

« Nota qu'on ne compte point les frais et intérêts d'une grande partie de ces sommes sur lesquelles il y a eu des sentences depuis plus de douze

---

(3) Procès-verbal du 11 décembre 1764. Etat des dettes connues de Mgr le
duc d'Olonne (1 feuille de 4 pages) *Archives Nationales* Y 4926.

(4) L'état est signé : Montmorency-Luxembourg duc d'Ollonne

ans, il y a encore beaucoup d'autres créanciers dont on n'a pas connaissance. »

A ce procès-verbal sont annexées des procurations des parents appelés à donner leur avis : Guy-André-Pierre de Montmorency-Laval, Lieutenant Général des Armées du Roy et Gouverneur des Ville et Principauté de Sedan, et Louis-Joseph de Montmorency-Laval, évêque de Metz, qui donnent pouvoir de déclarer qu'ils sont d'avis de l'interdiction.

Au contraire, le duc de Boutteville, père du duc d'Olonne, donne à son procureur, Fauvot, pouvoir « d'affirmer que sur ladite interdiction ledit Seigneur constituant s'en raporte à la prudence du magistrat. »

Le duc de Boutteville, qui, depuis le 9 mai 1738 (5) avait abandonné ses biens à ses créanciers, était, certes, dans une situation délicate pour se prononcer en faveur de l'interdiction de son fils. Il s'y refusa jusqu'à la fin. La duchesse de Boutteville, « malheureusement trop instruite des dissipations et de l'esprit de prodigalité du duc d'Olonne, son fils » se déclara favorable à l'interdiction.

Anne-Léon de Montmorency chef des nom et ar-

(5) Mémoire pour les syndics des créanciers de M. le duc de Boutteville, Appelans contre M. le duc d'Olonne et son tuteur intimez (1740). Bibliothèque Nationale F° Fm 2142.

mes de sa maison, et son fils, le marquis de Fosseux, « attendu la connaissance qu'ils ont des dettes immenses contractées par le duc d'Olonne, du dérangement total de ses affaires, et son inconduite notoire sont d'avis de son interdiction ».

La duchesse d'Olonne donna procuration à Simon Bordier, procureur au Châtelet, de réserver son avis jusqu'après la communication qui lui serait faite du procès-verbal d'audition du duc d'Olonne.

Suivant ordonnance du 20 décembre 1764, Dargouges, lieutenant civil, ordonna que le duc d'Olonne serait vu et entendu par le lieutenant général de la Sénéchaussée de Lyon, qui lui communiquera l'expédition du procès-verbal de la requête et l'exemplaire de l'arrêt du Parlement du 1er septembre 1760. »

Par suite de ses infirmités, puis de son décès survenu en 1767, la marquise de Fervacques ne continua pas la procédure. Elle fut reprise, le 9 mars 1769, par le prince de Tingry. Le prince exposait que le décès récemment survenu, de la duchesse de Boutteville (6), mère du duc d'Olonne, et dont il recueillerait librement la succession mobilière, de-

---

(6) Anne-Angélique Harlus de Vertilly, duchesse de Boutteville, mourut à Paris, le 28 février 1769.

viendrait pour lui un nouveau i..otif de dissipation
« et que le seul moyen d'empêcher la ruine totale du
duc d'Olonne et de ses enfants, son déshonneur et
celui de sa maison est de faire prononcer son interdiction. »

Dès le 10 mars 1769, une signification était faite
à la duchesse d'Olonne pour prendre connaissance
des procès-verbaux et de toute la procédure faite
pour parvenir à l'interdiction du duc et par elle « dire
et requérir et aviser ce qu'elle jugera à propos ». La
duchesse d'Olonne fit défaut.

Les autres membres de la famille restèrent favo-
rables à l'interdiction après avoir constaté que le duc
« n'a cherché dans ses réponses qu'à écarter le véritable objet » et « au lieu de répondre catégorique
ment aux motifs qui obligent sa famille à demander
son interdiction » s'est « répandu en plaintes frivoles
et mal fondées contre ses parents les plus proches et
en récrimination contre sa famille qui, dans l'avis
qu'elle a donné pour son interdiction, n'a eu en vue
que son bien et ses avantages ». Seul, le duc de Boutteville avait persisté à s'en rapporter à la prudence
du magistrat.

Le 8 avril 1769, par sentence de Dufour, lieutenant civil au Châtelet de Paris, l'interdiction du
duc d'Olonne fut prononcée, et Jean-François
Boyaval, huissier priseur au Châtelet, fut nommé

curateur à ladite interdiction, avec Me Cellier, ancien avocat au Parlement comme conseil de cura-
telle.

L'interdiction du duc d'Olonne n'avait pas seulement eu pour but de l'empêcher de se livrer à de
nouvelles dissipations, ce qu'il lui eût été sans doute
assez difficile de faire dans l'état de détention où il
se trouvait, mais surtout de distraire de son actif le
plus possible des biens pouvant lui revenir.

Ce sera d'ailleurs la tactique adoptée par les siens,
au détriment de ses nombreux créanciers (7), qui
formèrent bientôt une union et signèrent un contrat de direction.

Chacun d'eux avait cherché depuis longtemps
sans doute, à récupérer directement les sommes
qui lui étaient dues.

C'est ainsi que Jean La Borde, ancien maître et
marchand tailleur d'habits à Paris, avait obtenu du
Châtelet, dès le 23 février 1750, une sentence contre
les héritiers de la première duchesse d'Olonne ; le
duc de Luxembourg, le chevalier de Luxembourg,
le marquis et la marquise de Sérent, qui en faisaient appel.

Les conseils de Jean La Borde, Picard et De-
noux, avocats au Parlement, publièrent, en 1772, une

(7) Appendice XIII.

« Analyse pour le sieur Jean La Borde, ancien maître et marchand tailleur d'habits à Paris, intimé, demandeur et défendeur » (8), qui nous donnera, tout d'abord, des renseignements précis sur sa vie et sa condition.

Jean La Borde (ou Laborde) était né vers 1708 (9). La destruction des registres de l'ancien état-civil de Paris ne nous permet pas d'assurer sa naissance et son ascendance parisiennes, mais nous pouvons constater cependant, qu'à la fin du XVIIe siècle, un tailleur du nom de La Borde était déjà établi rue du Four, quartier Saint-Eustache (10) à peu de distance de l'endroit où Jean La Borde s'installa lui-même, rue Saint-Honoré. Sans pouvoir affirmer qu'un lien de parenté ait existé entre eux, remarquons toutefois que cette hypothèse n'a rien que de vraisemblable, non seulement parce que Jean La Borde est toujours qualifié Bourgeois de Paris, mais encore parce qu'il était maître avant l'âge de vingt-sept ans (11) ce qui ne pouvait guère advenir qu'aux fils de maîtres.

(8) Bibliothèque Nationale 4° Fm. 36.073.

(9) Décédé le 13 juin 1782 âgé de 74 ans environ (Registres d'état-civil de Cinq-Mars-la-Pile). Appendice XV.

(10) Livre commode des adresses de Paris pour 1692. La rue du Four-Saint-Honoré est la rue Vauvilliers actuelle.

(11) Il est qualifié Maître dans l'acte de baptême de sa fille en 1736, et il ne figure pas sur le premier registre des jurandes conservé aux *Archives Nationales* (Y 9323) qui commence en 1735. Sa réception est donc antérieure à cette année.

Il avait fait un « mariage assez avantageux » en épousant Marie-Magdelaine Massineau (ou Massinot) et il s'était installé rue Saint-Honoré, l'une des plus importantes et des plus commerçantes du Paris de l'époque. Sa fille, Louise-Elisabeth, y naquit le 27 novembre 1736 (12).

« Un travail opiniâtre, et de l'économie, sans laquelle toute richesse est comptée pour rien » lui avaient créé une situation enviable. « Les bontés de M. le Maréchal de Saxe lui avaient procuré les fournitures de l'armée de Flandre, et ses avances récompensées l'enrichissoient encore (13). »

« Tout Paris, ajoute l'analyse, a connu le sieur La Borde dans cette aisance honnête qu'on peut nommer opulence pour un homme de son état. » « Malheureusement il connut M. le duc d'Olonne, qui lui demanda de le fournir d'habits lui et sa maison. »

Le duc d'Olonne servait alors sous les ordres du Maréchal de Saxe dans l'armée de Flandre où il commandait le régiment de Touraine (14). Il faisait, de

(12) Appendice VIII. Les époux Laborde-Massineau, dont l'acte de mariage n'a pas été reconstitué, habitaient dans la partie sud de la rue Saint-Honoré entre la rue des Déchargeurs et la maison des Quinze-Vingts (Paroisse Saint-Germain-l'Auxerrois).

(13) Analyse.

(14) Il commandait encore le régiment de Touraine pendant la campagne de Bergopzoom (*A. Nat.*, T. 125[29-30]) Maréchal de camp le 10 mai 1748.

temps à autre, entre deux campagnes de cette guerre néfaste que fut pour la France la guerre de la succession d'Autriche, d'assez longs séjours à Paris. Il y était en mars 1744. Il se plaignait, en effet, à cette date, au lieutenant de Police du nommé Martinet, chapelier, qui lui avait escroqué une lettre de change de 600 livres « qu'il lui avait fait confier (15) et dont on lui demandait le paiement ».

C'est sans doute au cours de l'un de ces séjours à Paris qu'il devint client de Laborde.

« Le nom, le rang de ce seigneur, « étaient dignes d'inspirer la confiance »... Laborde en eut trop, il fournit tout ce qu'on lui demanda. » Le duc d'Olonne donna, d'ailleurs « au sieur Laborde des marques d'amitié vraies ou simulées qui établirent entre eux des liaisons dont le sieur Laborde se trouva si flatté qu'il n'eut pas la force de rien refuser à M. le duc d'Olonne. Il sacrifia, pour le servir, son temps, sa fortune et son crédit (16). »

En 1747, le montant des sommes dues par le duc d'Olonne à Jean Laborde était déjà élevé et leur paiement sans doute mal assuré puisque nous voyons ce dernier assigner, par exploit de Bigorne, huis-

---

(15) *Archives de la Bastille*, 10.025. Cette plainte, assez banale, en somme, est toutefois curieuse par la préoccupation du duc d'Olonne de voir cette affaire se terminer de « façon qu'elle ne puisse venir aux oreilles de ses parents ».

(16) Analyse, etc...

sier, du 15 juin 1747, à l'audience du Parc Civil du Châtelet de Paris, le duc et la duchesse d'Olonne, en paiement de « deux billets du 4 may dernier (17) » l'un solidaire de 8.000 livres, et l'autre de 436 livres. »

Le duc et la duchesse firent défaut à l'audience du mardy 20 juin 1747, et les billets reconnus pour être écrits et signés par les défaillants (18). Ils furent condamnés solidairement à l'audience du samedy 8 juillet 1747 (19) « à paier au demandeur la somme de 8.436 livres » avec les « intérêts de la ditte somme à compter du 4 may dernier » et « aux dépens ».

Le duc d'Olonne ne jouissait alors que de 6.000 livres de pension très irrégulièrement payée, mais Laborde pensait qu'il était « appelé à recueillir de grands biens » et « animé de sentiments humains » il ne voulait pas arrêter cette pension qui ne suffisait même pas au duc « pour vivre d'une manière conforme à l'état de sa naissance. »

Non seulement cette somme ne fut pas payée mais Laborde ne reçut pas non plus une autre somme de 34.755 livres qui lui était due et pour

(17) 1747.

(18) Sentence du Parc civil du mardy 20 juin 1747 (*Archives Nationales* Y. 1244).

(19) Sentence du Parc civil du samedi 8 juillet 1747 (*Archives Nationales,* Y 1245).

laquelle le duc d'Olonne souscrivit une obligation devant Me Dupont, notaire au Châtelet, et son confrère Prevot le 25 août 1747 (20).

Cependant « comme il pouvait arriver qu'il mourût (21) avant d'avoir à recueillir ces grands biens auxquels il était appelé le sieur Laborde désira que Mme la duchesse d'Olonne le cautionnât, ce fut dans ces vues qu'elle souscrivit l'obligation du 13 avril 1748 (22).

L'année suivante, Laborde obtint une nouvelle sentence du Parc civil du Châtelet condamnant le duc d'Olonne à payer les intérêts de la somme de 34.755 livres ainsi que celle de 10.764 livres portée en un nouveau mémoire produit (23).

La duchesse d'Olonne mourut le 9 octobre 1749 laissant un testament du 16 août 1749.

Le désordre dans lequel se trouvaient ses affaires par les engagements dans lesquels elle était entrée pour le duc mettaient « dans la nécessité de vendre » « la terre et seigneurie de Biéville (en vallée d'Auge) ; il y avait lieu à licitation, mais l'acceptation par le duc d'Olonne de la garde noble de ses

---

(20) Sentence du Parc civil du Châtelet de Paris, du 25 février 1750 (*Archives Nationales* Y 1280).
(21) Le duc d'Olonne.
(22) Analyse.
(23) *Ibid.*

enfants avait « produit un effet très désavantageux
à l'arrangement des affaires de la succession de la
duchesse » en ce que le duc était « dans l'impuis-
sance de rien payer et que ses créanciers personnels,
et auxquels feue Mme la duchesse » n'était point
obligée et qui étaient en très grand nombre et de
toute espèce, avaient « formé des saisies entre les
mains des débiteurs de la succession de ladite
dame (24) ».

C'est dans cette situation que Laborde avait
obtenu du Châtelet, le 25 février 1750, contre les
héritiers de Mme d'Olonne, une sentence qui n'était
« qu'une forme nécessaire pour faire déclarer exé-
cutoire contre eux l'obligation de leur mère (25) ».

Nous avons vu que, peu de temps après, en mai
1750, le duc d'Olonne fut exilé par ordre du Roi,
dans sa terre de Hallot, où il se morfondait.

Plus tard, lorsque Laborde fut obligé de plaider
contre les enfants du duc, il fit remarquer que,
pour prouver les « liaisons » qui existèrent entre le
duc d'Olonne et lui, il pourrait en rapporter une
foule de preuves consignées dans les différentes
lettres qu'il en a reçues.

« On se contentera de rappeler les termes de

(24) *Archives Nationales*, T. 125 29-30 (liasse VI.
(25) Analyse... *ibid.*

celles qui ont été produites qui prouvent que, non seulement M. le duc d'Olonne se faisait habiller, mais encore nourrir, servir et payer ses dettes par le sieur La Borde. »

« Dans une première lettre datée d'Hallot (terre située en Normandie), où le duc d'Olonne était pour lors exilé », il disait :

« Je devois recevoir aujourd'hui de vos nouvelles, mon cher Laborde et je n'en ai point eu ; vous pouvez aisément juger de mon inquiétude. Quand viendrez-vous ? que ce soit au plus tôt, je vous prie, car je suis tout seul et m'ennuie comme un mort, etc... J'aurois pourtant besoin, je vous l'avoue de consolation, etc... Apportez-moi, etc... (nombre de choses qu'il falloit que le sieur Laborde achetât et payât) et surtout votre personne, c'est là ce qui m'intéresse le plus et ce que j'attends avec le plus d'impatience ; n'oubliez pas l'argent, etc... »

« Dans une autre lettre datée aussi d'Hallot, le 3 août 1750 », M. le duc d'Olonne écrivait :

« Sachant ma situation, comme vous la savez, mon cher Laborde, et m'ayant donné autant de paroles de venir, je suis étonné de votre retardement. Vous n'ignorez pas que je suis depuis deux mois sans un écu et sans aucune ressource, etc... Les marchands, après m'avoir bien fait enrager, ont refusé net de me fournir, et je me vois à la veille de manquer de pain et de viande. Venez donc mettre ordre à ma situation ; je vous avoue qu'elle me met au désespoir ; quand vous ne leur donneriez pas de l'argent vous les contenteriez peut-être, et me dispenserez de mourir de faim ou de demander l'aumône d'ici à trois ou quatre jours, etc... Je suis sans habit, sans culotte, etc... »

Le duc d'Olonne fut envoyé d'Hallot à Châtillon sur la fin de 1750, « et dans ce dernier lieu le sieur Laborde fut sa ressource, comme il l'avoit été à Hallot. Voici comment il lui écrivoit le 23 juin, il n'est pas dit de quelle année, mais ce ne peut être que de 1751 ou 1752 puisqu'au mois de juin 1750 il étoit à Hallot » :

« M. Bernard, mon cher La Borde, m'a mandé que les petites commissions que je vous priois de m'envoyer vous étoient à charge, et que vous aimiez mieux lui donner cinquante écus qui pourroient me servir à adoucir la situation malheureuse où je me trouve. J'accepte cette offre avec d'autant plus de plaisir qu'au moment où je vous écris je suis plus embarrassé que jamais. Ne tardez donc pas à les lui remettre, il me les fera passer sur-le-champ. Faites un effort pour moi, augmentez cette somme vous le pouvez aisément. C'est dans une occasion comme celle où je me trouve que l'on peut décider de l'amitié des gens : je jugerai de la vôtre par la façon dont vous en userez avec moi. Comptez, mon cher La Borde sur ma reconnoissance, etc...

Le 12 novembre 1752, le duc d'Olonne écrivait encore au sieur La Borde, de Châtillon :

« Vous m'aviez promis, mon cher La Borde, de venir faire la saint Martin avec moi, etc... que je vous aie, mon cher La Borde, l'obligation de ma liberté totale ; vous avez trop bien commencé pour ne pas achever, etc... »

Et dans une autre lettre du 24 du même mois de novembre 1752 : « Je reçois dans l'instant votre lettre, mon cher La Borde, je suis sensible à tous les mouvemens que vous vous donnez pour moi, c'est une suite de tous vos bons procédés pour moi ; aussi n'obligez-vous pas un ingrat, je vous prie etc... : j'espère qu'en arrangeant l'affaire de cette lettre de change, vous n'avez pas oublié l'inquiétude que doit me causer mon endossement des trois billets de change acceptés par, etc... ni l'affaire du nommé Lasellière ; je me repose du tout sur vous, etc... Je vous manderai le jour de mon arrivée, étant fort aise de vous voir en descendant de chaise ; vous devriez bien me tenir un habit tout prêt, bien chaud, etc... »

« M. le duc d'Olonne arriva et vit en effet le sieur La Borde en descendant de chaise, car il descendit dans la maison même du sieur La Borde où il fut hébergé pendant plus de six semaines, à cette époque, lui, M. le marquis de Royan, son fils (aujourd'hui M. le duc de Luxembourg) et M. le chevalier de Luxembourg qui vinrent voir fréquemment leur père chez le sieur La Borde, ainsi que M. le duc de Boutteville, leur ayeul, et leurs gens. Le sieur La Borde lui fournit alors et pendant ce séjour les choses essentielles à la vie et au vêtement. Il rougit lui-même de ce détail auquel on le force. »

Quelques mois plus tard s'ébauchait le mariage du duc d'Olonne avec Agnès de Miotte de Ravannes, veuve de Mathieu Roch de la Rochefoucauld, marquis de Bayers. Nous avons vu que le contrat fut signé par le Roi le 29 mai 1753, et le mariage célébré le 2 juin.

Laborde ne fut pas oublié, il avoit tout ce qu'il falloit pour « frayer... à toutes les dépenses qui furent faites à l'occasion du second mariage »... du duc « dont le sieur La Borde paya jusqu'aux voitures, ainsi qu'il est en état de le justifier par les mémoires qu'il a conservés (26) ».

Ici Laborde dut obtenir quelque répit. La nouvelle duchesse avait, disait-on, 24.000 ou 25.000 livres de rentes, qui, prétendait le duc de Luynes (27),

(26) Analyse.
(27) Mémoires

ne devaient, en réalité, pas s'élever à plus de 15.000 ou 16.000 livres.

Lors de son décès qui survint le 31 mai 1756, elle ne laissait peut-être pas la même somme en fonds (28). Le légataire universel de la duchesse fut le marquis de Royan, son beau-fils, mais l'exécuteur testamentaire fut le duc d'Olonne, qui était en réalité débiteur de la presque totalité de la succession.

Force fut bientôt au duc de recourir à son «cher Laborde», qui ne se déroba pas. De 1756 à 1764 il continua à se ruiner peu à peu pour lui. Nous voyons, en effet, dans l'Analyse, que « ces liaisons entre M. le duc d'Olonne et le sieur Laborde, loin de s'affoiblir par le tems, se sont au contraire resserrées davantage, elles sont devenues au point que M. le duc d'Olonne, soit pour l'avoir plus près de lui dans ses besoins, soit réellement par attachement, soit enfin parce que ne pouvant le rembourser, et voyant que s'il (29) restoit à Paris, ses besoins étant plus considérables, il le presseroit davantage pour le payement des sommes qu'il lui devoit, l'engagea d'aller s'établir avec sa famille à Châtillon où l'on vit à meilleur prix qu'à Paris (30). »

(28) *Mémoires du duc de Luynes*.
(29) La Borde.
(30) Il le savait, sans doute, le bon apôtre, pour y être resté en 1751 et 1752.

Laborde suivit ce conseil et s'installa à Châtillon. « Quel qu'ait été le motif de M. le duc d'Olonne toujours est-il certain que ses liaisons avec le sieur Laborde ont continué comme auparavant jusqu'à sa détention, puisqu'on voit dans une lettre que M. le duc d'Olonne lui écrivit de Versailles, à Châtillon le 24 novembre 1761, qu'il lui disoit :

« Je suis bien fâché mon cher La Borde, que vous soyez parti sans que je vous aie vu, ce n'a pas été ma faute ; j'ai été vous chercher, etc... Je comptois voir Châtillon au commencement de décembre, mais des affaires me forceront, je crains, de différer mes plaisirs et mes projets, etc... Beaucoup d'honneur, d'espérance et peu d'argent, voilà pour le présent ma devise ; c'est pourtant le moment où il seroit le plus essentiel de réaliser nos vues sur Lyon. Mandez-moi ce que vous en pensez, et ce que vous avez fait en conséquence. Adieu, mon cher La Borde, donnez-moi souvent de vos nouvelles ; veillez de très près à mes intérêts, etc... »

« A ces lettres on pourroit en joindre plusieurs autres, disaient les conseils de Laborde, dans lesquelles M. le duc d'Olonne tient le même langage ; mais elles sont suffisantes pour attester, que M. le duc d'Olonne avoit des liaisons étroites avec le sieur La Borde », et qu'il lui demandait « du pain, des habits, de l'argent, de payer ses dettes, de lui procurer sa liberté et d'arranger ses affaires, c'est-à-dire de payer pour lui » ; Laborde était « sa ressource dans tout ce dont il avoit besoin ».

Nous ignorons quelles étaient les vues « sur Lyon » dont le duc entretenait Laborde dans sa lettre du 26 novembre 1761, mais nous avons tout lieu de supposer qu'il s'agissait d'un nouveau projet de mariage, sur lequel le duc comptait sans doute pour redorer son blason.

Il y intéressait dès lors Laborde — qui aurait probablement encore à payer les frais — en lui faisant espérer le remboursement de sa créance.

C'était son projet le plus constant depuis la mort de sa seconde femme.Le Journal des Inspecteurs de police au Roi nous l'a d'ailleurs montré, dès octobre 1759, en pourparlers de mariage avec la fille du marquis de La Pelleterie « Américain ».

Le mariage tant attendu, devait être réalisé, comme nous l'avons vu, le 10 décembre 1762. Le duc épousait une très riche héritière, et, pendant quelque temps Laborde aurait été sans doute, à l'abri de ses demandes. Peut-être même aurait-il pu espérer quelques remboursements partiels, lorsque l'aventure de Jean-Paul Courier et l'attentat de Jacques Tachet dit Clermont vint séparer définitivement les deux époux après quinze mois de mariage.

L'analyse mentionne que Laborde conserva des « liaisons » avec le duc jusqu'à sa détention que nous pouvons situer vers la fin d'avril 1764 (au château de Saumur) et la fin d'août 1764 (au château de Pierre Encize).

Laborde, qui figurait sur l'état des dettes du duc d'Olonne pour 80.770 livres mais auquel il était dû, si nous en croyons sa réclamation, plus de 150.000 livres, ne put, cependant, dans les années qui suivirent la détention du duc, rentrer en possession d'aucune somme.

D'ailleurs, dans l'esprit de tous les créanciers, cette situation ne pouvait être réglée qu'après le décès d'Anne-Angélique Harlus de Vertilly, duchesse de Boutteville, mère du duc, qui possédait de grands biens. Dans cet espoir ils n'entreprirent probablement aucune procédure, sinon conservatoire, avant la mort de cette dernière, survenue le 28 février 1769.

Dans l'intervalle, la famille du duc d'Olonne avait cherché à évincer ses créanciers en faisant passer directement du duc de Boutteville père du duc d'Olonne, au duc de Luxembourg, fils aîné de ce dernier, tous les biens de la famille et notamment les biens grevés de substitution, provenant de la donation faite le 27 septembre 1694 par Isabelle-Angélique de Montmorency, veuve de Gaspard de

Coligny, duc de Châtillon, remariée au duc de Meckelbourg.

Cette solution était d'autant plus difficile que le duc de Boutteville était lui-même débiteur de sommes importantes et chargé en outre des dettes du duc de Châtillon, son père (31).

Elle y parvint par une double série d'actes dont les plus importants furent la renonciation, du 23 février 1767, par le duc d'Olonne aux biens substitués, et la cession du 31 mai 1767 par le duc de Boutteville audit duc de Luxembourg des biens substitués et de divers autres biens non grevés.

Les créanciers lésés par ces mesures n'eurent, après la sentence d'interdiction du duc d'Olonne, prononcée le 8 avril 1769, peu après le décès de la duchesse de Boutteville, d'autre espoir que d'agir directement, soit sur le duc de Luxembourg, qui avait recueilli toutes les espérances de son père, soit sur la succession de la duchesse de Boutteville pour en arracher la légitime du duc d'Olonne qui normalement devait revenir à ses créanciers.

C'est d'abord au premier parti que se rangea Jean Laborde, alors lieutenant des chasses du Duché de Châtillon-sur-Loing, qui avait des droits

____

(31) Appendice XIII. Situation de fortune des Montmorency-Luxembourg (branche des ducs de Châtillon) en 1768.

particuliers. Il fit mettre opposition entre les mains de tous les fermiers et débiteurs des biens de la première duchesse d'Olonne et engagea par une requête suivie d'un premier arrêt du Parlement du 18 août 1768 (31 *bis*) appointant les parties, une procédure qui devait durer quatre ans.

Nous avons vu qu'il avait reçu des époux d'Olonne, le 4 mai 1747, un billet solidaire de 8.000 livres et un autre de 436 livres, et qu'il avait obtenu ensuite, par sentences du Parc civil du Châtelet de Paris des 20 juin et 8 juillet 1747, la confirmation de cette créance, qui devait porter intérêt à compter du 4 mai 1747.

Par une nouvelle sentence du 29 juillet 1749 le duc d'Olonne avait été condamné à payer les intérêts de la somme de 34.755 livres, montant de l'obligation qu'il avait souscrite par acte du 25 août 1747 passé devant Dupont et son confrère, notaires à Paris, et cautionnée par la première duchesse d'Olonne, ainsi que d'une autre somme de 10.764 livres portée en un mémoire.

Les créances de Laborde avaient d'ailleurs été reconnues par le duc d'Olonne, en un acte reçu le 6 avril 1757 par Davier et son confrère notaires à Paris, et le marquis de Royan avait par le même

(31 *bis*) *Archives Nationales* X¹ᴬ 4614.

acte, cautionné les dettes de son père à concur-
rence de 25.131 livres 10 sols en principal d'une
part et 10.164 livres d'autre part.

Mais le duc de Luxembourg avait obtenu de la
Chancellerie le 15 mars 1769 des lettres de rescision dont il demandait l'entérinement.

Enfin, par une sentence du 25 février 1750, les
héritiers de la première duchesse d'Olonne avaient
été condamnés solidairement « attendu le décès de
la duchesse d'Ollonne », à payer à Jean Laborde les
sommes ayant fait l'objet desdites obligations et
sentences.

C'était de cette sentence que les consorts
d'Olonne faisaient appel devant le Parlement en
1769 (32) ; ils prétendaient notamment que l'exécution de l'obligation de la première duchesse
d'Olonne, subordonnée « au cas de décès de mondit
seigneur son mari *et* d'insuffisance de ses biens pour
payer la totalité ou partie de ses dettes », devait être
suspendue jusqu'au décès de M. le duc d'Olonne.

Dans leurs réponses à cause d'appel du 20 mai
1772, les conseils de Laborde avaient déjà allégué
que les mots « en cas de décès *et* d'insuffisance des
biens » devaient s'entendre « en cas de décès *ou*

---

(32) L'appel était recevable pendant 30 ans. L'application des art. 12 et 17 du
titre 27 de l'ordonnance de 1667, qui avaient eu pour objet de raccourcir ces
délais, étaient encore controversée (de Ferrière. *Dictionnaire de Pratique*).

d'insuffisance » et qu'il suffisoit que l'un des deux événements fut arrivé pour donner ouverture à l'exercice du droit qui en résulte en faveur du créancier porteur de l'obligation ».

« Eh ! comment d'ailleurs imaginer, disaient-ils, que le sieur La Borde qui a vingt ans de plus que M. le duc d'Olonne aurait entendu n'être payé de la somme qui lui était due qu'après le décès de son débiteur ? »

Après avoir rappelé dans l'Analyse les conditions dans lesquelles le cautionnement avait été obtenu et en insistant particulièrement sur l'argument moral (33), ils conclurent, en réponse à la première question qu'ils avaient eux-mêmes posée, que les héritiers de la première duchesse d'Olonne étaient bien tenus de payer au sieur La Borde la somme principale de 34.755 livres et les intérêts dus depuis vingt-trois ans.

Ils discutaient ensuite d'une manière très serrée une deuxième question :

« M. le duc de Luxembourg, l'un de ces héritiers, et démissionnaire, en outre, de tous les biens et de toutes les espérances de M. le duc d'Olonne, son père, réalisées d'avance sur sa tête par la remise

(33) Laborde « animé pour le duc d'Olonne de sentiments humains en retour desquels il n'éprouve aujourd'hui que la noire ingratitude de ses enfants » ; Analyse.

anticipée que lui en ont fait M. le duc et Mme la duchesse de Boutteville n'est-il pas tenu soit dans le fait, soit dans le droit, de payer non seulement cette somme de 34.755 livres et les intérêts mais même indistinctement toutes les dettes de M. le duc d'Olonne, son père, et, par conséquent, toutes les créances du sieur La Borde, avec les intérêts du tout qu'ils ont commencé à courir. »

Mais, envisageant le rejet éventuel de leurs conclusions sur ces deux premiers points, ils posaient une troisième question, subsidiaire :

« En supposant que M. le duc de Luxembourg ne soit pas tenu, en sa qualité de démissionnaire, de toutes les dettes de M. le duc d'Olonne, son père, a-t-il eu le droit, au préjudice des créanciers de ce dernier, de s'emparer de tous les biens de M. le duc et Mme la duchesse de Boutteville substitués à M. le duc d'Olonne et d'en toucher les revenus au mépris des jugemens qui en ont ordonné le séquestre et l'emploi en réparations »... « Nous ne parlons point de l'obligation résultant des fournitures personnelles faites à M. le duc de Luxembourg, ni du cautionnement qu'il a contracté particulièrement pour une somme de 28.000 livres, faisant partie des sommes dues au sieur La Borde. »

Aux enfants du duc d'Olonne objectant qu'il n'était pas dû au sieur La Borde le quart des sommes qu'il réclamait, les avocats après avoir rappelé les liaisons du duc et de Jean Laborde, que nous avons mentionnées plus haut, ajoutaient :

« On affecte perpétuellement de réclamer contre le porteur de ces titres, de le traiter comme le plus vil escroc. L'honneur du sieur La Borde lui est devenu d'autant plus précieux que de tous les biens dont il a eu l'imbécile complaisance de se dépouiller envers cette famille ingrate et puissante, c'est le seul qui lui restoit, et qu'on veut encore lui enlever, il en demande la réparation, et il compte sur la justice de sa cause et sur les lumières et l'intégrité de la Cour contre le crédit et le nom peut-être trop imposant de son adversaire. »

D'ailleurs, il était prêt à justifier ses créances, et ses avocats à prouver que « l'âme facile et débonnaire du sieur Laborde » avait été « facilement subjuguée par l'esprit fin et persuasif du plus insinuant de tous les hommes, de M. le duc d'Olonne ».

Non seulement, Laborde était en relations avec le duc d'Olonne, mais il avait aussi avancé des fonds au duc de Luxembourg, et il citait plusieurs lettres qui lui avaient été adressées par le duc, l'une datée du camp sous Wesel, du 7 juin 1771, relative à l'escompte de deux billets de mille livres et une autre sans date : « J'ai envoyé hier au soir chez vous, mon cher La Borde, pour une affaire des plus intéressantes, je me suis trouvé dans le cas de promettre un louis d'or : je n'ai recours qu'à vous pour tenir ma parole et... Je suis beau comme un ange, brillant comme un soleil (il avoit mis pour la première fois un habit que le sieur La Borde lui avoit fourni) et gueux comme un rat d'église... Adieu soyez mon cher La Borde persuadé de toute mon amitié pour vous. » Voilà de quelle manière M. le duc d'Olonne et ensuite M. le duc de Luxembourg sont parvenus à ruiner le sieur La Borde par les avances de tout genre qu'il leur a faites pendant près de vingt ans : c'est en le flattant de leur amitié, de leur reconnaissance, qui devaient être, disaient-ils, sans bornes, etc.

M. le duc de Luxembourg peut-il oublier qu'en 1763 le sieur La Borde, qui n'a jamais été emprisonné pour aucune dette personnelle, fut arrêté et mis dans les fers pour raison d'une dette de M. le marquis de Royan, que lui, La Borde, avait cautionnée.

« Aujourd'hui, le sieur La Borde pressé par la nécessité lui réclame une partie de cet argent, et il (34) traite son ancien ami d'intrigant, d'escroc et d'usurier »... « Le sieur La Borde se fera cette réflexion qu'avant ses liaisons avec cette famille il jouissait d'une aisance honnête. Il est aujourd'hui dans la misère. »

(34) Le duc de Luxembourg.

Le total des créances de La Borde était, dès lors, en effet, de plus de 150.000 livres (35).

Par arrêt du 29 juillet 1772 (35 *bis*) le Parlement déchargeait les consorts Montmorency Luxembourg des condamnations prononcées contre eux par la sentence du 25 février 1750, et déclarait qu'ils ne pourraient être tenus du cautionnement de la première duchesse d'Olonne qu'au décès du duc et en cas d'insuffisance de ses biens.

Il réduisait à 3.000 livres par an la somme qu'auraient alors à payer lesdits Montmorency Luxembourg pour l'extinction des dettes de leur père, et il faisait mainlevée de toutes les oppositions formées par La Borde.

Enfin le duc de Luxembourg obtenait l'entérinement de ses lettres de rescision de l'acte de cautionnement du 6 avril 1757.

Non seulement La Borde perdait ainsi son procès « sauf à se pourvoir contre et ainsi qu'il avisera bon », mais encore il était condamné aux 2/3 de tous les dépens et par forme de dommages-intérêts, à l'autre tiers des dépens.

Il devait, en outre, accepter un règlement de

---

(35) Analyse pour le sieur Jean La Borde, ancien maître et marchand tailleur d'habits à Paris, intimé, demandeur et défendeur. Bib. Nat. 4° Fm 36.073.

(35 *bis*) *Archives Nationales*, X[IA] 4715, f° 415 à 437. L'arrêt mentionne Delaborde et De La Borde.

compte de 6.624 livres **7** sols qui lui était offert par le duc de Luxembourg pour ses dettes personnelles.

Il ne restait donc plus à Jean La Borde en attendant la mort du duc d'Olonne et le versement d'une somme annuelle de 3.000 livres qui devait alors lui être fait, qu'à essayer de poursuivre directement sur ce dernier le recouvrement de sa créance, ce qu'il ne pouvait faire dès lors qu'avec le concours des autres créanciers du duc.

Quelques années plus tard, ceux-ci, qui avaient formé une union (36) prirent pour directeurs de leurs droits :

Claude Vignes, bourgeois de Paris, — qui fut remplacé plus tard par messire Pierre de Jassaud (37), chevalier, seigneur de Bournonville et autres lieux, — Me Claude-Laurent Pivert (38), conseiller du Roi, contrôleur des rentes de l'Hôtel-de-Ville, et

(36) Le Contrat de Direction est un contrat par lequel les créanciers, sur l'abandonnement de biens qui leur a été fait par un débiteur, pour empêcher que les biens ne soient consommés en frais, conviennent qu'ils soient vendus entre eux à l'amiable.

Par ce même contrat, ils nomment pour Syndics et Directeurs deux ou trois personnes des plus qualifiées d'entre eux, pour conduire le tout au bien commun (Cl. J. de Ferrière, *Dictionnaire de Droit et de Pratique*, Paris, 1762).

(37) Il était veuf de Marie-Anne-Thomas de Boischantel.

(38) Claude-Laurent Pivert de Senancourt, père de l'auteur d'*Obermann*, était contrôleur alternatif des rentes à l'Hôtel-de-Ville, depuis le 9 mars 1774 (*Archives Nationales*, P. 2507 f° 151).

Jean-Baptiste de la Borde (39), bourgeois de Paris, tous trois créanciers, syndics et directeurs des droits des autres créanciers unis de M. Anne-Sigismond Montmorency-Luxembourg, duc d'Olonne (40). Le notaire séquestre de la direction était Me Pierre-Etienne Collet (41), qui avait sans doute reçu la minute du contrat de direction.

Nous les voyons intervenir, le 27 novembre 1776 (42), pour former opposition aux scellés après le décès de la duchesse d'Olonne.

Après la mort du duc ils obtinrent, le 31 août 1778, par une sentence des requêtes du Palais, la distraction, de la masse des biens substitués portés au contrat de mariage de 1717, de la légitime (43) du duc d'Olonne. Cette sentence ordonnait, en outre, qu'il serait procédé à l'estimation de tous les biens de Mme la duchesse de Boutteville, par experts convenus ou nommés d'office, qui déclareraient si les

(39) Ancien bourgeois de Paris, de présent au château du Breuil (*Archives Nationales*. Sentences des Requêtes du Palais. 31 août 1778, X $^{3\,B}$ 2234).

(40) Sentence *ibid.*

(41) Notaire du 18 février 1764 au 19 décembre 1782, il habitait rue Saint-Denis au coin de la rue aux Ours.

(42) *Archives Nationales*. Y 13.128.

(43) La légitime était une portion de l'hérédité due aux enfants nés en légitime mariage, par le droit naturel, dans les biens de leurs père et mère, et autres ascendants, et qui est définie par la loi, au préjudice de quoi ils ne peuvent valablement disposer de leurs biens, à moins que les enfants n'aient mérité d'être exhérédés. *Dictionnaire de Pratique*, de Ferrière.

biens pouvaient se partager commodément (44).

Dans une délibération du 7 novembre 1778 les créanciers avaient choisi le sieur Chateau, architecte, afin de procéder à l'estimation des biens, en constater la divisibilité, et la possibilité de les partager, mais les héritiers de la duchesse de Boutteville avaient poursuivi la licitation des biens et obtenu un arrêt sur requête du 4 mars 1779 qui en ordonnait la vente. Les créanciers s'opposèrent à l'entérinement. C'est dans ces conditions que l'affaire revint devant le Parlement sur la demande des directeurs syndics, contre le duc de Luxembourg, en présence de M. le chevalier de Luxembourg et Mme la marquise de Sérent, du sieur Bioud, curateur à la succession vacante de feu M. le duc d'Ollonne, et du sieur Duplessis, tuteur aux substitutions de la maison de Boutteville.

Par arrêt du samedi 15 avril 1780 le Parlement décida que les biens seraient partagés en nature (45).

D'après l'état dressé par le sieur Chateau, et annexé au « Précis » le partage des terres était en effet possible. Deux lots étaient formés, l'un, qui comprenait : la terre de Villier, celles d'Avon, de Bercenay, Villesavoye, Terray et La Fosse, la ferme du Bas-Bouafle, et une maison sise à Paris,

(44) Sentence, *ibid*.
(45) Bibliothèque Nationale. Manuscrits, Ms Joly de Fleury. 1929. F° 179.

était estimé 554.900 livres. L'autre était composé des terres de Vertilly, Saudé-Notre-Dame, Dame-Martin, le bois des Ortillois, les terres de Saudé-Sainte-Croix, de Saudé et d'une maison sise à Paris, le tout estimé 556.329 livres.

La substitution ayant été réduite par la sentence des Requêtes du Palais, du 31 août 1778, à la moitié des biens, et l'autre moitié ayant été déclarée libre en la personne du duc d'Olonne c'est donc une somme de 500.000 livres environ qui put revenir aux créanciers unis, et qui fut distribuée par les directeurs syndics, mais chacun d'eux ne dut recevoir qu'une somme très inférieure au montant réel de sa créance, puisque nous savons qu'en 1764 le montant des dettes déclarées du duc s'élevait à plus d'un million de livres sans faire état des frais et intérêts déjà courus, et *a fortiori* de ceux qui s'ajoutèrent de 1764 à 1780, et au jour de la première distribution.

Nous n'avons pas recherché la procédure des distributions, mais nous savons que la Direction d'Olonne subsistait encore en 1790, c'est-à-dire treize ans après la mort du duc. Le curateur de la succession vacante était alors Eloi Martin, qui exerçait déjà ses fonctions le 28 octobre 1788 (46). Cette

(46) *Archives Nationales.* T. 297 ¹⁻⁹. Papiers du marquis de Paulmy.

succession donnait encore lieu, en effet, en septembre 1790, un mois à peine avant la suppression
du Parlement, à un procès pendant devant cette
Cour (47).

La destruction des archives du Palais de Justice (48) interdit de faire une recherche complète
sur ce point, mais après ce que nous avons exposé,
nous pouvons croire, d'accord avec le biographe
anonyme de 1824, que le duc d'Olonne était resté
débiteur envers Jean-Paul Courier et Jean Laborde
d'une forte proportion des sommes de 12.000 et
80.770 livres qu'il avait lui-même reconnu leur
devoir.

Nous ne nous étonnerons donc point si Paul-
Louis appauvri de nouveau par les circonstances,
ne montrait, après avoir feuilleté la liasse de documents relatifs à la famille de Montmorency retrouvée
dans ses papiers, que fort peu d'enthousiasme
lorsqu'on lui imposait de nouvelles charges pour
reconstituer la fortune ou les domaines des émigrés.

---

(47) Direction d'Olonne. Liasse contenant dix pièces relatives à une prétendue
créance de Neumayer négociant à Cologne, sur la succession d'Olonne. Un arrêt
du Parlement intervint le 4 septembre 1790.

(*Archives Nationales*. T. 297 ¹-X ¹ᴮ 4359). Le Parlement ferma ses portes
après l'audience du 14 octobre 1790.

(48) Brûlées lors de la Commune en mai 1871.

V

LA NAISSANCE ET L'ENFANCE DE PAUL-LOUIS
COURIER; PARISIEN. — RECHERCHES SUR SA
MAISON NATALE ET SES DOMICILES A PARIS

V

La naissance et l'enfance de Paul-Louis Courier, Parisien. — Recherches sur sa maison natale et ses domiciles a Paris

Après l'attentat dirigé contre lui, à l'instigation du duc d'Olonne, Jean-Paul Courier n'avait probablement pas conservé longtemps sa charge de Lieutenant de ses chasses. D'ailleurs, nous avons vu que, dès le 26 avril 1764, le duc avait été enfermé par ordre du Roy au Château de Saumur et que, le 22 mai, la duchesse était réfugiée au couvent des Dames de Sainte-Aure, rue Neuve Sainte-Geneviève.

Les révélations *in extremis* de Jacques Tachet dit Clermont firent transférer le duc au Château de Pierre Scize à Lyon, et reléguer la duchesse au Couvent des Ursulines de Viantais près Loches, dont elle ne devait sortir que le 23 novembre suivant.

Lui-même, Jean-Paul Courier avait été, par lettre de cachet du 24 août 1764, relégué à une certaine distance de Paris, qui, par suite d'une omission, n'est pas mentionnée sur le registre des Ordres du Roy, et nous ne savons dans quelle région il se rendit. Il est probable toutefois qu'il se réfugia d'abord, en quittant l'hôtel du duc d'Olonne, chez sa sœur, épouse de Claude Turlin (1) rue Guillaume en l'isle Saint-Louis. Près de là, de l'autre côté de la Seine, quai Saint-Bernard, hors Tournelle, habitait son autre beau-frère, Gervais-Protais Pigalle, marchand de bois pour la provision de Paris, à l'enseigne de l'Ecu.

Jeanne Joly, veuve de Jean Courier, vivait encore à Châtenay, où elle ne devait mourir que trois ans plus tard, mais nous ne croyons pas que Jean-Paul se retira dans cette région. Du moins, il n'existe, dans les actes que nous avons pu consulter, aucune trace de son passage, à Châtenay, à cette époque, et nous avons vu qu'il n'assistait pas, en 1767, à l'inhumation de sa mère dans l'église de cette paroisse.

Peut-être le rayon d'éloignement qui lui était assigné l'obligeait-il à s'écarter de Paris au delà de Châtenay.

(1) Ainsi que nous l'avons vu dans la procédure Tachet, Jean-Paul était en relations quotidiennes avec les époux Turlin.

Turlin habitait alors la maison dont il était propriétaire et qui porte aujourd'hui le nº 6 de la rue Budé. Jean-Paul était domicilié rue Guillaume en 1768 (acte d'acquisition de la terre de Méré et procuration du 16 janvier 1768).

Rien ne nous permet d'affirmer non plus qu'il fut attiré dès cette époque par la Touraine malgré la présence de la duchesse d'Olonne à Viantais.

Nous savons seulement qu'il demeurait à Paris, en janvier 1768, quand il emprunta, le 22 de ce mois, devant Me Hubert, notaire à Tours, à la dame Jeanne de Cop, Veuve de Mre Hervez Milon, chevalier, seigneur de La Borde, une somme de 11.000 livres, moyennant laquelle il avait passé au profit de ladite dame un contrat de constitution d'une rente de 440 livres (2).

Il habitait encore à Paris, le 6 mars suivant. C'est, en effet, à cette date que, par acte passé devant Me Paulmier (3), notaire à Paris, qui demeurait alors rue Saint-Victor, près la Place Maubert, Jean-Paul Courier (4), Bourgeois de Paris demeurant rue Guillaume, île et paroisse Saint-Louis, présent en personne acheta de Michel-Antoine-Germanique Ferrand (5), Conseiller du Roy en

(2) Jean-Paul Courier était représenté par un mandataire suivant procuration reçue par Mc Paulmier, notaire à Paris, le 16 janvier 1768.

(3) La minute de cet acte est conservée dans les Archives de Mc Maurice Dauchez, notaire à Paris, qui très aimablement a bien voulu nous permettre d'en prendre connaissance.

(4) Le nom est orthographié Courrier dans l'acte.

(5) Ferrand demeurait aussi en l'île Saint-Louis rue Poultière (ou Poultier). Il habitait encore au n° 2 (ancien) de cette rue en 1789, il était donc proche voisin de Turlin et de Jean-Paul Courier et les pourparlers de vente eurent probablement lieu à Paris et non en Touraine. L'achat de Méré serait alors sans conteste la première installation de Jean-Paul en cette province.

sa Cour de Parlement, et de dame Catherine Elisabeth Nouet, son épouse :

La terre et seigneurie de Méré, située en Touraine, Election de Tours, près de Pont de Ruant,
paroisse d'Artannes.

Le fief, terre et seigneurie de la Turbellière (6),
les Doigts et dépendances (7).

Le fief de la Turbellière possédait le droit de
haute, moyenne et basse justice (8).

Cette vente était faite moyennant le prix princ-
pal de 30.000 livres, dont 16.000 livres étaien
payées comptant. Jean-Paul Courier s'engageait à
payer les 13.500 livres restant dues le 30 dudit mo's
de mars.

Dès le 9 mars, l'acquéreur payait en écus de
6 livres au sieur Ferrand a somme de 2.500 livres
et déléguait ledit Ferrand pour retirer des mains de
Me Hubert, notaire à Tours, chez qui elle était
restée déposée, une somme de 11.000 ivres
qu'il avait empruntée le 16 janvier 1768. Cou-

(6) La Turbellière, commune d'Artannes.

(7) Les Doigts, commune de Saché.

(8) La terre de Méré, qui relevait du seigneur d'Azay-le-Rideau, avait été
acquise par Michel-Antoine-Ignace Ferrand, père du vendeur, les 18 juillet et
8 septembre 1726 devant Guédon et son confrère, notaires à Paris, de Louis Gau-
cher de Sainte-Marthe, fils de Pierre.

Le fief de la Turbellière avait été acquis par ledit Ferrand des consorts Tes-
sier, le 28 février 1731, par contrat reçu Michau et son confrère, notaires royaux à
Tours.

rier en reçut quittance définitive et pour so'de par acte du 2 avril 1768.

Cette acquisition était donc en cours depuis p'usieurs mois, puisque Jean-Pau! avait emprunté, en janvier de cette année, cette somme de 11.000 'ivres, probablement en vue de cette opération. Mais il est permis de supposer que le premier paiement, plus important, provenait du partage de !a succession de sa mère (9) décédée quelques mois avant, le 7 août 1767.

Jean-Paul Courier s'établit, dès ce moment, dans sa terre de Méré, que nous le voyons arrondir par toute une série d'acquisitions (10). La plus importante était celle des domaines et héritages dépendant de la Grande Maison (paroisse de Pont de Ruant) et de la Métairie des Grands Ormeaux (paroisse de Thilouze) qui lui avaient été vendus le 30 octobre 1769 par Me Nicolas Dreux, conseiller du Roy, notaire à Tours et dame Marguerite-Lucienne Soubeyran Duvernet, son épouse, par contrat passé devant Me Chereau et son confrère, notaires à Tours.

(9) Ainsi que nous l'avons indiqué plus haut, nous n'avons pu obtenir aucun renseignement sur ce point.

(10) Contrats des 28 juillet, 29 août et 8 septembre 1768, 12 avril, 4 juin et 18 septembre 1769, et 7 juin 1770. (Voir acte de vente du 9 avril 1774. Minutes de Me Hubert. *Archives Départementales d'Indre-et-Loire*).

Il résulte de ces actes que Jean-Paul résidait habituellement en son château de Méré.

Il y était, notamment, peu après la naissance de son fils, les 12 et 29 mars 1772, car il y signait deux baux à François Pasquereau le Jeune et à Jean Fromy.

Mais nous pouvons penser qu'il faisait aussi d'assez fréquents voyages à Paris. Il se rendait chez ses sœurs ; il avait conservé semble-t-il, des intérêts dans le commerce de bois de Turlin, et il s'occupait surtout de sa créance sur le duc d'Olonne.

Il avait donc à s'entendre avec les autres créanciers du duc qui avaient formé une union, et qui avaient choisi pour directeurs de leurs droits, avec Pierre de Jassaud et Pivert de Senancour, Jean Laborde.

Ce dernier, que Jean-Paul avait peut-être connu autrefois lorsqu'il appartenait à la maison du duc d'Olonne, était lui-même devenu Lieutenant des Chasses du duché de Châtillon-sur-Loing où il s'était installé avant 1761.

Est-ce à Paris ou à Châtillon que des liens intimes se nouèrent entre Jean-Paul Courier et Louise-Elisabeth Laborde, de quatre ans plus jeune que lui (12). Rien ne nous permet de le préciser, mais

(12) Elle venait d'atteindre trente-cinq ans. Appendice VIII. Un certificat de résidence du 29 germinal an IV (elle avait alors soixante et un ans) con-

nous savons qu'au début de l'année 1772, le 4 janvier, elle accouchait, rue du Mail (13), à Paris, d'un enfant masculin, qui fut baptisé en l'église Saint-Eustache, et auquel on donna les prénoms de Paul (celui du père) et de Louis (celui de la mère).

Le parrain était un marchand, Jacques-Etienne-Rémy Petit, et la marraine, Marie-Madelaine Luce, fille de Jean Luce, également marchand, sans que leur profession ait été plus explicitement indiquée sur le registre des baptêmes.

L'enfant avait été déclaré comme étant fils de M. Jean-Paul Courier de Méré (absent) et de Louise-Elisabeth *de Montdeville*.

Il est singulier que le véritable patronyme de la mère n'ait pas figuré dans l'acte, mais cette circonstance va nous permettre de formuler une hypothèse quant à la maison natale de Paul-Louis Courier.

Jean-Paul Courier, d'ailleurs déclaré absent dans l'acte, n'habitait pas Paris. Louise-Elisabeth demeurait elle-même à Châtillon-sur-Loing chez son père qui, en se retirant en cette petite ville peu avant 1761, n'avait pas conservé de domicile à Paris,

---

tient son signalement précis : Taille: 4 pieds 9 pouces, cheveux et sourcils gris, visage ovale, front élevé, yeux gris, nez aquilin, bouche moyenne, menton rond.

(13) Appendice IX.

ainsi que l'attestent toutes les pièces de procédure dans lesquelles nous voyons figurer son nom, et, plus tard, le contrat de mariage de sa fille.

L'enfant, venu au monde rue du Mail, ne naquit donc ni dans la maison de son père ni dans celle de sa mère ; et nous ne pouvons supposer non plus que Louise-Elisabeth s'était réfugiée chez des parents ou des amis, car ceux-ci se seraient bien gardés de faire mentionner la mère sous un faux-nom dans l'acte de baptême. D'ailleurs, il résulte bien de l'extrait baptistaire que ni le prêtre, ni le parrain, ni la marraine ne paraissent avoir connu le véritable nom patronymique de l'accouchée. Il faut donc, admettre qu'elle était descendue chez des inconnus, sous un nom supposé, et une seule catégorie de personnes pouvait la recevoir en l'état où elle se trouvait.

Nous savons, en effet, par Mercier, que :

« Quand une fille est devenue mère, elle n'avertit personne malgré l'édit de Henri II. Elle dit qu'elle va à la campagne ; mais elle n'a pas besoin de sortir de la ville, même du quartier pour se cacher et faire ses couches. Chaque rue offre une sage-femme qui reçoit les filles grosses... L'appartement est distribué de manière qu'elles demeurent inconnues l'une à l'autre pendant deux à trois mois ; elles se parlent sans se voir.

On ne peut forcer la porte d'une sage-femme que par des ordres supérieurs. La fille attend là le moment de sa délivrance ; un mois ou six semaines, selon qu'elle a bien ou mal calculé. Elle sort après la quinzaine et rentre dans sa famille et dans la société.

La sage-femme se charge de tout, présente l'enfant au baptême, le met en nourrice ou aux Enfants-trouvés, selon la fortune du père ou les craintes de la mère.

... Ainsi les sages-femmes sauvent la réputation des amantes infortunées, elles sont vouées à la discrétion ; le plus souvent, il est vrai, elles ne connaissent pas les personnes qu'elles accouchent...

Le prêtre qui baptise est accoutumé à voir arriver la sage-femme, et il distingue ainsi du premier coup-d'œil l'enfant de l'amour de l'enfant de l'hymen... (14) »

Mercier répète, d'ailleurs, plus loin, que « ces sages-femmes... reçoivent toutes celles qui se présentent, sans s'enquérir de leurs nom et qualité... » mais il ajoute aussi que leurs soins « ne sont pas désintéressés », et qu'il « n'en goûte guère moins de 12 livres par jour », ce qui était un prix pour le temps.

(14) Mercier. *Tableau de Paris*, t. V. Ch. CCCLXXV, p. 54, Amsterdam 1783.

Nous sommes donc fondés à croire que Paul-Louis est né le 4 janvier 1772 chez une sage-femme de la rue du Mail, et que ses parrain et marraine, Jacques-Etienne-Remy Petit, et Marie-Madelaine Luce, fille de Jean Luce (15), qui ne sont indiqués dans l'acte ni comme parents ni comme amis, et qui n'apparaissent plus par la suite, dans tous les documents concernant les familles Laborde et Courier, appartenaient à l'entourage de la sage-femme, — à laquelle ils prêtaient peut-être fréquemment leur concours (16), — et non à celui de la jeune mère qui cherchait à cacher son accouchement.

Pour mieux dissimuler son secret, elle avait adopté un nom supposé : de Montdeville (17), ce qui devait plus tard créer quelques difficultés lors de la légitimation de Paul-Louis, puisque comme nous le verrons, l'acte dut être réformé sur ce point.

L'absence d'indications précises sur l'extrait

(15) La minute reconstituée aux *Archives Départementales de la Seine* dit « Jean-Pierre Luce » mais l'extrait original antérieur des *Archives Nationales* mentionne seulement « Jean Luce ».

(16) La destruction des registres de l'état civil parisien ne permet pas de vérification sur ce point.

(17) Ce nom lui rappelait-il un souvenir personnel ou familial.

Notons qu'il existe une commune de Mondeville (Seine-et-Oise) à proximité (4 km.) de la Ferté-Alais et à peu de distance de la route qui par Montargis, Nemours, Fontainebleau, conduisait de Nogent-sur-Vernisson (à deux lieues de Châtillon) à Paris en 17 postes et demie, et qu'empruntait le carrosse de Moulins.

baptistaire rend à peu près impossible la détermination exacte de l'emplacement de la maison natale de Paul-Louis, mais, après avoir formulé cette hypothèse de sa naissance chez une sage-femme de la rue du Mail nous avons été amené à rechercher quelles étaient les sages-femmes de cette rue en 1772.

Il n'existe, pour cette époque, qu'un très petit nombre de documents auxquels nous puissions nous reporter, les annuaires étaient peu nombreux, et nous n'avons pu retrouver trace dans les bibliothèques de Paris des listes de sages-femmes qui étaient publiées chaque année.

Le premier annuaire assez complet est l'*Essai sur l'almanach général d'indication d'adresses personnelles et domiciles fixes des six corps* (18) publié en 1769, qui indique 299 sages-femmes et n'en mentionne aucune rue du Mail.

C'est pour la première fois, en octobre 1773 (19)

(18) Attribué à Roze de Chantoiseau, Paris, Vve Duchesne, 1769, Bibliothèque Nationale, V. 52.072.

Nous avons tout lieu de croire que cet Almanach, qui paraît contenir les noms de toutes les sages-femmes alors en exercice, avait été dressé d'après les listes que nous mentionnons plus loin.

(19) *État de la Médecine Chirurgie en Europe et principalement en France pour l'année* 1776 (Paris, Didot 1776, Bib. Nat. T. 47-6).

Il résulte de cet état et de celui publié l'année suivante (Paris, Vve Thiboust, 1777, Bib. Nat. T. 47-7) qu'il était imprimé, chaque année, en octobre, une liste intitulée « Noms et demeures des dames sages-femmes reçues au Colque nous découvrons une sage-femme installée rue du Mail, Mme Sagnier. Celle-ci, née Marie-Maxime Gosset, était elle-même fille d'une sage-femme, Mme Gosset, avec laquelle elle habitait, encore rue de la Cossonnerie, en 1769 (20).

Marie-Maxime Gosset avait épousé, avant 1764, Louis Sagnier, et elle avait été reçue au Collège de Chirurgie le 14 septembre 1764 (21). C'est après 1769 que Mme Sagnier vint s'établir, rue du Mail, où elle habitait encore en octobre 1773 (22), alors que sa mère avait été demeurer rue Montmartre, près de la rue du Jour.

Rétif de la Bretonne qui connut intimement, s'il faut l'en croire, Mme Sagnier, nous a laissé d'elle un plaisant portrait et une curieuse anecdote :

lège de chirurgie ». La liste d'octobre 1773 (reproduite dans l'État de 1776) était dressée par ordre alphabétique, celle d'octobre 1776 (reproduite dans celui de 1777) était établie suivant les dates de réception.

Il n'était pas paru de liste en 1774 et 1775.

(20) *Essai sur l'Almanach général*, 1769.

(21) *Commentarii Facultatis médicinæ Parisiensis*. Vol. XXII (novembre 1763-novembre 1764).

(22) *Etat de la Médecine Chirurgie*, etc..., 1776.

Cet Etat contient les noms de 305 sages-femmes, celui de 1777 en mentionne 279.

Malgré les recherches que nous avons faites dans les bibliothèques générales et spéciales et notamment dans celles de l'Académie de Médecine et de la Faculté de Médecine, grâce à l'aimable obligeance de MM. les Drs Busquet et Lucien Hahn, bibliothécaires en chef, nous n'avons pu découvrir d'exemplaires antérieurs à l'an XI des listes de sages-femmes imprimées annuellement en octobre.

Mme Gosset avait été reçue au Collège de Chirurgie le 22 janvier 1742.

(1763-1772) « Mme Saniez, sage-femme, jolie, pleine de grâces... venait souvent à la maison... « Nous causions quelquefois et je lui racontai en riant quelques-unes de mes aventures, me vantant de féconder les plus stériles. La belle souriait, et je remarquai que, depuis cet entretien, elle revenait plus souvent. Elle me dit un jour : « Vous êtes d'un médiocre savoir-vivre ! Je viens ici vous faire ma cour, et vous ne m'avez pas encore rendu mes visites !» Je promis d'y aller. On me donna l'heure, celle où le mari était à son bureau, car il était employé. Je ne manquai pas, et l'on me fit tant d'avances après m'avoir reçu dans le plus grand particulier, que je compris le but de la belle stérile. « Savez-vous pourquoi je viens, lui dis-je. — Pour causer avec moi. — Non, pour vous faire un enfant. — Quelle folie ! etc... » Je ne sais si un enfant est une folie, mais je lui en ai fait trois qui sont aujourd'hui sa consolation. Son fils et ses deux filles embellissent aujourd'hui la fin de sa carrière (23). »

(23) *Monsieur Nicolas*, t. XIII, p. 145, édition Liseux.

Il orthographie Saniez mais il ne peut y avoir doute sur l'identité de la personne car il mentionne ailleurs (*Monsieur Nicolas* et *Le Palais-Royal*, éd. Michaud, p. 130) que Mme Saniez habitait encore en 1790 rue Montmartre près l'égout (à côté de la rue de la Jussienne).

Or, elle était à cette adresse dès octobre 1776 (*Etat de la Médecine*, 1777) et Louis Sagnier, son mari, mourut en cette même demeure, 42, rue Montmartre (ancien, 51 actuel) le 28 vendémiaire, an II, *Archives départementales de la Seine* Table des décès du IIIe arrondissement).

Rétif se vante peut-être, mais il est certain que Mme Sagnier eut un fils en 1767 (24). Il revient d'ailleurs, à plusieurs reprises, sur les relations qu'il entretint avec elle, mais s'il nous fait connaître qu'elle habitait encore rue Montmartre, près l'égoût, en 1790, il ne nous indique malheureusement pas sa demeure rue du Mail (25).

La rue du Mail, de construction alors assez récente (26) dépendait entièrement de la paroisse Saint-Eustache. Elle comptait quelques belles demeures (hôtels de Villarceaux — Colbert — La Cour-Deschiens) et des hôtels pour les étrangers (hôtels de Bordeaux — de Portugal — d'Angleterre — des Indes) mais peu de boutiques.

Parmi les rares commerçants de cette rue, nous relevons, quelques années après la naissance de Paul-Louis, un certain Petit (27), maître et marchand sellier lormier carrossier qui s'était installé

(24) François-Louis Sagnier, avoué près les tribunaux de la Seine dès 1791. Il fut vice-président de la section Bon-Conseil en 1793. Emprisonné le 6 mai par la Commune pour avoir porté une pétition à la Convention, il fut relâché le 10 mai.

Il mourut le 12 décembre 1808, 23, rue Saint-Merry, âgé de quarante et un ans.

Archives départementales de la Seine, déclarations de mutations, VIIe arrondissement, Q7, D. 1947.

(25) Rétif voyait encore Mme Sagnier en 1773 (*Monsieur Nicolas*, t. X, p. 127).

(26) Elle avait été ouverte en 1634 sur l'emplacement d'un mail longeant les murs de Charles V.

(27) *Almanach de Paris* (Lesclapart) pour 1782 (2me partie).

Il est appelé Lepetit dans l'almanach des adresses de Paris pour 1790, avec

dans la boutique (et l'arrière-boutique servant d'atelier) d'un autre sellier, Jean Bournigal (28), tombé en déconfiture. Cette boutique était située dans la maison, qui existe encore aujourd'hui, et qui porte le n° 17 de la rue du Mail (28 *bis*).

Nous ne saurions, certes, affirmer que ce Petit (ou

l'indication, 35, rue du Mail (Le 35 ancien correspond bien au 17 nouveau, voir appendice XIV).

Il est encore appelé Lepetit (sans prénoms) dans l'acte de saisie réelle du 12 novembre 1791 (*Arch. nat.* Y 3833, vol. 316, f° 73).

Mais nous savons qu'à cette époque l'article était souvent omis ou ajouté devant les noms propres. Nous avons déjà vu Jean Laborde appelé fréquemment De la Borde ou Delaborde dans les actes judiciaires.

(28) Une sentence de la Chambre civile du Châtelet de Paris du 29 juillet 1768 avait homologué le contrat d'union des créanciers de Bournigal, mais, par arrêt du Parlement, du 17 août 1768, à la requête de Goupy, entrepreneur de bâtiments, cette sentence avait été annulée.

(*Archives Nationales*, XIA 4613 f° 107 v°) L'union avait été reconstituée le 30 octobre 1770 ainsi qu'en témoigne l'arrêt du 12 février 1772. (*Arch. nat.*, XIA 4709).

(28 *bis*) L'arrêt du 12 février 1772 avait été obtenu par l'union (constituée par la délibération du 30 octobre 1770) des créanciers de Jean Bournigal et de sa femme, qui demandait à la Cour de faire dresser un procès-verbal de la maison de la rue du Mail, afin de prévenir l'enlèvement des ferrures, menuiscries, faisant partie de cette maison qu'ils avaient abandonnée à leurs créanciers.

L'arrêt constatait que ladite maison était encore occupée, *pour la majeure (sic)* par ledit sieur Bournigal ; mais la description que nous en possédons permet d'affirmer qu'elle pouvait contenir, en outre, plusieurs locataires :

« Une maison sise à Paris, rue du Mail, section de la Place Louis Quatorze, élevée de quatre étages, ayant cinq croisées de front, toutes garnies de balcons mansardes au-dessus ayant trois croisées, boutique, arrière-boutique servant d'atelier occupé par le sieur Lepetit M° Sellier, petite cour, allée à côté de la boutique escalier et rampes de fer corridor pour entrer aux appartements jusqu'au 3me garni d'une rampe de fer. Ladite maison couverte en tuilles, tenant du côté de la rue Montmartre au sieur Godorin fils, parfumeur, de l'autre côté de la

Lepetit) doit être identifié avec Jacques-Etienne-Remy Petit, parrain de Paul-Louis, mais il est intéressant de noter que la marraine, Marie-Madeleine Luce (29), âgée de vingt-trois ans, était fille de Jean-André Luce, menuisier carrossier et qu'elle devait épouser, deux années plus tard, le 10 octobre 1774, Pierre-Louis Plé, lui-même menuisier (30).

Les selliers lormiers carrossiers, qui fabriquaient

rue Notre-Dame des Victoires au sieur Vidal horloger par devant sur ladite rue du Mail et faisant face à un hôtel portant le n° 17 et par derrière à plusieurs...»

La saisie était faite par Mussart, avoué du sieur Page, docteur en médecine demeurant rue Montmartre poursuivant sur le sieur Mathurin Blondel, au nom et comme tuteur de Nicolas Blondel, son fils mineur, héritier de Marie-Victoire Bournigal, sa mère.

Archives nationales, Saisies réelles. Y 3833. Vol. 316, f° 73, 12 novembre 1791.

Il ne peut y avoir doute sur l'identification de cette maison, qui correspond encore exactement à cette description.

L'hôtel auquel elle faisait face et qui portait alors le n° 17 est remplacé par une maison qui porte aujourd'hui le n° 16 de la rue du Mail, voir aussi appendice XIV.

(29) Marie-Madeleine Luce, fille de Jean-André Luce, menuisier carrossier, et de Jeanne-Denise Maguery, son épouse, demeurant Cour saint-Martin, était née le 23 décembre 1748. Elle avait été baptisée le 25 décembre 1748.

(Archives départementales. Minutes reconstituées de la Seine, paroisse Saint-Nicolas-des-Champs).

(30) Le mariage eut lieu le 10 octobre 1774 en l'église Saint-Nicolas-des-Champs.

L'épouse est qualifiée fille de Jean-André Luce (sans indication de profession) et de Jeanne-Louise Magry.

L'un des témoins de l'époux était Louis Blondel, bourgeois de Paris, grande rue du Faubourg Saint-Antoine (paroisse Sainte-Marguerite) ami de l'époux, et l'un des témoins de l'épouse, son frère, Jean-Baptiste-Gervais Luce, Maître menuisier, rue Notre-Dame-de-Nazareth.

(Archives départementales. Minutes reconstituées de la Seine, paroisse Saint-Nicolas-des-Champs).

et vendaient les carrosses, étaient, en effet, tenus de s'adresser aux menuisiers carrossiers pour la confection de la caisse de ces voitures. Ils pouvaient soit s'entendre avec un maître qui entreprenait ce travail, soit employer un compagnon de cette corporation, à condition de le prendre à la journée et non par entreprise (31). Ainsi donc, si Jean-André Luce n'était pas maître — ce que l'absence de tableaux pour cette corporation à cette époque ne nous permet pas d'affirmer, — il pouvait cependant travailler pour Petit ; mais nous avons vu que son fils était maître menuisier en 1774, et il est probable que son père l'était aussi.

Nous pouvons donc supposer que Mme Sagnier, cherchant un parrain et une marraine pour l'enfant qui venait de naître, s'était adressée à un proche voisin, habitant peut-être la même maison, et à la fille d'un maître ou d'un compagnon menuisier carrossier avec lequel il travaillait habituellement. Le manque de documents pour cette période ne nous a pas permis d'effectuer une vérification plus complète, et nous ne pouvons que for-

---

(31) « Les Compagnons travaillant pour les Bourgeois de Paris, Collèges, Couvens, ou autres, ne le peuvent faire qu'à la journée, et non par entreprise, sans pouvoir rien fournir... »

(Statuts des menuisiers et ébénistes, confirmés et approuvés par Louis XV, par lettres-patentes de mars 1744 enregistrées au Parlement le 20 août 1751.)

muler cette hypothèse : le N° 17 de la rue du Mail doit être la maison natale ou une maison très voisine de la maison natale de Paul-Louis Courier.

Quoi qu'il en soit, le séjour de Louise-Elisabeth Laborde et de son enfant rue du Mail ne dut être que de très courte durée après le 4 janvier 1772. L'enfant fut-il mis en nourrice ou allaité par sa mère? Rien ne nous permet de le préciser, mais il est fort peu probable que Jean-Paul, qui n'avait pas assisté à la naissance, et qui — pour des motifs que nous ne pouvons que supposer — devait attendre cinq ans pour régulariser cette situation et légitimer son fils, ait fait élever dès lors Paul-Louis près de lui, à Méré (32).

Nous croyons plutôt que la mère et l'enfant restèrent d'abord à Paris, où Jean Laborde devait faire, en cette année 1772, de très fréquents séjours pour suivre son procès contre le duc de Luxem-

(32) Un biberon en faïence, en forme de cafetière, ayant servi à Paul-Louis Courier, qui avait figuré à l'Exposition Universelle de 1889 a été exposé cette année à l'Exposition Paul-Louis Courier organisée à Tours, par M. Horace Hennion, conservateur du Musée.

Cet objet, avait appartenu au Dr Segard, médecin à Thilouze (Indre-et-Loire) qui le tenait, dit-on, d'anciens domestiques du château de Méré. Il n'existe aucune preuve de l'authenticité de cet objet, et, pour notre part, nous doutons de sa provenance. Jean-Paul Courier vendit Méré le 9 avril 1774, et il nous paraît invraisemblable que le souvenir de son fils ait pu se perpétuer à Méré, jusqu'à la notoriété tourangelle de Paul-Louis, c'est-à-dire pendant, au moins quarante-cinq ans.

bourg et les héritiers de la première duchesse d'Olonne, que termina l'arrêt du Parlement du 29 juillet 1772.

Plus tard, Paul-Louis fut sans doute conduit à Châtillon-sur-Loing, où Louise-Elisabeth était encore domicilée lors de son mariage. De toute manière, il dut vivre très longtemps dans l'intimité de son grand-père maternel. Nous n'en retiendrons pour preuve que cette anecdote contée par Dalayrac (33) :

Courier, ayant reçu de Paris un coupon de drap gris de perle le remit à Manceau, tailleur à Toulouse, pour en faire une redingote. Il l'avait, au préalable, pesé, et demanda qu'on lui rendît les rognures. La redingote terminée s'étant trouvée trop légère, Courier s'en plaignit au tailleur qu'il surprit justement « essayant à son fils âgé d'environ six ans, une carmagnole de drap gris perle. »

« Voilà, s'écria Courier, l'étoffe qui me manque ; je la trouve sur les épaules de votre enfant ; vous êtes pris en flagrant délit, vous ne pouvez le nier.» Manceau s'en tira par une pirouette, et une courte harangue de remerciements qu'il souffla à l'enfant, désarma Paul-Louis et le fit rire et pardonner.

Dalayrac reconnaît là un exemple de l'originalité

---

(33) *Un an de la Vie de Paul-Louis Courier.*

de son ami. Nous croyons, au contraire, y trouver une réminiscence des impressions de jeunesse de Paul-Louis, qui furent fort vives, et qui se traduiront plus tard, en des cas analogues, par des procès ; par exemple, celui de Claude Bourgeau qu'il accusait de lui voler son bois.

De son côté, d'ailleurs, Jean-Paul Courier de Méré ne devait pas tarder à vendre sa terre. Par acte du 9 avril 1774, il cédait à Jean-Marie Landrière des Bordes, Ecuyer, Conseiller du Roy, et à dame Marie Gille Chaussegros de Léry, son épouse, la terre et seigneurie de Méré... consistant en Maison Noble, Bâtiments, etc..., plus le fief terre et seigneurie de la Turbellière et fiefs des Doigts et du Pas des Lices, plus les droits de haute, moyenne, et basse justice, et les domaines et héritages qui dépendent de la Grande Maison (paroisse de Pont-de-Ruant) et de la Métairie des Grands-Ormeaux (paroisse de Thilouze), moyennant un prix de 73.500 livres dont 66.000 livres pour les immeubles et 7.500 livres pour les fruits, bestiaux, etc... (34).

Jean-Paul, qui venait de réaliser ainsi un appréciable profit s'était momentanément retiré à Tours. Il donnait quittance du solde de ce prix le 24 septembre 1774, mais, dans l'intervalle, il avait acquis

(34) *Archives départementales d'Indre-et-Loire.* Minutes de M⁰ Hubert, notaire à Tours.

la terre du Breuil (35), par acte passé devant Me Martigné, notaire au Mans, le 21 avril 1774 (36).

Deux ans après, le 10 février 1776 (37), et dans l'intention sans doute de rester fixé en Touraine, malgré la vente de son château, qu'il envisageait déjà, il devenait propriétaire d'une maison beaucoup moins importante, la Véronique, située dans la paroisse de Cinq-Mars-la-Pile (38).

Nous ignorons quels motifs avaient empêché Jean-Paul Courier d'épouser jusqu'alors Louise-Elisabeth Laborde, mais il est curieux de constater que c'est très peu de temps après le décès de la duchesse d'Olonne, survenu le 26 novembre 1776, que le mariage paraît avoir été décidé. Les relations anciennes déjà de Jean Laborde et de Jean-Paul Courier avaient pu se trouver resserrées à

(35) Paroisse de Mazières.

(36) Cité par M. Gaschet (*La Jeunesse de Paul-Louis Courier*). Cette terre appartenait à la famille de Petitjean, et, depuis 1751 à Jean-Louis-Abel de Petitjean, chevalier. (Carré de Busserolle. Dictionnaire géographique, etc,,, de Touraine, 1879).

Qu'il nous soit permis de signaler ici la très remarquable notice consacrée par Carré de Busserolle à Paul-Louis Courier dans ce dictionnaire. Bien qu'elle n'ait été citée par aucun des récents biographes de Courier c'est croyons-nous la meilleure étude parue sur ce grand écrivain avant 1894.

(37) Acte reçu par Me Gervaize, notaire à Tours (M. R. Gaschet, *id.*).

(38) Jean-Paul Courier pris possession de la Véronique le 2 avril 1776, mais il ne résilia le bail des domaines que le 29 juillet 1776. (Minutes de Me Estevelin des Hautes-Landes, notaire à Cinq-Mars-La-Pile). Ce dernier était notaire de Jean-Paul Courier depuis le 14 mai 1774 (ventilation pour Courier, acquéreur de la terre du Breuil).

l'occasion d'un nouvel essai de recouvrement de leurs créances sur la succession de la duchesse d'Olonne. Nous avons vu, en effet, que les Directeurs des créanciers unis du duc étaient intervenus dans le procès-verbal des scellés dressé après la mort de la duchesse (39).

Le contrat de mariage des futurs époux fut passé devant Mes Cartault et Collet, notaires à Paris, le 6 février 1777. Jean Laborde s'était rendu avec sa fille à Paris, et ils étaient descendus au petit hôtel d'Aumont, rue de la Mortellerie, paroisse Saint-Paul, près la rue des Nonnains d'Hyères.

Jean-Paul Courier n'était pas venu à Paris mais il s'était fait représenter par un mandataire, Jean-Baptiste Antoine, Bourgeois de Paris, y demeurant, rue Aumaire, paroisse Saint-Nicolas-des-Champs (40).

Les biens du futur époux consistaient : 1º dans la terre du Breuil, qu'il estimait 72.000 livres ; 2º dans le lieu de la Véronique, qu'il estimait 12.000 livres ; 3º dans une créance de 43.000 livres sur M. de Boisimont, propriétaire du domaine de Linières en Anjou, qu'il avait acquise le 23 mai 1776,

(39) *Archives Nationales*, Y 13.128.

(40) Mandataire constitué par procuration reçue par Hubert et Bourdon notaires à Tours, le 7 janvier 1777. L'accord sur les conditions du contrat avait donc suivi de bien près le décès de la duchesse.

et sur le prix de laquelle il avait payé 18.000 livres et avait convenu d'une rente pour le restant du prix; 4° en bestiaux pour la valeur de 6.000 livres ; 5° dans les meubles et ustencilles de son domaine qu'il estimait à la somme de 6.000 livres.

Les apports de la future épouse consistaient : 1° en une rente viagère de 240 livres ; 2° dans les habits, linge et ajustements à son usage estimés 3.000 livres ; en différentes sommes qui lui étaient dues à Paris et ailleurs par différentes personnes —, se montant ensemble à 27.400 livres, le tout provenant « de ses gains et épargnes » comme en convient ledit sieur son père.

En outre, Jean Laborde constituait en dot à Louise-Elisabeth une « somme de 22.600 livres à imputer sur la moitié revenant à sa fille dans les biens de la succession de sa mère dont elle est héritière pour moitié (41) si à tant ils se montent et le surplus si surplus il y a en avancement de la succession dudit Laborde, laquelle somme il s'oblige à payer entre les mains du futur époux, dans deux ans à ce jour et jusqu'ici lui en payer l'intérêt à compter du jour de la célébration dudit mariage. »

« Des biens des futurs époux il entrera de part et d'autre la somme de 10.000 livres dans leur com-

____

(41) Jean Laborde avait donc un autre enfant dont nous n'avons retrouvé aucune trace.

munauté qui au moyen de cela sera composée de 20.000 livres et le surplus de leurs biens avec ce qui échoiera à chacun d'eux pendant leur mariage, par succession, donation, legs ou autrement sera et demeurera propre à chacun d'eux et aux leurs de côté et ligne. »

En outre, l'épouse devait jouir du douaire coutumier suivant les dispositions des coutumes dans l'étendue desquelles se trouveraient les biens du futur époux, sans qu'elle soit tenue d'en faire demande en justice et aussitôt que ledit douaire aurait lieu.

Cinq jours après, le 11 février 1777, le mariage de Jean-Paul Courier, Seigneur du Breuil, — fils de feu Jean Courier « marchand pour la provision de Paris », — et de Louise-Elisabeth Laborde était célébré en l'église Saint-Pierre, de Mazières (42), paroisse dont dépendait la terre du Breuil, et, par cet acte, les époux légitimaient leur enfant, Paul-Louis.

Des difficultés se présentèrent, toutefois, soulevées, sans doute, par le Greffier du Châtelet de Paris, dépositaire du double des registres de bap-

---

(42) Réformation d'extraits de baptême et de mariage pour le sieur Jean-Paul Courier, seigneur du Breuil (*Archives Nationales*, Y 5037), l'extrait d'acte de mariage qui figure dans ce dossier est conforme à celui relevé par M. Gaschet dans les *Archives de Mazières* et publié par lui. (*Jeunesse de Paul Louis-Courier*).

tême de Saint-Eustache, lors de la transcription
de la légitimation en marge de l'acte de baptême.
Il résultait, en effet, de cet acte que Paul-Louis
était fils de Jean-Paul Courier de Méré et de Louise-
Elisabeth *de Montdeville* (et non Laborde). Il fallut
donc, au préalable, obtenir une sentence de réformation de cet acte.

C'est à cette fin que, par procuration du 1er juin
1777, les époux Courier donnaient mandat à
Nicolas Coulon, procureur au Châtelet, de déclarer
que dans l'acte de baptême de Paul-Louis « il s'est
glissé une erreur dans le nom de la dame constituante en ce qu'elle a été nommée du nom propre
de Montdeville au lieu de celuy de La Borde qui est
son vray nom », et de requérir que « mention sera
faite de l'acte de reconnaissance en marge de l'acte
de baptême dudit Paul-Louis, et que le nom propre
de Montdeville donné à la constituante mère du dit
enfant baptisé sera supprimé et qu'il y sera substitué celuy de La Borde. »

Les parents et amis furent appelés à donner leur
avis, et constituèrent mandataire à cet effet le
7 novembre 1777 par acte dressé par Me François
Thibaut, notaire royal en Touraine à la Résidence
de Cinq-Mars la Pile. C'étaient, outre Jean Laborde, Bourgeois de Paris, Pierre-Lambert Pon-
tevin, ancien procureur au bailliage et siège prési-

dial de Tours, François Deslandes de la Falottière, officier de feu Mme la Dauphine, Jean Thibaut de la Ferrière, notaire et procureur fiscal de Cinq-Mars la Pile, Joseph Thibaut, ancien notaire royal, Jean-François-Anne Estevelin des Hautes-Landes, Lieutenant de la Baronnie de Cinq-Mars la Pile, René Rolland, maître en chirurgie, et Etienne Amelin, Bourgeois. Le 25 novembre 1777, Alexandre Moreau, avocat au Parlement, Greffier de la Chambre civile de Police du Châtelet de Paris présentait le « Registre des minutes pour les actes de Baptême de la paroisse Saint-Eustache de Paris pendant l'année 1772 » contenant l'acte de baptême de Paul-Louis, dont la réformation était demandée et, par sentence du 2 décembre 1777, la Chambre du Conseil ordonnait cette réformation : « le nom de Montdeville donné à la mère sera supprimé et luy sera substitué celui de La Borde (44) ». Rien ne s'opposait donc plus à la transcription de la légitimation en marge de l'acte de baptême, qui put alors être opérée.

Dès la célébration du mariage, l'épouse était venue s'installer au Château du Breuil, avec son jeune enfant et Jean Laborde, son père, qui devait rester définitivement auprès d'eux (45).

(44) *Archives Nationales* Y 5037.
(45) M. Gaschet (*La Jeunesse de P.-L. C...*) cite plusieurs actes de baptêmes

Mais dès l'été de l'année suivante (1778), Jean-Paul qui songeait à réaliser la vente de sa terre du Breuil, vint s'établir, avec les siens, à la Véronique, qu'il avait achetée le 10 février 1776 (46). C'était une fort modeste maison sise en la paroisse de Cinq-Mars-la-Pile, sur l'ancien chemin conduisant de Cinq-Mars à Saint-Etienne-de-Chigny, à un kilomètre environ de la Pile (47). Elle comprenait une petite construction et quelques pièces de vignes, « le Clos Buré », qui appartenait également à Jean-Paul, ainsi que la Guyotterie, closerie voisine.

Devant la Véronique s'étendait jusqu'à la chaussée de la digue une prairie encaissée et verdoyante, conquise sur l'ancien lit de la Loire, et, de l'autre côté de la digue, Jean-Paul possédait encore l'île Bodet, ou chantier de la Véronique (48).

Paul-Louis avait là un champ fort étendu pour ses jeunes ébats. C'est en cet aimable lieu que

(*Archives de l'état-civil de Mazières*) où Jean Laborde signa comme parrain, notamment le 2 août 1777.

Nous savons que Jean Delaborde était encore présent au château du Breuil le 31 août 1778 (*Archives Nationales*. Sentences des Requêtes du Palais, X3B 2234).

(46) Voir ci-dessus, note 37.

(47) L'emplacement de la Véronique est nettement déterminé sur le terrier de 1772 conservé à la mairie de Cinq-Mars (Cadastre actuel : section C n°s 851 à 856, 858 et 859, 683 et 684, etc...).

(48) Le terrier de 1772 conservé à la mairie de Cinq-Mars contient des indications manuscrites qui s'échelonnent de 1772 à 1818. L'île Bodet est indiquée comme appartenant à Mme veuve Courier.

s'écoula, de la sixième à la douzième année, une partie de son enfance.

Jean-Paul Courier « issu d'une très bonne famille bourgeoise, étoit un homme de beaucoup d'esprit et d'une grande littérature (49) », a écrit le biographe anonyme de 1824. Il éleva lui-même son fils et lui enseigna de bonne heure le latin qu'il connaissait certainement si nous en croyons le premier éditeur des œuvres complètes, qui publia, en même temps, de Jean-Paul, une paraphrase du psaume *Super flumina Babylonis* (50).

Courier « apprit, à l'âge de quinze ans, le grec, sans maître » raconte encore le biographe anonyme.

(49) Notice biographique sur la vie de Paul-Louis Courier (Paris, Ponthieu, 1824).

Cette notice a été reproduite, en grande partie et plus ou moins remaniée par tous les éditeurs et biographes de Courier avant 1835 (Mahul, *Annuaire nécrologique*, 1825. *Pamphlets*, Bruxelles, 1826 et 1827. *Œuvres complètes*, Bruxelles, Librairie Parisienne, 1828. *Mémoires, correspondance*, etc., Paris, Sautelet, 1828, et même Armand Carrel, *Œuvres complètes*, Paris, Sautelet, 1829-1830).

Mahul prétend qu'elle serait parue chez Corréard en 1822. Nous ne le croyons pas car elle figure dans la *Bibliographie* du 1er mai 1824 et elle mentionne le *Pamphlet des Pamphlets* (publié le 24 avril 1824). Nous n'en avons trouvé aucun exemplaire sous la date de 1822. Mais, ce qui a pu prêter à confusion, c'est qu'elle a été ajoutée, avec une pagination continue (p. 387-408) à la suite de la traduction de la *Luciade* publiée chez Corréard sous la date de 1822, et dont un certain nombre d'exemplaires, avec un nouveau titre, portent : Rapilly, 1824.

(50) « La pièce suivante est du père de Courier, homme fort instruit, au rapport de son fils. Paul-Louis faisait grand cas de ce morceau et il en regrettait fort la fin, n'ayant jamais pu retrouver que ce fragment dans sa mémoire ». (*Œuvres*, Bruxelles, 1828).

Cette affirmation est peut-être plus contestable, car, à cet âge, il était déjà sous la direction de Vauvilliers, mais son père avait fort bien pu lui apprendre les premiers éléments de cette langue pour laquelle il montra très tôt de grandes dispositions.

Jean Laborde mourut à la Véronique le 13 juin 1782 (51). Peu après, Jean-Paul acheta le domaine de la Filonnière, avec sa dépendance La Houssière, dans la paroisse de Luynes.

Vers la fin de 1784 (52), son fils ayant dépassé l'âge de douze ans, il songea, afin de pourvoir à son instruction, à s'installer à Paris, et il vint demeurer Place de l'Estrapade, dans la paroisse Saint-Etienne du-Mont.

L'Estrapade (53) était le nom autrefois donné à 'espace indéterminé compris entre la rue Saint-Jacques et la rue de la Contrescarpe, sur l'emplacement des anciens fossés, le long des jardins des Genovefains (54) et qui forme aujourd'hui la rue des Fossés-Saint-Jacques (55), la Place de l'Estra-

(51) Appendice XV.

(52) M. Gaschet (ouv. cité) indique cette date d'après des documents conservés ans les *archives* de la justice de paix de Langeais (28 frimaire et 7 nivôse n III).

(53) Du nom du supplice infligé aux soldats indisciplinés.

(54) Rochegude, Plan de Turgot (1734-1739).

(55) Autrefois rue de l'Estrapade (Plan de Turgot).

pade (56), la rue de la Vieille-Estrapade (57), et la Place triangulaire (58), située à l'angle de cette dernière rue et de la rue Thouin (59).

Ainsi les Almanachs Royaux, et les annuaires de la fin du XVIIIe siècle, employaient-ils encore fréquemment, pour indiquer une adresse, l'expression « à l'Estrapade », suivie ou non du nom de la rue ou de la Place (60).

C'est pourquoi l'annotation de Paul-Louis sur le « Lexicon » grec-latin de Jacques Toussain, qu'il venait d'acheter, le 16 novembre 1787 (61), ne nous permettrait pas de déterminer dans quelle maison s'écoula son adolescence, s'il n'existait,

(56) De Fourcy ou de la Vieille-Estrapade. (Jaillot, *Les Rues et les environs de Paris*, Langlois, 1777).

(57) Rue des Fossés-Saint-Marcel (plan de Turgot), rue des Fossés-de-la-Vieille-Estrapade ou rue de la Vieille-Estrapade (Jaillot, 1777).

(58) Autrefois place de l'Estrapade, puis de Fourcy.

(59) Autrefois rue de Fourcy (Rochegude).

(60) Ainsi : « Bosquillon, à l'Estrapade, place de Fourcy » (*Almanach Royal*, 1787. Avocats au Parlement).

« Messant, greffier, coin de la rue Sainte-Geneviève, à l'extrémité de l'Estrapade ».

(*id*. Faculté des Droits).

« Dominique Darrimajou, secrétaire-greffier de la section, 29 ans, rue des Postes à l'Estrapade » (Charavay, assemblées électorales, 1791).

« Gillet, à l'Estrapade » fondeur en caractères (*Almanach général du Commerce*, etc..., année 1788, par Gournay).

(61) « Lexicon Graecolatinum... Jacobi Tusani Graecarum literarum Professoris Regii. » Paris, Guillard, 1552.

Paul-Louis a inscrit sur le titre :

« Moi Courier fils âgé de seize ans ai achepté ce lexicon de Tusan 10 livres à

dans les registres des délibérations de la commune de Cinq-Mars-la-Pile, plusieurs documents qui précisent que le citoyen « Paul Courrier, propriétaire en cette comune », est « domicilié en celle de Paris », où il demeure rue de la Vieille-Estrapade, N° 6 (62).

Cette maison, qui existe encore aujourd'hui, près de l'ancienne place de Fourcy, porte actuellement le N° 11 de la rue de la Vieille-Estrapade (63); les fenêtres de la façade, orientée au Nord, donnaient sur les jardins de l'abbaye de Sainte-Geneviève, et la vue, en partie masquée à gauche par la nouvelle église Sainte-Geneviève, alors en cons-

dessein de m'en servir pour me perfectionner et soulager dans l'étude de la langue grecque, ce 16 septembre 1787 ».

« Donné à Paris ce 16 septembre 1787 par Courier, en sa chambre d'étude, place de l'Estrapade ».

Cette inscription, qui nous avait été signalée par un érudit libraire, aujourd'hui décédé, M. Lehec, a été publiée en fac-similé, par M. Victor Perrot (La Participation du Vieux Papier dans l'assassinat de Paul-Louis Courier, 1913).

(62) Certificats de civisme et de résidence notamment les 5 germinal an II et 6 floréal an III.

Nous avons pu consulter, dans les *archives communales* de Cinq-Mars, les documents concernant Paul-Louis, grâce à l'aimable obligeance de M. Rouget, maire de cette ville.

(63) Contrairement aux indications de Watin, antérieures au numérotage de cette rue (1790) les numéros furent apposés à partir de la rue Neuve-Sainte-Geneviève, et non de la rue des Fossés-Saint-Jacques (Appendice XIV).

Il était, d'ailleurs, aisé de s'y tromper puisque les deux places situées aux extrémités de la rue de la Vieille-Estrapade avaient porté également le nom de place de Fourcy ou place de l'Estrapade.

De la comparaison du sommier des rentes nationales (*Archives nationales*, Q2

truction (64), s'étendait, de ce point élevé, sur presque toute la ville natale de Paul-Louis.

Jean-Paul avait d'abord confié son fils à Jean-
François Vauvilliers, professeur de grec au Collège
de France (65), qu'il avait sans doute connu autrefois, ainsi que François Lejeune (66), alors qu'ils
suivaient ensemble à la Faculté de Droit de Paris,
les cours du jurisconsulte Thomassin.

Mais il voulut donner, dès lors, à son fils, une direction positive, et, le destinant à « servir dans le
corps du génie » il lui fit étudier en même temps les

212, p. 32) avec les almanachs et annuaires de l'époque et le plan de Turgot, qui
donne nettement la physionomie de cette partie de la rue, il résulte que :

La maison de Messant, greffier en droit, portait le n° 1 ; celle de Germain,
percepteur des Contributions de la ville de Paris, le n° 2 ; celle de Delastre (puis
Thomas Charles) le n° 3 ; celle des héritiers du comte de Paradès, acquise plus
tard par Lecomte, qui y ouvrit une institution, le n° 4. (à l'angle de la rue des
Poulles). La maison appartenant à Claude Poulin marchand bonnetier (à l'autre
angle de la rue des Poulles) portait le n° 5. (Elle fut habitée par Faypoult de Mai-
soncelles, ministre des Finances après le 9 thermidor, et préfet sous l'Empire, et
par Tavenard, graveur).

La maison, immédiatement contiguë, qui portait alors le n° 6, et aujourd'hui le
n° 11, avait été acquise le 6 juin 1787, de la succession de Mme veuve Metté de la
Rivière, par Guillaume-Jean-Jacques Lamy, restaurateur, rue Saint-Honoré
paroisse Saint-Eustache. Une description précise de cet immeuble est donnée
dans la procédure d'adjudication. (*Archives Nationales*, Y. 3299).

(64) Elle avait été commencée en 1757, mais les travaux, longtemps interrom-
pus, venaient seulement d'être repris.

(65) Jean-François Vauvilliers, voir ch. III, note 9.

(66) Né à Sens le 31 octobre 1735, il avait été homme de loi à Paris, 782 rue
Traversière (section de la Butte des Moulins). Il se retira en l'an III, chez Jean-
Paul Courier et, après la mort des deux époux, à Saumur (*Archives de Cinq-Mars*).

mathématiques avec Jean-François Callet (67). Ce dernier ayant été nommé, « l'année suivante 1788, professeur à l'école des « élèves de la marine » à Vannes, fut remplacé par un autre mathématicien Labbey (68) auquel Paul-Louis s'attacha.

Il eut, en outre, un maître de dessin, et un maître de danse, « ce dernier bientôt abandonné », et probablement aussi un maître d'histoire, qui ne serait autre que M. Vetour, auteur des *Nouvelles instructions sur l'histoire de France,* à l'usage de la Jeunesse, avec une table chronologique de nos rois (69). »

Paul-Louis, qui avait subi, en son enfance plusieurs maladies graves, mais dont la santé était tout à fait affermie « s'adonnait avec ardeur aux exercices du corps, tels que la course ou la paume, et leur consacrait tout le temps qui n'était pas réclamé par les études ». C'est ainsi que, jouant au ballon, le 14 juillet 1789, dans les Champs-Elysées, la curiosité lui fit suivre la foule envahissant les Invalides pour

(67) Jean-François Callet (Versailles, 25 octobre 1744, Paris, 14 novembre 1798). Voir Rabbe. Le 24 avril 1787 Paul-Louis avait pris sa première leçon de mathématiques (lettre à son père, 28 avril).

(68) Jean Baptiste Labey (ou Labbey) né en Normandie avait été professeur de mathématiques de Bonaparte à l'École Militaire de Paris (1784-1785). Il fut professeur à l'Ecole Polytechnique et mourut en 1825 (Mahul. Annuaire nécrologique, 1825).

(69) Paris, Servière, libraire, rue Saint-Jean-de-Beauvais s. d. (le privilège, du 5 avril 1786, fut enregistré le 4 juillet). Bibliothèque Nationale, L 39-53.

M. Vetour paraît bien avoir été, à cette époque, un familier de la maison (lettre du 28 avril 1787).

s'emparer des armes. Il en « rapporta un pistolet » dit le commentateur des *Mémoires*.

Il allait, chaque année, avec ses parents, passer trois ou quatre mois (70) à la Véronique, pendant la saison d'été et les vendanges. L'automne de 1790 lui valut une aventure que nous a contée M. Gaschet : Ayant chassé sur les terres du duc de Luynes, il se vit confisquer son fusil par le garde qui lui dressa procès-verbal. C'était un fusil d'emprunt, que Jean-Paul eut grand'peine à se faire restituer l'année suivante par une sentence du Juge de Paix de Langeais, du 28 octobre 1791. L'ancien Lieutenant des chasses du duc d'Olonne ne dut certes pas manquer d'arguments pour défendre sa cause contre le ci-devant garde du duc de Luynes.

A cette date, Paul-Louis était déjà rentré à Paris, où il avait repris ses études. Mais il apprit bientôt que M. Labbey venait d'être nommé professeur de mathématiques à l'école d'artillerie qui s'établissait alors à Châlons.

En faisant part, à son père, resté en Touraine, de cet événement il lui marquait le désir de suivre son maître à Châlons, et il ajoutait dans une lettre fort sage (71) que « s'il se rencontrait des obstacles

(70) Certificats de résidence et de civisme cités (*Arch. Com. de Cinq-Mars*).
(71) Lettre à son père, à Langeais près Tours, de Paris, le 29 septembre 1791.

imprévus dans la carrière du génie » peut-être pourrait-il faire servir sa « science à demander quelque autre place militaire. » Mais en sacrifiant tout à son dessein principal il ne renonçait pas « totalement aux poètes grecs et latins ». C'était un effort dont sa vertu n'était pas capable.

Jean-Paul acquiesça à ce projet et son fils suivit le professeur à Châlons, où il fut admis l'année suivante, le 1er septembre 1792, à l'Ecole d'artillerie, Il en sortit second Lieutenant le 1er juin 1793.

Pendant vingt ans, Courier n'aura plus d'autre domicile que l'armée : tantôt sur le Rhin ou la Moselle, à Toulouse, en Bretagne, en Italie, à Strasbourg, à Douai, puis de nouveau en Italie, il profitera certes de ses congés pour se rendre auprès des siens à la Véronique, où son père devait mourir le 24 pluviôse an IV, (13 février 1796) (72), mais il ne se fera pas faute de s'attarder chaque fois dans ce Paris, dont il avait pu médire parfois, par boutade, mais qu'il aimait, ainsi qu'il l'écrivit plus tard à la Princesse de Salm-Dyck : « ...mes amis qui me défiaient de quitter Paris me connaissent assez bien. Vous savez comme on s'habitue en ce pays-ci, et

(72) *Archives Communales de Cinq-Mars-la-Pile.* Dans cet acte de décès, Jean-Paul Courier « propriétaire et agent municipal de cette commune est qualifié par erreur, natif de Saint-Morice-aux-Riches-Hommes. Nous savons, en effet, qu'il était né au Plessis-Gatebled.

comme aisément on y prend racine, et comme on finit par ne plus pouvoir vivre ailleurs. Assurément il vous souvient des querelles que je vous faisais là-dessus. Vous en voilà quitte, Madame... » et plus loin : « Je suis à la campagne pourtant depuis quinze jours sans m'ennuyer, mais de ma chambre je vois Paris, et j'y vais de mon pied, chaque fois que la fantaisie m'en prend (73). »

Déjà, en mars 1798 après avoir quitté Toulouse il était venu habiter quelques semaines chez son cousin Pigalle, Administrateur général des étapes et transports militaires, 19 rue Cadet à Paris : « Tout est changé. Je ne reconnais rien. Après tout, je me suis amusé » écrivait-il à Dalayrac (74) du nouveau Paris, du Directoire.

Arrivé à Marseille le 27 octobre 1799, à son premier retour d'Italie il se « rendit presque aussitôt à Paris, dont il avait besoin de respirer l'air natal pour remettre sa santé altérée (75). »

Il était, en effet, atteint « d'un crachement de sang, dont il s'est ressenti plusieurs fois et qui faillit l'enlever en 1817 (76). » Il fut alors soigné par le

(73) Saint-Prix, 25 juillet 1813.

Cette lettre a été publiée pour la première fois dans l'édition Sautelet de 1829-1830.

(74) Lettres inédites. Revue rétrospective, 1835.

(75) Commentaires des *Mémoires*, etc...

76) *Id.*

Dr Bosquillon (77), médecin et professeur de grec au Collège de France, qui lui fit connaître Clavier.

Il habitait alors 16 rue des Bernardins dans une maison qui a, en partie disparu lors du percement du Boulevard Saint-Germain. Le N° 21 actuel a été construit sur le reste de l'emplacement de cet immeuble.

Son séjour à Paris (78), coupé d'un voyage à la Véronique, où il eut la douleur de perdre sa mère, le 11 vendémiaire an X (3 octobre 1801) (79), dura jusqu'en novembre 1801. A cette époque il dut rejoindre son régiment à Strasbourg.

Dès lors (80) il songea à quitter définitivement la Touraine.

Il vendit la Véronique, le 10 germinal an XI (30 avril 1803) (81), mais il ne put trouver acquéreur pour la Filonnière.

C'est après la vente de la Véronique qu'il paraît

(77) M. Gaschet a publié un certificat médical du 28 ventôse an VIII conservé aux *Archives Administratives de la Guerre.*

(78) Qui « lui était devenu très agréable depuis qu'il s'était mis en rapport avec les hommes les plus distingués dans la connaissance des anciens » (Commentaires des *Mémoires*, etc.).

(79) *Archives Communales de Cinq-Mars-la-Pile.*

(80) « Mon séjour dans ce pays pouvant être plus long que je ne le voudrais (Lettre à Clavier, de la Véronique près Langeais, 18 octobre 1801).

(81) Chez Me Odoux, notaire à Luynes (cité par M. Gaschet).

Courier avait déjà vendu une autre terre à Cinq-Mars le 11 frimaire an XI (Thibaut, notaire à Cinq-Mars).

avoir élu domicile chez sa cousine, Mme Marchand, qui habitait 12 rue des Bourdonnais (82). Il y transporta ses livres, — qu'il la chargeait non seulement d'épousseter mais encore « d'ouvrir et feuilleter tous les deux ou trois. mois (83) » —, et sans doute aussi certains objets auxquels il tenait, et qu'il ne pouvait emporter en campagne ou laisser à Luynes.

Il descendit chez elle à son retour définitif d'Italie, le 3 juillet 1812, et il y resta jusqu'à son mariage, le 12 mai 1814.

A partir de cette époque il vint vivre, chez son beau-père et ami Clavier, qui habitait 8 rue du Grand-Chantier (84), et peut-être faut-il voir là l'un des motifs des premières mésententes du ménage. Trop indépendant, Paul-Louis pouvait-il facilement se faire à l'existence quotidienne en l'intimité de sa belle-mère, qui avait conservé beaucoup d'influence sur Mme Courier ? Par amitié pour Clavier, dont il était devenu le collaborateur habi-

(82) Hôtel de Villeroy (Rochegude).

C'est le n° 34 actuel de la rue des Bourdonnais.

Son cousin Pigalle, chez qui Paul-Louis était descendu quelques années avant, était parti à Douai.

En outre, ses relations avec Mme Marchand avaient pu se renouveler lors du décès de leur tante, Elisabeth-Suzanne Courier veuve Turlin, survenu le 12 pluviôse an XI, et dont ils étaient héritiers.

(83) Lettre du 12 novembre 1810.

(84) Sa maison occupait l'emplacement du n° 66 actuel de la rue des Archives.

tuel (85), il la supporta aussi longtemps qu'il vécut, mais il est probable que le désir de se soustraire à cette situation ne fut pas étranger à la détermination de Courier de se retirer en Touraine avec sa trop jeune femme (86).

Après son installation à la Chavonnière, au cours de l'été de 1818, Courier n'abandonna pas entièrement Paris. Nous l'y voyons fréquemment, trop fréquemment même pour son repos conjugal, au début de 1819 (87), en 1820, en avril, mai et juin 1821 ; mais nous ignorons s'il descendait alors chez sa belle-mère Mme Clavier, qui était venue demeurer 23 rue neuve-du-Luxembourg (rue Cambon actuelle). Il y retourne pour son procès (88), en août, et de nouveau en septembre. Il n'était « pas encore bien décidé à se mettre en prison », mais se résigna à ce

(85) Courier avait collaboré à l'édition et à la traduction de *Pausanias*.
Seuls, les deux premiers volumes étaient parus lors de la mort de Clavier.
L'édition fut terminée par Daunou, Coray et Courier.

(86) C'est, en effet, peu après la mort de Clavier, survenue le 18 novembre 1817, que Paul-Louis poursuivit l'acquisition de la Chavonnière qui fut réalisée le 21 avril 1818.

(87) Commentaires des *Mémoires*. Lettres Mars, 1819.
« Courier passa peu de mois sans aller à Paris » *(id)*, en suite de la lettre du 24 décembre 1819.

(88) Procès du Simple Discours (28 août 1821).
Pendant ce séjour il occupa l'appartement de Cousin, 14 rue d'Enfer Saint-Michel. La maison, qui a disparu par suite du percement du boulevard Saint-Michel était adossée au jardin du Luxembourg, à hauteur de la gare de la ligne de Sceaux.

séjour forcé le 11 octobre (89). En 1822, il resta
« plusieurs mois sans aller à Paris (90) », mais
il s'y trouvait en mars et en avril (91), en novembre (92).

Paul-Louis fit encore de très fréquents voyages
à Paris en 1823 (93) et s'y trouvait, à la fin d'octobre,
lorsque la police l'arrêta dans la rue et fit des per-
quisitions dans-le logement qu'il occupait cul-de-
sac Sourdis (94). Il descendait, en effet, à ce moment
chez le sieur Duchâteau, médecin accoucheur, qui
devint plus tard Directeur du Cercle médical, et
qui habitait 3 cul-de-sac ou impasse Sourdis.
Le cul-de-sac Sourdis, compris entre les N°s 29
et 31 de la rue des Fossés-Saint-Germain l'Auxerrois, longeait l'hôtel de Sourdis, reconstruit au
XVIIIe siècle (N° 4 actuel de la rue Perrault). Il
communiquait, jadis, avant la construction de cet
hôtel, avec le cul-de-sac Courbâton, dont l'entrée
existe encore 25 rue de l'Arbre-Sec (95).

(89) Il resta deux mois à Sainte-Pélagie.
(90) Commentaires des *Mémoires*.
(91) 9 mars 1822 (*Arch. Nat.* F7-6920).
« Revenu il est encore reparti » 6 avril 1822 (*id.*).
(92) 26 novembre 1822 (Procès de la Pétition pour des Villageois qu'on empêche de danser) Paul-Louis fut, cette fois, acquitté.
(93) Commentaires des *Mémoires*.
(94) Par mandat de comparution devant le juge d'instruction (M. Gaschet ;
Paul-Louis Courier et la Restauration) *Arch. Nat.* F7-6920.
(95) La Tynna. Rochegude.

Courier séjourna encore chez Duchâteau, en 1824, lorsqu'il vint, le 27 février, faire imprimer le *Pamphlet des Pamphlets*, et donner les dernières séances de pose à Hersent, qui terminait son portrait pour le Salon de 1824 (96).

Mais ce n'était plus un pied-à-terre qu'il lui fallait alors à Paris, où ses voyages s'étaient multipliés dans le courant de l'année 1824, et où il avait décidé de s'installer définitivement. Il avait vendu la Filonnière à Mme Soehnée en avril 1824 ; il voulait affermer la Chavonnière (97), et il cherchait un appartement pour passer à Paris au moins sept à huit mois de l'année (98).

En attendant, il avait demandé à son avoué, Me Gasnault, de lui sous-louer une simple chambre,

(96) On ne sait ce qu'est devenu ce portrait, l'un des meilleurs de Paul-Louis, mais il en existe une reproduction en lithographie par Vigneron, et une autre en taille-douce par Adèle Ethiou.

D'après Mahul (*Annuaire nécrologique*, 1825) le portrait de l'édition des Pamphlets (Bruxelles, 1826) « serait très ressemblant ».

Le Musée de Versailles possède aussi un bon portrait de Courier par Ary Scheffer.

(97) Lettre à Me Gasnault. Véretz, 7 décembre 1824 (*Revue Rétrospective*, 1834).

Remarquons que cette lettre étant une correspondance d'affaire publiée sur l'original remis par le destinataire, présente, au point de vue des intentions de Courier, une authenticité incontestable.

Elle se trouve, d'ailleurs, confirmée par la fin des commentaires des *Mémoires*, etc...

(98) *Id.*

dont il se serait contenté, dans son appartement, 2 rue Harlay-du-Palais. Puis, retenu cet hiver encore à La Chavonnière, il refusa, finalement celle qui lui fut offerte, en s'excusant sur le trop court séjour qu'il allait pouvoir faire à Paris, et nous sommes fondés à croire que c'est encore chez Duchâteau qu'il descendit, lorsqu'il revint, au début de janvier 1825, à Paris, qu'il devait quitter pour la dernière fois peu après le 17 février (99).

Son intention d'abandonner Véretz ne fut certes pas étrangère aux mécontentements de son entourage domestique, et l'on peut trouver là l'un des mobiles que firent jouer les instigateurs de l'assassinat du 10 avril 1825, dont Frémont fut l'instrument plus ou moins inconscient, mais qui reste, malgré tout mystérieux dans ses causes profondes.

Nous pouvons donc, sans priver la Touraine de la part qui lui revient légitimement dans l'œuvre du *Vigneron de la Chavonnière*, constater que Paul-Louis Courier fut avant tout Parisien, non seulement par sa naissance et son ascendance, mais encore par sa formation intellectuelle et par intention ; et nous terminerons cette étude en manifestant le vœu que la Ville de Paris honore l'un de

(99) Lettre à M. Bourdel, tapissier à Tours. Paris, 17 février 1825. Appendice XVI.

ses illustres enfants en apposant, en cette année où nous célébrons le centenaire de sa mort tragique, une plaque commémorative, sinon sur sa maison natale, que nous n'avons pu déterminer que par hypothèse, du moins sur celle de la rue de la Vieille-Estrapade où s'éveilla son jeune esprit à l'admiration de l'antiquité et des lettres françaises.

APPENDICE

APPENDICE I

Décès de Michel Courier

Michel Courier âgé de soixante ans est décédé le 31 janvier 1671 et a été inhumé par moi curé de Solligny en présence d'Anne Malle sa veuve et d'Honorée Courier sa fille qui ont déclaré ne savoir signer de ce interpellées.

(Registres d'Etat-civil de Soligny-les-Etangs. Archives départementales de l'Aube.)

APPENDICE II

Mariage de Pierre Courier et de Marie Joubert

Pierre Courier fils de Michel Courier charpentier et d'Anne Malle et Marie Joubert fille de Jacques Joubert sergent et de Jeanne Brun ont reçu la bénédiction nuptiale de moi curé de Solligny qui ai signé le 30 janvier 1679 en présence desdits père et mère et d'Honorée Courier sœur de Pierre Courier et ont lesdits Pierre Courier et Jacques Joubert signé et les autres ont déclaré ne sçavoir signer.

(Registres d'Etat-civil de Soligny-les-Etangs. Archives départementales de l'Aube.)

APPENDICE III

SÉPULTURE DE PIERRE COURIER

Cejourd'hui 8 d'août 1711 a esté inhumé Mᵉ Pierre Courier Lieutenant de cette Justice dans le cimetière en présence de... il estoit âgé de cinquante-sept ans.

Signatures : Courier, Courier, J. Joubert.

(Registres d'Etat-civil de Saint-Maurice-aux-Riches-Hommes. Archives communales.)

APPENDICE IV

BAPTÊME DE JEAN COURIER

Jean fils de Pierre Courier Lieutenant en la prévôté de Boui et de Marie Joubert, né le 15 novembre 1696 et baptisé le 18ᵉ du mesme mois eut pour parein Jean Roux fils de Jean, fermier au Clos de Boui pour mareine Anne Desportes, femme d'Hector Savourat greffier.

(Registres d'Etat-civil de Bouy-sur-Orvin. Archives communales.)
L'acte avait été primitivement rédigé au nom d'Anne, fille de... *Il a été rectifié peu après mais le registre conservé aux Archives départementales de l'Aube ne contient pas mention de cette rectification, qui ne fut sans doute effectuée qu'après envoi du double au bailliage.*

APPENDICE V

Baptême de Jean-Paul Courier

L'an mil sept trente deux le 3e jour de novembre est né de légitime mariage Jean-Paul fils de Jean Courier, Receveur de la terre de ce lieu et de Jeanne Joly ses père et mère et a esté le même jour baptisé par moy prestre et curé soussigné le parein a esté Pierre Daupange notaire royal la mareine Catherine Lauxerrois qui a déclaré ne sçavoir signer.

(*Registres d'Etat-civil de la commune du Plessis-Gatebled. Archives communales*).

APPENDICE VI

Sépulture de Jean Courier

Cejourd'huy quatre octobre mil sept cent cinquante trois a esté inhumé dans l'église de cette paroisse le corps de Maître Jean Courrier (1), receveur de la Chapelle-sur-Seine, âgé d'environ cinquante-cinq ans. En présence des sieurs Louis Courrier et Jean-Paul Courrier, ses fils, et des sieurs Gervais Protais Pigal, et Claude Turlin ses gendres qui ont signé avec nous.

(*Registres d'Etat-civil de Chatenay-sur-Seine. Archives communales*).

(1) *Sic.*

APPENDICE VII

Sépulture de Jeanne Joly Veuve Courier

Cejourd'huy sept août mil sept cent soixante sept a été inhumée dans l'église de cette paroisse le corps de dame Jeanne Joly bourgeoise de Paris épouse de défunt Me Jean Courier, receveur du prieuré-sur-Seine (1), décédée d'hier âgée de soixante-dix ans, en présence de Me Denis Morin, de Charles Mathé, recteur des petites écoles qui ont signé.

(Registres d'Etat-civil de Chatenay-sur-Seine. Archives communales).

APPENDICE VIII

Baptême de Louise-Elisabeth Laborde

Du vendredy trentième novembre mil sept cent trente-six, fut baptisée Louise-Elisabeth, fille de Jean Laborde, Maître tailleur d'habits et de Magdeleine Massinot, sa femme, rue Saint-Honoré. Le Parein Séraphin-Louis Le Noir, fils de Séraphin Le Noir, payeur de rentes. La mareine, Demoiselle Louise-Elisabeth Le Noir, sœur du parein. L'enfant est née le mardy vingt-septième du présent mois et ont signé.

Signé : Louise-Elisabeth, Séraphin-Louis Le Noir, Laborde, Daydé P.

(1) *Sic* pour « le prieuré de la Chapelle sur-Seine ».

Délivré par moy soussigné, Prêtre habitué garde des registres de ladite Église le vingt-trois février mil sept cent cinquante-deux.

Signé : J. B. Marotin.
Admis par la Commission signé : Duranton.

(*Extrait des registres des Baptêmes de l'Église royale et paroissiale de Saint-Germain-l'Auxerrois à Paris. Année 1736.*
Archives départementales de la Seine).

APPENDICE IX

Baptême de Paul-Louis Courier

L'An mil sept cent soixante-douze le samedi quatre janvier fut baptisé Paul-Louis, né d'aujourd'huy, fils de M. Jean-Paul Courier de Méré, et de Louise-Elisabeth de Montdeville sa mère, rue du Mail. Le Parein Jacques-Étienne-Remy Petit, marchand. La Mareine Marie-Madelaine Luce, fille de Jean Luce, marchand, lesquels ont signé le Père absent.

Le mot Quatre Bon quoique surchargé à la première ligne du présent.

Collationné à l'original et délivré par nous soussigné Prêtre vicaire de la susdite Église.

A Paris, ce 3 février 1777.

Signé : De La Villéon.

Nous vicaire général de Monseigneur l'Archevêque de Paris certifions que le sieur Delavilléon qui a signé de l'autre part est tel qu'il se qualifie et que foi doit être ajoutée à sa signature partout où besoin sera.

Donné à Paris le quatre février mille sept cent soixante-dix-sept
Signé : Le Borgne de Launay, Vic. gén., par mandement.

Signé : Le Court.

(Extrait du registre des baptêmes faits en l'église paroissiale de Saint-Eustache de Paris.

Archives nationales. Y 5037).

APPENDICE X

ARRÊT DU 18 JUILLET 1764 CONDAMNANT JACQUES TACHET DIT CLERMONT

Veu par la Cour le procès criminel fait par le Prévôt de Paris ou son Lieutenant criminel du Châtelet à la requête du Substitut du Procureur Général du Roy demandeur et accusateur contre Jacques Tachet dit Clermont domestique deffendeur et accusé prisonnier ès-prisons de la Conciergerie du Palais appelant de la sentence rendue sur ledit procès le onze juillet mil sept cent soixante-quatre par laquelle il avait été déclaré duement atteint et convaincu d'avoir pendant différents jours consécutifs sollicité et engagé par promesses et à prix d'argent des soldats d'assassiner un particulier auquel il en vouloit, d'avoir pour l'exécution de son dessein donné aux dits soldats les indications et renseignements nécessaires, même fait connoitre ledit particulier à l'un desdits soldats, desquels, après avoir feint de se prêter aux intentions dudit Tachet, l'ont déclaré à Justice, ainsi qu'il est mentionné au procès, pour réparation condamné à avoir les bras, jambes, cuisses et reins rompus vif par l'Exécuteur de la haute-Justice sur

un Échaffaut lequel pour cet effet serait dressé en la place de
Grève, ce fait mis sur une roue la face tournée vers le Ciel pour
y demeurer tant et si longtemps qu'il plaira à Dieu lui conserver
la vie, ses biens acquis et confisqués au Roy ou à qui il appartiendra, sur iceux préalablement pris la somme de 200 livres
d'amende envers le Roy au cas que confiscation n'ait pas lieu au
proffit de sa Majesté, et avant l'exécution ledit Tachet être appliqué à la question ordinaire et extraordinaire pour apprendre par
sa bouche la vérité d'aucuns faits résultants du procès et les noms
de ses complices, oui et interrogé en la Cour ledit Jacques Tachet
sur ses causes d'appel et cas à lui imposés.

Tout considéré.

La Cour faisant droit sur l'appel a mis et met l'appellation et
sentence de laquelle a été appellé au néant, émendant, pour les
cas résultants du procès condamne ledit Jacques Tachet à avoir
les bras, jambes, cuisses et reins rompus vif par l'exécuteur de
la Haute-Justice, sur un échaffaut qui sera pour cet effet dressé
en la place de Grève, ce fait mis sur une roue la face tournée vers
le ciel pour y demeurer tant et si longuement qu'il plaira à Dieu
luy conserver la vie, déclare tous ses biens acquis et confisqués
au Roy ou à qui il appartiendra, sur iceux préalablement pris la
somme de 200 livres d'amende envers le dit Seigneur Roy au
cas que confiscation n'ait lieu à son proffit, ordonne que le présent
arrêt sera imprimé publié et affiché dans cette ville, fauxbourgs et
Banlieue de Paris et partout où besoin sera ; Et pour faire mettre
le présent arrêt à exécution renvoye ledit Jacques Tachet prisonnier par devant le Lieutenant criminel dudit Châtelet ; fait en
Parlement le dix-huit juillet mil sept cent soixante-quatre.

BOCHART DE SARON   TITON DE VILOTRAN.

arresté que le dit Jacques Tachet sera secrètement étranglé sur a Croix de Saint-André aussitôt après qu'il y aura reçu deux coups vif.

Bochart de Saron   Titon de Vilotran.

(Archives nationales. Registre d'arrêts transcrits du Parlement Criminel. — du 1er juin au 9 août 1764 — X2A 824).

APPENDICE XI

Lettre du Roy suspendant les poursuites contre le duc d'Olonne

Lettres du Roy à M. le Procureur du Roy du Châtelet concernant le duc d'Olonne.

A Versailles, le 24 aoust 1764

Notre amé et féal étant informé des procédures commencées à votre requête au Châtelet de Paris contre le Sr duc d'Olonne lesquelles ont donné lieu à un décret de prise de corps décerné contre luy et ne jugeant pas à propos que cette affaire soit suivie jusqu'à ce que nous ayons fait connoître nos intentions Nous vous faisons cette lettre pour vous dire de surseoir et faire surseoir à toutes poursuites et procédures contre led. Sr duc d'Olonne, relatives aud décret en conséquence d'iceluy jusqu'à nouvel ordre de notre part. Si n'y faites faute car Tel &a.

Suscription :

Notre amé et féal Con^r notre Procureur du Roy en notre Châtelet de Paris.

(Archives nationales. Maison du Roy. Secrétariat. 0^1 108, p. 379).

APPENDICE XII

La Famille de Montmorency

Cette maison, dont les chefs portaient autrefois le titre de premiers barons de France ; s'était fréquemment alliée à la famille royale, et compte un grand nombre de connétables, maréchaux, d'amiraux, de cardinaux (1).

A partir du connétable Matthieu, vers 1230, elle se partagea en deux branches, l'aînée celle des barons de Montmorency, descendants de Bouchard VI (mort en 1243) la cadette, celle des Montmorency-Laval, dont la souche fut Gui.

Plus tard, Jean II (mort en 1477) de la branche aînée déshérita les deux enfants qu'il avait eus de sa première femme : Jean seigneur de Nivelle (2), et Louis baron de Fosseux (3), qui avaient pris parti contre Louis XI dans la Ligue du Bien Public, et se réfugièrent dans les Pays-Bas, à la Cour de Bourgogne.

Ce fut Guillaume, enfant de sa seconde femme Marguerite d'Orgemont, l'héritière de Chantilly qui devint baron de Montmorency et fut la souche des ducs de Montmorency dont la branche s'éteignit en la personne de Henri II duc de Montmorency

(1) Voir : Du Chesne. Histoire de la Maison de Montmorency, 1624.

Désormeaux. Histoire de la Maison de Montmorency, 1764.

(2) Son père l'ayant fait sommer à son de trompe de rentrer dans le devoir, sans qu'il comparut le traita de chien (origine du proverbe).

Cette branche aînée s'éteignit sur Philippe, comte de Hornes (ami du duc d'Egmont et décapité le 5 juin 1568 par l'ordre du duc d'Albe), et son frère Floris, baron de Montigny, décapité lui aussi sur l'ordre du duc d'Albe en octobre 1570.

(3) Louis de Montmorency, baron de Fosseux revint en France après avoir été chambellan du duc de Bourgogne et fut chambellan de Charles VIII. Il fut la souche des barons de Fosseux. Cette branche devint l'aînée après 1570.

décapité à Toulouse le 30 octobre 1632, après le soulèvement de Gaston d'Orléans, frère du Roi ; son immense fortune passa à la maison de Condé.

La branche de Montmorency-Boutteville ou Montmorency-Luxembourg, descendait, par François de Montmorency, baron de Boutteville d'Auteville, de La Roche-Milet, seigneur de Hallot, etc... fils de Claude de Montmorency, Baron de Fosseux, de la branche des Montmorency-Fosseux devenue branche aînée depuis 1570.

L'un d'entre eux, François de Montmorency, comte de Boutteville, fut le premier Montmorency sur lequel Richelieu osa porter la main ; convaincu d'avoir violé l'édit sur les duels il fut décapité le 23 juin 1627 avec son cousin le comte des Chapelles. Il laissait un fils posthume François-Henri de Montmorency, Comte de Boutteville (1) qui, après son mariage (2) avec Magdeleine Charlotte-Bonne-Thérèse de Clermont-Tonnerre de Luxembourg, héritière de la maison de Luxembourg, ajouta à son nom et à ses armes les noms et armes de Luxembourg, et fut le Maréchal de Luxembourg.

APPENDICE XIII

SITUATION DE FORTUNE DES MONTMORENCY-LUXEMBOURG (BRANCHE DES DUCS DE CHATILLON) EN 1768

Un arrêt du Conseil d'Etat du Roi du 13 décembre 1768, relatif aux droits de centième denier et des six sous par livre, de la

(1) Né à Paris, le 8 janvier 1628.
(2) 17 novembre 1661.

valeur des Immeubles dont le duc de Boutteville a fait cession par acte du 31 mai 1767, au duc de Luxembourg, nous éclaire sur la situation de fortune de cette branche de la famille des Montmorency-Luxembourg.

Dans sa requête pour être exonéré de ces droits le duc, avait rappelé que cet arrangement avait été « rendu nécessaire par les circonstances dans la maison de Montmorency Luxembourg. »

« Par acte passé le 27 septembre 1694, la duchesse de Mekelbourg (1) fit donation au sieur comte de Luce (depuis duc de Châtillon, son neveu) de la terre de Châtillon et fiefs en dépendants, de la moitié de celle de Saint-Maurice, d'un trentième d'intérêt dans le canal de Briare, à la charge de substitution en faveur des enfans et petits-enfans du donataire ; le duc de Boutteville, fils du duc de Châtillon, fut marié une première fois en 1713, son père lui donna entr'autres biens, le duché de Châtillon (2) ; en 1717, le duc de Boutteville passa à de secondes noces : par son contrat de mariage du 19 avril de cette année avec demoiselle d'Harlus de Vertilly il fit donation à l'aîné mâle qui naîtroit de son mariage, à la charge de substitution au profit de l'aîné dudit aîné, et ainsi graduellement de tous les immeubles qu'il possédoit (3), ensemble de ceux qu'il auroit dans la suite par successions, dona-

(1) Isabelle Angélique de Montmorency, qui épousa, en premières noces, Gaspard de Coligny, duc de Châtillon, dont elle n'eut pas d'enfant. Elle se remaria avec Christian-Louis de Mecklembourg-Schwerin.

(2) Contrat de mariage du 13 juillet 1713 avec Anne-Catherine Eléonore Le Tellier, fille du marquis de Barbézieux. Le duc de Châtillon cédait à son fils, le duc de Boutteville, tous ses biens à condition de payer ses dettes et sous réserve d'une pension viagère de 25.000 livres. Mémoire pour les syndics des créanciers de M. le duc de Boutteville, Appelans, contre M. le duc d'Olonne. Intimez. (1741). *Bib. Nat.* F° Fm 2142.

(3) Le duc de Boutteville était héritier de sa mère (Anne de la Trémouille) du chef de laquelle il possédait de grands biens librement ; la donation avait pour but de frustrer ses créanciers, « Obligé d'avoir une maison et de se soutenir au ser-

tions et legs, s'en réservant néanmoins l'usufruit. Dans le contrat de mariage du duc d'Olonne, fils unique du duc de Boutteville, passé le 21 décembre 1735, il fut dit que son père le marioit comme donataire de tous les biens compris dans la donation faite à son profit, par le contrat de mariage du 19 avril 1717, avec charge de substitution : le duc de Boutteville poursuivi, tant pour ses dettes que pour celles du duc de Châtillon son père, passa le 9 mai 1738, un acte par lequel il abandonna au corps de ses créanciers les revenus des biens qui lui appartenaient à la charge entr'autres conditions, de faire les réparations nécessaires, en sorte que les créanciers pussent lui rendre les biens dans leur état actuel, lorsqu'ils seroient entièrement payés ; cet abandon n'a eu son exécution que jusqu'en 1759 : Par acte du 17 janvier 1758, le duc de Boutteville a fait remise au duc d'Olonne son fils, des biens compris dans les substitutions de 1694 et 1717, à condition par le cessionnaire, de s'arranger avec les créanciers-unis, de manière à faire cesser l'abandon qui leur avait été fait en 1738, et de payer à son père une pension viagère de 15.000 livres ; le duc d'Olonne ne s'est point arrangé avec les créanciers, mais comme possesseur des biens substitués, il s'est plaint des dégradations commises, et a obtenu le 18 juillet 1758, une Sentence des Requêtes, qui lui a permis de faire dresser des procès-verbaux, par le résultat desquels les réparations et dégradations ont été portées à des sommes immenses. Le duc de Boutteville ayant recueilli librement la terre de Mello, par le décès du Maréchal de Luxembourg, arrivé en 1764, ses créanciers ont prétendu être en droit de faire vendre cette terre, ce qui a donné lieu à une instance dont les deux actes ci-après ont prévenu les suites ; par le premier

vice » il avait en effet d'importantes dettes. Les créanciers étaient déçus car, disaient-ils : « C'est assez l'ordinaire des grandes maisons que les dots servent à payer les dettes et par ce moyen à en libérer les biens et à les perpétuer dans la Maison » *ibid*.

de ces actes en date du 20 mai 1767, le suppliant (duc de Luxembourg) a acquis des créanciers-unis du duc de Boutteville son
aïeul, toutes leurs créances et leurs droits sur les revenus à eux
abandonnés le 9 mai 1738, sur la terre de Mello et autres biens ;
par le second acte du 31 mai 1767, le duc de Boutteville a cédé,
quitté et transporté irrévocablement et à toujours au suppliant
son petit-fils, tant comme ayant les droits cédés de ses créanciers,
que comme premier appelé aux substitutions établies par les
actes de 1694 et 1717, au moyen de la renonciation faite à ces
substitutions par le duc d'Olonne, son père, le 23 Février 1767 :
1º les terres comprises dans la donation de la duchesse de Mekelbourg, du 17 septembre 1694 ; 2º la terre de Briquemaut, moitié
de celle de Saint-Maurice, et les autres biens compris en l'état
annexé au contrat de mariage du duc de Boutteville, du 19 avril
1717, pour jouir du tout, de la même manière que si les substitutions, dont les biens sont grevés, étoient à présent ouvertes au
profit du suppliant, par le décès du duc de Boutteville. Le duc de
Boutteville cède ensuite au suppliant, tant comme premier appelé
à la substitution, et en cette qualité créancier des sommes dues
pour dégradations, que comme cessionnaire des droits des créanciers, la baronnie de Mello'et dépendances ; enfin le duc de Boutteville pour remplir la substitution d'aliénations par lui faites au-delà
de la somme dont il s'étoit réservé la disposition par son contrat de mariage de 1717 cède encore au suppliant, comme premier
appelé à la substitution, et au sieur Duplessis en qualité de tuteur
d'icelle, les fonds, propriété et jouissance du fief des Aigres, et
de la moitié de la terre de Saint-Maurice, par lui acquise postérieurement à la donation de 1717, en faveur de la remise anticipée
des fidei-commis, de l'abandon de la terre de Mello, et de la cession
de la terre des Aigres et de moitié de celle de Saint-Maurice ; le
suppliant (duc de Luxembourg) a tenu quitte le duc de Boutteville de tout ce qui lui étoit dû : 1º comme étant aux droits des

créanciers unis ; 2° pour réparations et dégradations ; 3° pour aliénations de biens faisant partie des substitutions auxquelles il étoit premier appelé, par la renonciation du duc d'Olonne, son père. Le suppliant s'est obligé en outre de faire au duc de Boutteville, son aïeul, 26.000 livres de pension et de payer à sa décharge 2.000 livres de rente viagère ».

Le duc de Luxembourg était lui-même couvert de dettes, mais la succession qui lui était échue de la Dame de Fervaques, son ayeule, devait lui procurer les moyens de s'acquitter de ses engagemens et il avait obtenu, par arrêt du Conseil d'État du Roi du 13 décembre 1766, terme et délai d'un an pour l'acquit de ses dettes.

En résumé, toute la fortune de cette branche de la famille de Montmorency-Luxembourg, se trouvait réunie dans la main du duc de Luxembourg, qui, par son mariage avec la fille du riche Marquis de Paulmy, allait rendre son éclat à la famille.

APPENDICE XIV

Aperçu sur le numérotage des rues de Paris au XVIIIe siècle

Le principe du numérotage des rues de Paris, actuellement en usage, date de 1805 (décret du 15 pluviôse an XIII) mais, ainsi que le constatait M. Lucien Lazard (1), « rien n'est plus obscur » que la question du « numérotage des rues de Paris sous l'Ancien Régime ».

On savait généralement qu'une ordonnance du 29 janvier 1726

(1) Répertoire alphabétique du fonds des Domaines, Picard, 1904,

avait prescrit le numérotage des maisons à porte-cochère cons-
truites hors de l'enceinte de la ville, mais, malgré les tables, dres-
sées par M. Taxil, de concordance d'un certain nombre de numéros anciens et nouveaux, on ignorait à quelle époque et dans
quelles conditions avaient été numérotes les immeubles de l'intérieur de Paris.

Dans une très intéressante étude parue en 1917 (2), M. Edmond
Léry a exposé les différentes théories émises par les partisans et
les adversaires de la réalité du numérotage avant 1789.

Nos propres recherches nous permettent d'apporter quelques
précisions.

L'État actuel de Paris pour l'an XI (3), contient, en effet, cette
observation : « Avant la révolution arrivée en 1789 toutes les maisons de chaque rue de Paris étaient numérotées par ordre, en
commençant à gauche par le n° 1 et successivement sur toutes
les maisons jusqu'à l'extrémité de la rue et en retour en continuant
jusqu'à ce que l'on se retrouvât en face du numéro 1 de manière
que le premier et le dernier numéro de la rue étaient en regard
l'un et l'autre ; cet ordre était infiniment commode pour les voya-
geurs... »

« Les 48 sections qui se sont partagé Paris ayant numéroté
toutes les maisons enclavées dans leur arrondissement pour nom-
brer combien chacune contenait de maisons, il en est résulté que
chaque maison a au moins deux numéros, et que dans les grandes
rues divisées par plusieurs sections il y a autant de numéros un,
deux, etc... qu'il y a de sections, que plusieurs rues commencent à
droite et à gauche par le N° 1, ce qui jette une confusion très em-
barrassante pour les indications... »

(2) Les anciens numérotages de Paris et de Versailles (*Revue de l'histoire e
Versailles et de Seine-et-Oise*, 1917, p. 185 et suivantes.)
(3) Paris chez l'auteur (Précien de Saint-Lucien).

« Le Préfet de Police s'occupe, à ce qu'on assure, à faire cesser ce désordre en rétablissant l'ancien mode de numérotage, et en interdisant tout autre numérotage particulier ».

Auguste Savinien Leblond (4), dans un *Mémoire* lu au Lycée des Arts » le 25 Brumaire an IX (5) a, mieux encore, indiqué les conditions de ce numérotage :

« Lorsque Lesclapart, en 1780, dit-il, entreprit de donner chaque année l'almanach des adresses il sentit la difficulté pour ne pas dire l'impossibilité d'en déterminer précisément aucune sans de longues indications aussi embarrassantes pour l'imprimeur qu'incertaines encore pour le lecteur. Profitant donc de l'intervalle du premier almanach au second il assigna dans les principales rues des numéros à toutes les portes. La police le permit avec d'autant plus de facilité qu'elle reconnut l'utilité qu'elle-même en retirerait pour l'activité de sa surveillance, et bientôt tous les services publics, même les rôles d'imposition, adoptèrent ces numéros ».

Après une digression sur l'action désorganisatrice des sections Leblond ajoutait :

« C'était même oublier le véritable but de cette désignation que de le fixer ainsi à chaque maison au lieu de le laisser comme son premier auteur à chaque porte, puisqu'il est toujours préférable de multiplier les signes distinctifs que de confondre sous le même numéro les 2 ou 3 boutiques qui peuvent se joindre en une seule maison ».

C'est en effet, en 1780, que Lesclapart reprenant l'Almanach de Paris, publié, depuis 1774, par Didot l'aîné et Humaire, mentionnait, pour la première fois, les numéros à côté d'un certain nombre d'adresses. Dès l'année suivante (1781) il demandait au

(4) Mathématicien mort à Paris le 22 février 1811.
(5) *Bibliothèque Nationale*, LK7 6622.

public de lui faire parvenir « les adresses avec le numéro de la maison ».

Les numéros mentionnés par Watin dès son premier « État » (6) sont rigoureusement les mêmes que ceux de Lesclapart, et les principes indiqués pour le numérotage par rue sont exactement ceux rappelés dans l' « État de l'an XI ».

Toutefois, certaines rues n'étaient pas encore numérotées, telle la rue de la Vieille-Estrapade, où les numéros furent appliqués dans le sens opposé à celui indiqué par Watin, c'est-à-dire en partant de la Place de Fourcy et non de la Place de l'Estrapade.

En résumé, un numérotage par porte fut établi par Lesclapart à partir de 1780 et adopté ensuite par Watin (1787). Il commençait à gauche, généralement en partant de la rue principale voisine, pour revenir, de l'autre côté de la rue, en face de son point de départ (7).

Après 1791, les maisons furent numérotées dans chaque section par une seule série de numéros dont le point de départ était presque toujours le siège de la section.

C'est la coexistence de ces deux numérotages, par portes et par maisons, qui provoquait les critiques de Leblond et de Précien de Saint-Lucien. Elle disparut avec l'application des dispositions du décret du 15 pluviôse an XIII. (numéros impairs à gauche — numéros pairs à droite, les rues parallèles à la Seine étant numérotées en rouge, et celles perpendiculaires à la Seine en noir (8), qui à quelques modifications près, est encore en usage aujourd'hui.

A l'aide de ces indications, nous avons pu rechercher une méthode rationnelle pour l'identification des anciennes maisons

(6) 1787.

(7) Watin indique les points de départ et d'arrivée des numéros, ainsi que les quatre numéros d'angles de la rue.

(8) La Tynna, *Dictionnaire des rues de Paris*, 1812.

de Paris et l'établissement d'un tableau de concordance des anciens et nouveaux numéros.

Il est, d'abord, indispensable de dresser à une échelle donnée, d'après le plan de Verniquet (1789-1791) un plan de la rue envisagée, en tenant bien exactement compte de la largeur des façades, indiquée par les « Sommiers des Rentes Nationales » (10), qui mentionnent aussi les noms des propriétaires, vers 1791-1793 ; puis d'établir à la même échelle un plan de la rue en 1786 d'après l' « Atlas des plans de la censive de l'Archevêché » (11), si les immeubles de la rue dépendaient de cette censive — ce qui est notamment, le cas de la rue du Mail — ou, dans le cas contraire, d'après un plan contemporain (de préférence Jaillot, 1778).

La comparaison de ces plans avec celui de Jacoubet (1836) qui, le premier, mentionne les numéros des maisons, ou avec les plus récents plans cadastraux permet alors de déterminer, sans erreur possible, l'emplacement actuel d'une ancienne maison donnée.

Il reste, ce qui est le plus délicat, — car, ainsi que nous l'avons vu plus haut, les rues étaient numérotées par portes et non par maisons, et aucun document ne peut nous donner le nombre des portes de chaque maison à cette époque (12) — à placer les numéros en commençant, selon les indications de Watin, à gauche jusqu'à l'extrémité de la rue, pour revenir, en suivant le côté opposé de la rue, de manière que le dernier numéro soit en face du premier.

Le mieux est de placer, au début, les numéros incontestables, c'est-à-dire ceux des angles, et d'utiliser ensuite comme points de

(10) *Archives Nationales.* Q2 198 et suivants.

(11) Par Rittmann et Junié, 1786. *(Archives Nationales* N4, Seine, 64) reproduit par M. Armand Brette, t. I (1906) les numéros indiqués pour chaque maison sur ce plan sont simplement des renvois au tableau des noms des propriétaires.

(12) sauf dans les cas très rares où il existe une gravure de l'époque.

Bibliothèque Nationale. Département des Estampes. Topographie de Paris).

repère, les adresses de Watin et de Lesclapart (notamment les hôtels particuliers — les maisons des notaires, avocats, procureurs, banquiers, et, aussi, les hôtels garnis) comparées entre elles dans les éditions successives et aussi avec celles données sur les *Almanachs Nationaux* (13) et avec les autres *annuaires généraux* ou spéciaux — si peu nombreux au XVIIIe siècle — que l'on peut consulter (14).

On obtient ainsi un canevas très important qui permet de poursuivre facilement s'il est indispensable, des recherches spéciales dans les documents conservés aux Archives Nationales (15), ou aux *Archives Départementales* (16).

Le rapprochement des numéros sectionnaires avec les numéros anciens ou nouveaux est beaucoup plus incertain, car ils paraissent avoir été apposés sans règles bien déterminées, et sans doute différentes suivant les sections. Il est alors d'autant plus indispensable de procéder à la comparaison des mêmes points de repères dans les éditions successives de Watin et de Lesclapart qui font, d'ailleurs, très souvent coexister les deux séries de numéros.

Il est donc préférable, toutes les fois que la connaissance du

(13) Les *Almanachs Royaux* et *Nationaux* contiennent fort peu de numéros avant 1791.

(14) Voir Grand-Carteret : *Bibliographie des Almanachs*.

Les annuaires parisiens et almanachs d'adresses sont fort peu nombreux (outre Watin et Lesclapart) avant l'*Almanach du Commerce* de La Tynna (1796).

(15) Répertoires de saisies réelles.

(16) Lettres de ratifications hypothécaires.

Les *Archives de l'Enregistrement* contiennent aussi les anciens registres de mutations d'immeubles mais ils ne peuvent être consultés que par l'intermédiaire des *Archives Départementales*. Qu'il nous soit permis de remercier ici Mlle Ducaffy et M. Lemoine archivistes adjoints qui ont bien voulu nous aider de leurs précieux conseils dans les recherches que nous avons dû faire aux *Archives Départementales* de la Seine.

numéro révolutionnaire est sans intérêt immédiat de se borner à comparer les numéros anciens avec les numéros actuels (17).

APPENDICE XV

Décès de Jean Laborde

Le treize juin mil sept cent quatre-vingt-deux a été inhumé par Nous Curé soussigné, le sieur Jean Delaborde, âgé d'environ soixante-quatorze ans, veuf de Marie Magdelaine Massineau, Bourgeois de Paris, mort chez le sieur Jean-Paul Courier, en cette paroisse, son gendre en sa présence et du sieur René Pasquier, maître en chirurgie de la paroisse de Saint-Jean de Langeais, de celle de maître Jean-Marie-Anne Estevelin, lieutenant de cette baronie et de plusieurs amis qui ne se sont pas présentés pour signer.

Signé : Courier, Pasquier et Roux, curé.

(Registres des décès de Cinq-Mars-la-Pile). Archives communales.

(17) Le plan de Paris divisé par sections. *(Archives Nationales,* N4, Seine, 71-72) contient parfois des numéros ; mais ceux-ci ne concordent pas avec les numéros anciens ou sectionnaires.

Les « Sommiers des Domaines Nationaux » conservés aux *Archives Départementales de la Seine* contiennent d'utiles renseignements pour l'identification des numéros sectionnaires.

APPENDICE XVI

16 Lettres inédites ou peu connues de Paul-Louis Courier (1)

Lettre a Mgr Marini

Rome, le 31 janvier 1799.

Monsieur,

J'ai eu l'honneur de passer chez vous pour vous prévenir de mon départ pour Civita Vecchia, où je me rends demain. Je vous renvoye, non pas tous les livres que vous avez eu la bonté de me prêter, mais seulement Visconti, Isocrate et Giaconnelli. Je prends la liberté d'emporter les autres avec moi. Mon retour à Rome ne pouvant être éloigné je ne vous en priverai pas plus longtemps que si je fusse resté ici. J'abuse peut-être des bontés que vous avez eue (*sic*) pour moi, mais si je compte trop sur votre indulgence, c'est sûrement votre faute, car m'ayant traité d'abord en ancienne connoissance vous ne devez pas être surpris que je me conduise comme si j'étois depuis longtemps votre disciple et votre admirateur, je n'ose ajouter votre ami.

All Cittadino Marini, in Roma.

COURIER.

(1) Six lettres de Paul-Louis Courier que nous publions ici sont inédites.

Les autres ont été publiées en des ouvrages ou revues soit épuisés, soit difficiles à obtenir.

Elles nous ont paru de nature à éclairer la psychologie de Courier.

(Sur l'adresse on lit cette note de la main de Marini « Lettera di un capitana di artigliera di 25 anni di Parigi che venne a Roma nel gen. del 1799 : Giovane dottissimo, massime nella letteratura greca ».

Lettre publiée par M. Eugène Müntz (*Revue Critique*, 1882 p. 371 et suivantes).

Lettre a Mgr Marini

Barletta, le 31 janvier 1805.

J'ai reçu, Monsieur et cher ami, avec un extrême plaisir votre lettre du 25 janvier dernier. Rien ne pouvoit me flatter plus que cette marque de votre souvenir. Votre amitié m'honore et chaque témoignage que vous m'en donnez y ajoute un nouveau prix.

Lorsque je reçus de vos nouvelles, d'abord par M. Andres, puis par M. Bramieri j'espérois passer à Rome me rendant ici, et je me flattois du plaisir de vous embrasser. Mais les circonstances m'ont forcé de prendre la route des Abruzzes. J'ai copié dans ce pays-là quelques inscriptions latines, qui me paroissent assez curieuses, et qui sans doute sont peu connues. Si vous me promettez de me les expliquer, ce que vous pouvez faire mieux que personne, je vous les ferai passer en original, car ici je n'aurois pas le temps d'en faire des copies. Je vous les enverrois même sans condition si je n'étois bien aise de mettre à contribution votre érudition et de faire ainsi ma cour à nos sçavants de Paris, auxquels je communiquerois vos notes. Ils connoissent déjà vos ouvrages et ont, je vous assure, pour vous toute l'estime que vous méritez.

Je suis ravi que vous vous occupiez des papyres (*sic*) cela est bien entre vos mains, mais, dites-moi, ne songez-vous plus aux inscriptions des premiers siècles du christianisme? Cet ouvrage étoit digne de vous et déjà bien avancé quand je vous ai quitté. J'en ai parlé à Paris, et tous ceux qui vous connoissent, c'est-à-dire tous ceux qui ont quelque goût pour l'antiquité, se réjouissoient de vous voir tourner de ce côté vos sçavantes recherches. Leur ferai-je donc le chagrin de leur dire que vous y renoncez?

D'après ce que me marque M. d'Agincourt vous occupez enfin au Vatican l'emploi dû à votre mérite. Je vous en félicite de tout mon cœur et m'en félicite moi-même à raison d'un service que vous seul pouvez me rendre. Je me suis engagé à la prière de quelques personnes fort instruites à donner une traduction françoise et une édition grecque des deux traités de Xénophon sur la cavalerie. J'ai déjà beaucoup de matériaux et je puis vous assurer que dans peu de pages j'ai expliqué ou rétabli, soit par des conjectures, soit à l'aide des manuscripts, un grand nombre de passages que personne jusqu'ici n'a compris. Cherchez, je vous en supplie, dans les manuscripts dont la garde vous est confiée, ces deux petits traités, et faites en prendre les variantes avec tout le soin possible. Je vous en aurai vraiment toute l'obligation imaginable. Je ne puis attendre un tel service que de votre amitié éclairée. Si vous pouviez engager M. l'avocat Invernizi à faire lui-même cette collation, ce seroit un coup excellent. Encore une fois je m'en rapporte à vous.

Un autre service que j'ai à vous demander c'est de m'envoyer quelques lettres de recommandation pour les sçavans napolitains de votre connoissance. Le Père Ignarra vit-il encore? J'aurois grand plaisir à le consulter. J'en dis autant de M. Rosini, évêque de Pozzoli. Auprès de ces sçavants hommes, je ne puis avoir d'autre titre que celui de votre ami.

Si dans ce pays cy je puis vous être de quelque utilité, chargez moi de toutes vos commissions, et ne doutez pas du plaisir que j'aurai à vous servir.

Je n'ai encore pu faire aucunes recherches dans les environs ; il doit y avoir ici beaucoup de choses interressantes (*sic*). J'espère avoir bientôt assez de liberté pour me livrer à mes goûts, et je vous avoue que je regarde comme perdu tout le temps que je n'employe pas à mes études favorites. Un jour peut-être il me sera permis de quitter tout pour vous suivre, comme dit l'*Ecriture.*

Le papier me manque. Je vous embrasse.

$$\chi\alpha\tilde{\iota}\rho\varepsilon \;\; \varkappa\alpha\iota \;\; \check{\varepsilon}\rho\dot{\rho}\omega\sigma\sigma$$

Courier

All' Illmo sig^e Padrone Sr Colendissimo il sig. Dr Gaetano Marini, Prefetto della Biblioteca Vaticana di S.S. Roma.

Cette lettre a été publiée par M. Eugène Müntz (*Revue Critique,* 1882, voir plus haut).

A Madame

Madame MARCHAND
rue des Bourdonnois, n° 410 (1)
à Paris

Ma chère Cousine,

Sitôt que je pourrai avoir une permission de me rendre en France je partirai. Si Arnout conserve quelque chose, il me payera. S'il n'a rien, je n'aurai rien non plus. Je ne puis vous donner d'autres renseignements que ceux que vous avez. Vous ne me mar-

(1) Numéro sectionnaire, correspond au n° 12, du numérotage de 1806, (34 actuel).

quez pas ce qu'est devenue ma procuration adressée à votre frère à Douai. J'ai reçu votre lettre du 19 germinal. Je ne conçois pas ce que vous dites, que dans l'acte fait chez Robin notaire il n'est point parlé de mon hypothèque sur la terre d'Arnou (*sic*). Comme je n'ai point d'autre titre que cet acte, il faut s'en servir le mieux qu'on pourra. Comme il n'est pas sûr que la permission que je demande pour aller en France me soit accordée, je vous prie d'agir toujours comme si je ne devois pas venir. Si je n'étois pas bien placé comme je le suis, je partirois sans permission et je me moquerois des conséquences, mais mon emploi me retient. L'inscription que vous voulez faire prendre au Bureau de Tonnerre me paroit assez inutile.

Votre frère m'écrit qu'il vous a fait passer ma procuration. Faites-en, ma chère Cousine, l'usage que vous croirez convenable.

Regardez mes affaires comme les vôtres. Je tâcherai de me rendre à Paris. Mais il est douteux que je réussisse. J'ai ici quatre chevaux dont le moindre est de 60 louis, des équippages (*sic*), des domestiques. En quittant tout cela, je risque de le perdre. Je risque aussi beaucoup d'avantages attachés à mon emploi et qu'on pourroit fort bien m'ôter en mon absence. Sans compter que si on me voit à Paris on pourroit changer ma destination, ce qui m'embarrasseroit et me fâcheroit beaucoup. Car il faudroit revenir ici pour mettre ordre à mes affaires et puis me transporter ailleurs où je ne serois plus aussi bien. Aussi à moins que je n'aye une permission bien motivée, je ne partirai d'ici que le plus tard que je pourrai. Si cependant vous jugiez que ma présence put accélérer la fin de cette affaire, je partirois sur-le-champ. Ecrivez-moi ce qui en est. Je vous embrasse.

Je soussigné Paul Louis Courier chef d'Escadron au 1er Régiment d'artillerie à cheval, dans la vue de la mort, ai par mon présent testament olographe fait les dispositions suivantes. Je donne et lègue à ma cousine Elizabeth Pigalle épouse de M. Marchand demeurant rue des Bourdonnois à Paris et à mon cousin Armand Pigalle directeur des Contributions du département du Nord en pleine propriété et jouissance tous mes biens meubles et immeubles et les institue l'un et l'autre par égale portion mes légataires universels.

Barletta le *deux* Prairial an treize (1).

> *Approuvé le mot deux*
> C.   COURIER

Bibliothèque de Reims. Manuscrits. Collection Prosper Tarbé. Carton XXI, n° 335.

Lettre a M. Angelo Pezzana

A Monsieur

Monsieur l'avocat PEZZANA
Secrétaire de la bibliothèque
à Parma

Giulia Nuova le 27 décembre 13 (= 1806).

Monsieur,

Puisque vous avez eu la bonté de vous charger de me procurer des livres je vous prie de vouloir bien me les faire parvenir par la voye du courrier, comme nous en sommes convenus. M. Moreau de Saint-Méry fils, qui m'honore de son amitié, donnera

(1) 22 mai 1805.

les ordres nécessaires pour que ce paquet soit reçu à la Poste, lorsque vous aurez fait faire la petite caisse. Ce nouveau service, joint à ceux que vous m'avez déjà rendus, accroîtra mon obligation et ma reconnaissance.

J'ai l'honneur d'être, Monsieur, votre très humble et obéissant serviteur.

COURIER

Chef d'escadron. Commandant l'artillerie légère au quartier général de l'armée de Napoléon.

Lettre publiée par M. Carlo Frati. (Gesta parmigiane di Paul-Louis Courier, dans *Miscellanea di studi storici, in onore di Giovanni Sforza*. Torino-Fratelli Bocca, éditore 1923, pp. 559-571).

A MONSIEUR

Monsieur BONNAUD
notaire, rue Royale
à Orléans
France

Naples, le 25 aoust 1807.

Je vous ai écrit, mon cher parent, en vous envoyant une procuration relative à mes pauvres affaires. J'attends des nouvelles de tout cela, de vous et de votre chère femme, écrivez-moi je vous prie à Rome chez M. Gherardo de Rossi banquier. Je n'ai plus qu'une quinzaine à rester ici. Les fonds que je comptois vous envoyer ont pris une autre direction. Je compte me rendre en France dans le courant de l'hyver prochain, et avoir le plaisir de vous embrasser. Je tâcherai de régler alors mes affaires de manière à pouvoir courir dans ce monde cy et dans l'autre sans m'embarrasser de rien.

Je vous embrasse de tout mon cœur.

COURIER

(Collection de l'auteur).

Pour goûter toute la saveur de cette lettre il faut se souvenir que Paul-Louis avait déjà envoyé son testament à Mme Marchand le 22 mai 1805, et relire la lettre adressée également de Naples en juillet 1807 par Paul-Louis à M. X... officier d'artillerie à Aversa :

« Ceux que je connais de mes parents, je les ai tous in *saccochia*, et ils le méritent. S'ils pensaient, comme disait Lauzun, que j'eusse de l'argent dans les os, ils me les casseraient pour l'avoir. Je me sers d'eux fort bien cependant ; quand j'en veux tirer quelque service, je leur mande que je vais mourir ; je fais mon testament, et aussitôt ils trottent. Ils sont tous plus vieux que moi et plus riches ; mais quoi? la rage d'hériter... »

Toussaint Bonneau était né en 1759 !

LETTRE A MARINI

Livourne, le 30 avril 1808.

Monseigneur,

Je vous ai écrit il y a environ deux mois une grande lettre, que sans doute vous n'aurez pas reçue. Nos postes de Toscane sont dans la même confusion que tout le reste. Je me persuade que c'est leur faute, si je n'ai pas eu de vos nouvelles, et j'espère qu'il ne sera rien arrivé de fâcheux ni dans votre santé, ni dans vos affaires.

Cependant j'ai besoin que vous me rassuriez sur l'une et l'autre. Je veux croire pour l'honneur de notre gouvernement que les changements survenus dans le vôtre ne vous ont porté aucune atteinte : Marquez-moi promptement ce qui en est. Je ne puis recevoir de lettres qui me fassent plus de plaisir et d'honneur que les vôtres. J'attends ici un congé que je sollicite pour me rendre à Paris. Je lime toujours mon *Xénophon*, qui est à peu près en état de paroître. Si je ne puis aller à Paris je le ferai imprimer à Milan, tel qu'il se trouve mais non tel que je le voudrois.

Je vous réserve le premier exemplaire non comme un présent digne de vous, mais comme le fruit d'un travail auquel vous avez bien voulu m'encourager.

Chargez-vous, je vous prie, Monseigneur, de mes salutations pour M. Amati, et donnez-moi, s'il vous plaît, des nouvelles du travail qu'il m'a promis de faire pour moi.

Je suis avec respect, Monseigneur,

Votre très humble serviteur et fidèle ami.

COURIER.

Chef d'escadron d'artillerie à Livourne.

P.S.—Si le travail de M. Amati étoit fini ayez la bonté de le garder jusqu'à ce que je vous indique par quelle voye il faudra me le faire parvenir.

Monseigneur Gaëtano Marini, Préfet de la Bibliothèque du Vatican à Rome.

Lettre publiée par M. Eugène Müntz (*Revue Critique*, 1882).

Lettre a M. Mathieu de Lesseps
Consul de France à Livourne

Livourne 16 mai 1808.

Monsieur,

J'ai l'honneur de vous prévenir que je viens de recevoir les ordres du général Darancey pour faire délivrer au bâtiment garde-côte *les Deux Amis* non la totalité, mais moitié de l'approvisionnement qu'il demandait. Je vous prie de vouloir bien transmettre cet avis au capitaine.

J'ai l'honneur, etc...

COURIER.

Cette lettre et celle du 12 novembre 1808 ont été publiées par M. Marcellin Pellet (*Napoléon à l'Ile d'Elbe.* Paris, Charpentier, 1888. p. 247)..

Lettre a M. Marini

Dites, je vous prie, Monseigneur, à M. Amati que j'irai moi-même prendre à Rome le travail qu'il a bien voulu faire pour moi et que nous achèverons ensemble. J'espère pouvoir faire ce voyage dans les premiers jours de julliet (*sic*) et avoir encore une fois le plaisir de vous embrasser. La dernière fois j'eus à peine le temps de vous voir en courant. Mais enfin la vie est courte et les hommes comme vous sont rares. Je veux consacrer deux mois à vous entendre, et après cela, si je peux vous quitter, je m'en irai à Paris où je raconterai ce que vous valez à ceux qui ne connoissent que vos ouvrages.

Croyez-moi, je vous prie, Monseigneur, votre très humble et obéissant serviteur.

COURIER.

Livourne, le 12 juin 1808.

(Lettre publiée par M. Eugène Müntz. *Revue Critique*, 1882). Voir plus haut.

A M. le Commissaire Général des relations commerciales à Livourne (MATHIEU DE LESSEPS).

12 novembre 1808.

L'artillerie à cheval prie M. le Consul d'agréer le bon jour et le *ben levato* qu'on lui souhaite. On le prie encore d'envoyer au commandant son *Journal de l'Empire*, les dernières feuilles s'entend, plus l'adresse de son tailleur.

Le commandant présente à Madame ses hommages respectueux.

COURIER.

(Lettre publiée par M. Marcellin Pellet. Voir plus haut).

LETTRE A Mme LA COMTESSE D'ALBANY

Frascati, 18 ou 19 mars (1812).

Madame,

J'apprends que vous êtes à Rome et je voulais partir sur-le-champ pour m'y rendre. Mais comment faire ? point de voitures ; à pied, des chemins exécrables ; voilà ce qui me retient ici et me prive de l'honneur de vous voir. J'en serais inconsolable si je n'espérais vous rendre mes devoirs à Florence où je passerai dans peu en allant à Paris. D'ici à ce temps-là, Madame, vous pourez aisément, je crois, vous faire remettre les vingt-sept exemplaires saisis de ma traduction de Longus. Le Ministre m'ayant rendu de son propre mouvement le texte grec qu'on avait saisi en même temps à Rome, j'ai lieu de croire que pareil ordre de restituer la traduction aura été donné là-bas, c'est de quoi je vous supplie de vouloir bien vous informer, comme vous eûtes la bonté de me le promettre à Naples. Il ne s'agit ici d'aucune sollicitation. Je n'attache d'importance à cette bagatelle qu'autant que vous daignerez, Madame, en agréer un exemplaire. Je suppose que ces Messieurs de la police ou de la préfecture ont ordre de s'en dessaisir et dans ce cas vous voulez bien en être dépositaire. A la moindre difficulté qui s'y pourrait rencontrer, zitto qu'il n'en soit plus question.

Vous êtes donc, Madame, glorieusement échappée à tous les périls du voyage de Naples ; Dieu aide aux âmes courageuses, et j'espère que la même audace vous ramènera saine et sauve dans votre maison.

Permettez que je me rappelle ici au souvenir de M. Fabre.

Je suis avec respect, Madame,

Votre très humble et obéissant serviteur.

COURIER.

P. S. — Mille pardons pour ce chiffon et pour la rature, je n'ai pas d'autre papier.

Cette lettre a été publiée par M. Alfred Von Reumont (Die Gräfin von Albany, Berlin 1860. p. 189-190).

Lettre a M. Daunou

Paris, mercredi (1818).

Je vous renvoie, Monsieur, le *Journal des Savants* où je me trouve beaucoup trop loué par notre ami M. Letronne. Les autres articles de ce journal me paraissent bien plus raisonnables, ceux-là surtout qui sont de vous et où je vois briller une grande *sagesse.* J'entends ce mot dans le sens du grec σοφὶα, science et sagesse.

Vous trouverez ci-joint une petite feuille que j'ai fait imprimer, afin d'être, comme disait cet empereur romain, mon avocat moi-même. Comme je ne perds guère de vue la Grèce et Athènes, je vous avoue, que j'ai eu quelque pensée d'imiter les petits oratèurs grecs et particulièrement Isée, dont les discours roulent d'ordinaire sur des discussions du même genre.

J'ai l'honneur d'être, Monsieur, etc.

COURIER.

Lettre publiée par Taillandier (*Documents biographiques* sur P.C.F. Daunou, seconde édition, Paris Didot, 1847, p. 255).

Bien que non datée et malgré l'opinion de Taillandier, cette lettre nous paraît avoir été écrite en 1818 et non en 1823.

L'article de Letronne paru dans le *Journal des savants* en 1818 est nettement élogieux alors que dans celui de 1823 le critique discute la théorie défendue par Paul-Louis : emploi d'un style vieilli pour traduire Hérodote.

A Monsieur

Monsieur BAUDRY, avocat
Place de la Comédie près la rue des Etapes
à Orléans.

Veretz, le 5 septembre 1820.

Monsieur,

Je ne reçois qu'aujourd'huy votre lettre du 3 août. Sans doute il n'a pas dépendu de vous que mon affaire n'eût une meilleure issue et je n'en suis pas moins reconnaissant du soin que vous en avez pris.

Quant aux baliveaux si l'estimation doit être faite par les mêmes experts dont on s'est servi, sans doute elle sera contre moi, car il paroît que ce sont des gens dévoués à mon adversaire, et que c'est lui qui les a fait nommer par le Tribunal. C'est pour n'avoir pas su cela que je me trouve si mal traité mais s'il dépend demoi de nommer d'autres experts pour l'estimation des baliveaux, je puis espérer plus de justice.

Il est impossible que les meilleurs de ces baliveaux soyent estimés quarante sols, ainsi, en offrant quatre francs c'est plus que le double de la valeur, comme vous me le conseillez et je vous y autorise.

Ma femme et moi sommes bien fâchés de ne pas espérer une visite de vous. Je crois que j'aurai le plaisir de vous voir à Orléans en me rendant à Paris en octobre ou novembre.

J'ai l'honneur d'être, Monsieur.

Votre très humble et obéissant serviteur.

COURIER.

Catalogue de vente 31 mai 1924. Cette lettre nous a été fort aimablement communiquée par M. Noël Charavay.

Dans un article paru en 1902 (Trois Procès, *Nouvelle Revue,* 1er février 1902). MM. Desternes et Galland écrivaient : « Mais tout porte à croire que les juges ont bien jugé. La question de fait est tranchée par l'expertise (et rien ne nous autorise à suspecter la bonne foi des experts que Courier lui-même n'a pas attaqués). »

Cette lettre dont la sincérité n'est pas contestable, en raison même de la personnalité du destinataire, nous prouve, au contraire, — bien que ceci puisse paraître paradoxal — la modération même de Courier.

A Monsieur

Monsieur GASNAUT, avoué
rue Chanoinesse
dans la Cité
à Paris

Veretz, le 11 juillet 1821.

Monsieur,

Pourrois-je avoir par vous des nouvelles de nos affaires avec Madame Clavier. Y a-t-il eu jugement ? et dans ce cas quel est-il ? peut-on en appeller ? Que vous mande Me Faye ? Vient-il ? Je le souhaite fort. Quant à moi je compte être à Paris à la fin du mois époque du jugement de mon affaire du pamphlet. Mais si on me conseilloit de faire défaut je resterois ici quelque temps de plus.

Vous voyez que le temps de mon départ est encore incertain, écrivez-moi donc je vous prie afin que je sçache quelque chose.

J'ai l'honneur d'être Monsieur, votre très humble et obéissant serviteur.

Ma femme, Monsieur, me charge de vous dire de sa part mille choses obligeantes.

COURIER.

à l'hôtel d'Angleterre à Tours.

Collection de l'auteur.

Cette lettre nous éclaire sur les relations de Courier avec la famille de sa femme en 1821. (Voir aussi la lettre (tronquée) à Mme Courier. Paris 6 juin 1821.)

A MADAME

Madame LEMAIRE
rue Bleue, n° 18
à Paris.

Paris, le 13 mai 1824.

Madame,

En partant pour mes champs permettez que je vous recommande l'affaire dont vous vous êtes chargée, j'entends les informations sur ce jeune homme que je veux marier, et qui ne demanderoit pas mieux si personne ne s'y opposoit. Dès que vous aurez des nouvelles de sa conduite et de ses mœurs qu'on m'a dit un peu dérangées, ayez la bonté de m'en faire part, surtout de l'aventure des deux sœurs, qui pourroit après tout n'être qu'une calomnie, car le monde est méchant. Un mot de votre jolie main m'apprendra ce que j'en dois croire. Agréez mon respect je vous prie et mille choses à M. le Maire.

Mon adresse Monsieur C. à Tours, Indre-et-Loire.

(Collection de l'auteur).

Bien que cette lettre ait été déjà publiée (*Revue Rétrospective.* 1834), nous avons cru devoir la reproduire ici tant en raison de quelques variantes que de sa mystérieuse teneur.

Elle est à ce titre à rapprocher de la suivante adressée à Mme O' Connor.

A MADAME

Madame O' CONNOR
rue de Tournon, n° 6
à Paris.

Veretz, 25 mai 1824.

Madame,

Permettez que je vous rappelle un peu et vous recommande la petite affaire dont nous parlâmes le jour que j'eus l'honneur de vous voir, j'entends ces informations au sujet de la personne qui habitait Vaugirard il y a quelques années. Vous scavez de quoi il s'agit. C'est une chose qui m'intéresse fort et qui ne doit pas non plus vous être indifférente. Ainsi j'espère que vous voudrez bien prendre part à cette bonne œuvre, et me consoler dans ma retraite par un petit mot de votre main. Ayez la bonté de marquer seulement si ce qu'on m'en a dit est vrai en tout ou en partie, ou entièrement faux, ou enfin si vous n'avez pu en rien découvrir par vos recherches, bref il me faut deux lignes de vous, de la fille de Condorcet.

Agréez, Madame, l'assurance de mon respect et rappellez-mo

au souvenir de toute votre famille qui est présente à la mémoire du Vigneron de la Chavonnière.

Mon adresse *à Tours, Indre-et-Loire.*

Catalogue de vente, 29 novembre 1924.

Cette lettre nous a été fort gracieusement communiquée par M. Noêl Charavay.

A Monsieur

Monsieur BOURDEL, Tapissier
rue de la Sellerie
à Tours
Indre et-Loire

Paris, 17 février 1825.

Monsieur,

Je vous prie de présenter chez M. Bidaut le billet que vous avez de moi échu le 20 du courant.

Si ce billet est dans vos mains et que vous puissiez attendre mon arrivée qui aura lieu jeudi ou vendredi prochain, cela m'accom-moderoit mieux. Mais si vous ne pouvez attendre, M. Bidaut vous soldera.

J'ai l'honneur de vous saluer, Monsieur, de tout mon cœur.

Votre très humble serviteur.

COURIER.

Collection de l'auteur.

ESSAI BIBLIOGRAPHIQUE SUR LES ŒUVRES
DE PAUL-LOUIS COURIER

ESSAI BIBLIOGRAPHIQUE

A. — ŒUVRES PUBLIÉES DU VIVANT DE PAUL-LOUIS COURIER

1802

Etude sur une nouvelle édition d'Athénée, par M. Schwei-
GHAEUSER, datée du 10 prairial an X (30 mai 1802), publiée dans le *Magasin Encyclopédique* de fructidor an X,
t. II, p. 325-364.

1803

Eloge d'Hélène, traduit d'Isocrate, à Paris, chez Henrichs, rue de
la Loi, n° 1.231 (ancienne Librairie de Du Pont), an XI.
De l'imprimerie de Ch. Fr. Cramer, rue des Bons-
Enfants, n° 12. Plaquette in-8 de 1 f. non ch. (faux
titre) et 41 pages (y compris le titre et l'avertissement
non ch.).

Cet ouvrage dédié « A Mme Constance Pipelet » (depuis princesse
de Salm), fut imprimé à la fin de mars 1803 (*Mémoires*, etc... t. I, p. 56). L'ouvrage était toutefois, paru avant
€9 germinal an XI (30 mars 1803). Les livres de commerce d'Henrichs (*Archives départementales de la Seine*,
4276) contiennent, en effet, à cette date un « débit »
concernant ce volume.

1810

Daphnis et Chloé, traduction complète d'après le Manuscript de
l'Abaye de Florence, n° 1. Imprimé à Florence chez
Piatti, 1810.

In-8 de 152 pages (y compris 1 f. de garde portant : « 60 exemplaires numérotés » et le titre) plus *in fine*, 1 f. non ch.
(notes).

Cette traduction fut imprimée à Florence en février 1810 et
Courier, l'adressait à ses amis le 3 mars 1810 (*Mémoires*, etc... t. I, p. 364 et suivantes).

Au *verso* du titre, Paul-Louis écrivait :

« *Le roman de Longus* n'a encore paru complet en aucune langue
On a conservé ici de l'ancienne traduction d'Amyot tout
ce qui est conforme au texte, et pour le reste on a suivi
le manuscript grec de l'Abaye, qui contient l'ouvrage
entier. On s'est aidé aussi de la version du Caro, dans les
endroits où il exprime le sens de l'auteur. Le texte complet de *Longus* paroîtra bientôt imprimé. Alors quel-
qu'un en pourra faire une traduction plus soignée. Car
ceci n'est presque qu'une glose mot à mot, faite d'ailleurs pour être vue de peu de personnes. »

Cette découverte de Paul-louis et la fameuse tache d'encre
venaient de lui causer mille ennuis. 27 exemplaires
furent saisis chez Piatti sur l'ordre du Directeur général
de la librairie, et il résulte du procès-verbal de cette saisie qui eut lieu le 24 juillet 1810, à 11 heures du matin,
que 64 exemplaires avaient été réellement imprimés et
que 37 avaient déjà été mis à la disposition du traducteur. (H. Omont. Paul-Louis Courier et la tache
d'encre Paris 1885).

La comtesse d'Albany obtint, plus tard, du gouvernement de Florence la remise des 27 exemplaires saisis. PAUL-LOUIS COURIER lui avait en effet demandé, par lettre datée de Frascati, du 18 ou 19 mars (1812) de se faire remettre ces exemplaires :

« Le Ministre m'ayant rendu de son propre mouvement le texte grec qu'on avait saisi en même temps à Rome, j'ai lieu de croire que pareil ordre de restituer la traduction aura été donné là-bas, c'est de quoi je vous supplie de vouloir bien vous informer, comme vous eûtes la bonté de me le promettre à Naples. Il ne s'agit ici d'aucune sollicitation. Je n'attache d'importance à cette bagatelle qu'autant que vous daignerez, madame, en agréer un exemplaire. » Alfred von Reumont, *Die Gräfin von Albany*, Berlin, 1860, t. II, p. 189.

ΛΟΓΓΟΥ ΠΟΙΜΕΝΙΚΩΝ
ΑΠΟΣΠΑΣΜΑΤΙΟΝ
ΜΕΧΡΙ ΝΥΝ ΑΝΕΚΔΟΤΟΝ

In fine :

ROMAE — CIƆ. IƆCCC. X
APUD LINUM CONTEDINIUM.

Plaquette de 8 f., sur velin in-4.
Ce fragment aurait été tiré à 60 exemplaires et imprimé en mars ou avril au plus tard. (H. OMONT. P. L. C.).
Le texte grec (7 p.) est suivi de sa traduction latine :
Longi pastoralium fragmentum hactenus ineditum (4 p. 1/2) par AMATI (Vertit Hieronymus Amatius).
Cet ouvrage non mis dans le commerce fut distribué par Courier à ses amis.

ΛΟΓΓΟΥ
ΠΟΙΜΕΝΙΚΩΝ
ΛΟΓΟΙ ΤΕΤΤΑΡΕΣ

In fine :   ΕΝ ΡΩΜΗΙ
Παρὰ Λίνῳ Τῷ Κοντεδινίῳ
αωι.

Sur l'avant-dernière page on lit : « Cinquanta due esemplari col
numero della tiratura in fronte d'ogni esemplare ».
Petit in-4 de 192 pages chiff. (y compris le titre + 2 pages non
chiff. (sur vélin).

« Edition tirée à 52 exemplaires. Celui-ci est suivi d'une lettre de
M. Courier, datée du 1er octobre 1812, relative à la version italienne de *Longus* publiée par le professeur Ciampi,
postérieurement à l'édition grecque de 1810. Cette
lettre piquante, imprimée de même format que l'édition
grecque, ne se trouve que dans quelques exemplaires du
Longus grec de 1810 » *(Catalogue des Livres de la Biblio-*
thèque de feu M. Paul-Louis Courier, Paris, Merlin, 1829,
n° 233).
L'ouvrage fut imprimé en septembre (M. Gaschet a publié une
lettre d'envoi à Molini du 28 septembre 1810).
Non mis dans le commerce il fut distribué par Courier à ses
amis.

Lettre a Mr Renouard, libraire, Sur une tache faite à un manuscript de Florence ; plaquette de 23 pages, in-8, sans
lieu, sans nom d'auteur ou d'imprimeur, cette lettre est
datée de Tivoli le 20 septembre 1810.

Elle fut imprimée en septembre 1810 chez Lino Contadini, qui
terminait alors l'impression de l'édition grecque de
Longus. (Les caractères de la lettre à Renouard sont sem-
blables à ceux qui avaient été utilisés pour la traduction
latine par AMATI du fragment retrouvé).

1812

LETTRE CIRCULAIRE DE PAUL-LOUIS COURIER sur les *Prétendues variantes du Manuscrit de Florence* communiquées à
M. Ciampi par M. DEL FURIA, Paris, le 1er octobre 1812.
Ainsi que nous l'avons vu plus haut, cette lettre, « imprimée de
même format que l'édition grecque » ne se trouve que
dans quelques exemplaires du *Longus* grec de 1810.
Nous n'avons pu en consulter un exemplaire original, mais elle
est reproduite dans l'édition grecque de Didot, 1829.

1813

SUR UNE DISSERTATION DE M. AKERBLAD. *Magasin Encyclopédique,*
année 1813, t. V, p. 445-448.

DU COMMANDEMENT DE LA CAVALERIE ET DE L'ÉQUITATION : *Deux
livres de Xénophon,* traduits par un officier d'artillerie à
cheval. A Paris, de l'imprimerie de J.-M. Eberhart,
rue du Foin Saint-Jacques, n° 12, sans date ni nom
d'auteur.
Se trouve aussi chez : Ant. Aug. Renouard, rue Saint-André-des-
Arts, n° 55 ;
Perisse et Compere, quai des Augustins n° 47 ;
Grand, rue Saint-André-des-Arts, n° 51.

Vol. in-8 de 2 f. non ch. (faux-titre et titre) 88 pages de traduction
et 111 pages pour le texte grec et les notes.
Dédié à M. de SAINTE-CROIX, PORTICI le 1er décembre 1807.
L'ouvrage, annoncé sous le n° 128, dans la *Bibliographie* du vendredi 15 janvier 1813, fut tiré à 1.000 exemplaires et
vendu 5 francs (13 feuilles).

LES PASTORALES DE LONGUS OU DAPHNIS ET CHLOÉ. Traduction
complète d'après le texte grec des meilleurs manuscrits.
A Paris, chez Firmin Didot, Imprimeur de l'Institut,
et graveur de l'Imprimerie Impériale, rue Jacob, n° 24,
1813.
Vol. in-8 de IX pages (faux-titre, titre, préface) et 192 pages
(traduction et notes).
Cet ouvrage (8 feuilles) fut tiré à 600 exemplaires (*Bibliographie*,
vendredi 6 août 1813, n° 220).

1816

PÉTITION AUX DEUX CHAMBRES, (*in fine* : Paris, le 10 décembre
1818, L.-P. COURIER, Propriétaire). A Bobée, imprimeur, rue de la Tabletterie, n° 9. Brochure in-8 de
15 pages.
(*Bibliographie*, samedi 21 décembre 1816, n° 3.619) (1 feuille).

1818

LA LUCIADE OU L'ANE DE LUCIUS DE PATRAS. Avec le texte grec
revu sur plusieurs manuscrits.
A Paris, de l'imprimerie de A. Bobée, imprimeur de la Société
Royale Académique des Sciences de Paris, rue de la
Tabletterie, n° 9, 1818 (sans nom de traducteur).

In-12, grec et français de XXII + 321 pages, 1 frontispice et
6 gravures.

Annoncé dans la *Bibliographie* du samedi, 4 avril 1818, n° 1.341
(14 feuilles 2/3).

Quelques exemplaires seulement donnent, page 27, la traduction
intégrale du texte grec, les autres ne donnent qu'une
traduction tronquée.

[VIOLLET LE DUC, décrivant cet ouvrage (*catalogue*, etc... supplé-
ment 1847) croit pouvoir affirmer que son exemplaire
qui contient la traduction intégrale est *unique*. Nous en
connaissons un second exemplaire].

PAUL-LOUIS COURIER, ancien chef d'escadron au 1er régiment
d'artillerie à cheval, membre de la Légion d'Honneur,
A Messieurs les Juges du Tribunal civil à Tours, in-8 de
12 pages. A. Bobée, imprimeur, rue de la Tabletterie,
n° 9.

(*Bibliographie*, samedi, 1er août 1818, n° 2.780, trois quarts de
feuille).

1819

LETTRE A MESSIEURS DE L'ACADÉMIE DES INSCRIPTIONS ET BELLES-
LETTRES. In-8 de 19 pages, *signé* : P.-L. COURIER, Paris,
le 20 mars 1819. A Bobée, imprimeur, rue de la Tabletterie, n° 9.

(*Bibliographie*, samedi, 3 avril 1819, n° 1292, une feuille un quart).

PLACET AUX MINISTRES. In-8 de 4 pages, *signé* : P.-L. COURIER,
Ancien chef d'escadron, membre de la Légion d'honneur. Paris, le 20 mars 1819 (*sans nom d'imprimeur*).

Le fac-similé du manuscrit de ce placet a été publié dans l'*Auto-
graphe*.

Procès de Pierre Clavier dit Blondeau, pour prétendus outrages
faits à M. le maire de Veretz, département d'Indre-et-
Loire, in-8 de 20 pages. A Bobée, imprimeur, rue de la
Tabletterie, n° 9.
(*Bibliographie*, samedi, 19 juin 1819, n° 2.324) une feuille un quart.
Le placet précédent est réimprimé avec quelques variantes :
Placet à son excellence Monseigneur le Ministre, et une autre date :
Paris, le 30 mars 1819.

1820

Lettres au rédacteur du Censeur, par P.-L. Courier, cultiva-
teur, à Paris, chez Aimé Comte, libraire, rue Notre-
Dame-des-Victoires, n° 38, 1820. Imprimerie de Fain,
place de l'Odéon, in-8 de 48 pages.
(*Bibliographie*, samedi, 10 juin 1820, n° 2.095, trois
feuilles).

A Messieurs du Conseil de Préfecture a Tours. A Paris, de
l'imprimerie de A. Bobée *s. d.* In-8 de 12 pages.
(*Bibliographie*, samedi, 14 octobre 1820, n° 3.630 trois quarts de
feuille).

Lettre particulière, Tours, le 18 octobre, (1820). In-8 de
12 pages, *signé* : Courier, à Paris, de l'imprimerie de
A. Bobée, rue de la Tabletterie, n° 9.
(*Bibliographie*, samedi, 11 novembre 1820, n° 4.061, trois quarts
de feuille).

Seconde lettre particulière à Paris chez les marchands de

nouveautés, 1820. [A Paris, de l'imprimerie de A. Bobée, rue de la Tabletterie, n° 9. In-8 de 22 pages.
(*Bibliographie*, dimanche, 24 décembre 1820, n° 4.758, une feuille
et demie].

1821

SIMPLE DISCOURS DE PAUL-LOUIS, vigneron de la Chavonnière,
aux membres du Conseil de la Commune de Veretz,
département d'Indre-et-Loire, à l'occasion d'une souscription proposée par son Excellence le ministre de
l'Intérieur, POUR L'ACQUISITION DE CHAMBORD. Paris,
chez les Marchands de nouveautés. De l'imprimerie de
A. Bobée rue de la Tabletterie, n° 9, 1821. In-8 de
28 pages.
(*Bibliographie*, vendredi 4 mai 1821, n° 1.779, une feuille trois
quarts).

SIMPLE DISCOURS. Seconde édition.
(*Bibliographie*, vendredi, 18 mai 1821, n° 1.945).

AUX AMES DÉVOTES DE LA PAROISSE DE VERETZ, département
d'Indre-et-Loire, à Paris, chez les marchands de nouveautés, 1821, *signé :* COURIER. In-8, de 8 pages sous
couverture imprimée grise, (*sans nom d'imprimeur*).
(*Bibliographie*, samedi 7 juillet 1821, n° 2.632).

PROCÈS DE PAUL-LOUIS COURIER, vigneron de la Chavonnière, condamné le 28 août 1821, à l'occasion de son discours sur
la souscription de Chambord. Paris, chez tous les marchands de nouveautés, 1821. De l'imprimerie de Cons-
tant-Chantpie, rue Sainte-Anne, n° 20. In-8, de 77 pages
sous couverture imprimée blanche.

(Les pages 76 et 77 contiennent l'annonce de la nouvelle édition de *Longus* qui devait paraître « avec figures litho-
graphiées sur les dessins d'Horace Vernet »).
(*Bibliographie*, samedi, 5 octobre 1821, n° 4.072, cinq feuilles)

LES PASTORALES DE LONGUS OU DAPHNIS ET CHLOÉ. Traduction
de messire JACQUES AMYOT en son vivant évêque
d'Auxerre et Grand Aumônier de France ; Revue, corrigée, complétée, de nouveau refaite en grande partie.

Par PAUL-LOUIS COURIER, vigneron, membre de la Légion d'honneur, ci-devant canonnier à cheval, aujourd'hui en
prison à Sainte-Pélagie. Cinquième édition. A Paris, chez
Alexandre Corréard Palais-Royal, Galerie de Bois, n° 258,
1821. In-8 de XII + 288 pages.
(*Bibliographie*, samedi 22 décembre 1821, n° 5.206, 18 feuilles 3/4,
prix 5 francs. Papier vélin 10 francs). Il y aurait eu cinq
éditions (Notice de 1824). Nous n'avons pu consulter
que des exemplaires de la cinquième (1).

1822

PÉTITION POUR DES VILLAGEOIS QUE L'ON EMPÊCHE DE DANSER, par
PAUL-LOUIS COURIER, vigneron, ancien canonnier à che-

(1) L'exemplaire de la Bibliothèque Nationale (Y² 6108) présente une curieuse particularité : aucune mention d'édition n'est imprimée. Toutefois, un
examen attentif fait reconnaître l'estampage sec des mots : « Cinquième
édition » qui sont légèrement marqués au verso par l'encrage de la feuille
suivante.

Ceci nous confirme dans notre conviction qu'il n'y eut qu'une édition,
la cinquième.

val, sorti l'an passé des prisons de Sainte-Pélagie, Paris,
chez les marchands de nouveautés, 1822. De l'imprime-
rie de Constant Chantpie, rue Sainte-Anne, n° 20.
In-8 de 28 pages, sous couverture imprimée blanche.
In fine : Veretz, 15 juillet 1822, *signé* : COURIER.
Le faux-titre porte : Pétition à la Chambre des Députés.

RÉPONSE AUX ANONYMES *qui ont écrit des lettres à Paul-Louis Courier*, vigneron. Bruxelles, chez Demat, imprimeur libraire, 1822, In-8 de 16 pages.
Brochure imprimée clandestinement sans nom d'auteur.

PROSPECTUS D'UNE TRADUCTION NOUVELLE D'HÉRODOTE, par PAUL-
LOUIS COURIER, vigneron contenant un fragment du
livre troisième et la préface du traducteur. A Paris, de
l'imprimerie d'Auguste Bobée, rue de la Tabletterie,
n° 9, 1822. In-8 de XX pages chiff. (y compris le titre)
et 62 pages chiff. sous couverture mauve imprimée.
In fine : « Cette traduction sera suivie de notes explicatives. On
annoncera incessamment les conditions de la souscription ».
(*Bibliographie*, samedi, 21 décembre 1822, n° 5.636, cinq feuilles.
Prix 2 francs).

*Collection des romanciers grecs et latins avec des notes de MM. Cou-
rier*, J.-A. Buchon, Coray, C..., A. Trognon, et de plu-
sieurs autres hellénistes.
Troisième livraison, L'ANE DE LUCIUS DE PATRAS, suivi de l'his-
toire véritable de Lucien et de l'Eubéenne. Nouvelle de
Dion Chrysostôme avec des notes. A Paris, chez
Alexandre Corréard, libraire, Palais-Royal, Galerie de
Bois, n° 258 1822.
Avec un second titre :

LA LUCIADE OU L'ANE DE LUCIUS DE PATRAS, traduction de PAUL-LOUIS COURIER, Vigneron, membre de la Légion d'honneur, ci-devant canonnier à cheval, suivi de l'histoire véritable de Lucien et de l'Eubéenne.

Nouvelle de Dion Chrysostôme avec des notes. A Paris, chez Alexandre Corréard, libraire, Palais-Royal, Galerie de Bois, n° 158, 1822. In-8 de 386 pages dont 1 pour le faux-titre de la collection, etc., 1 pour le titre de la collection, 1 pour le faux-titre de l'Ane, 1 pour le titre.

A la suite on trouve dans certains exemplaires :

NOTICE BIOGRAPHIQUE SUR LA VIE DE PAUL-LOUIS COURIER DE MÉRÉ, *vigneron, ancien canonnier à cheval.*

Extrait de la biographie française publiée à Londres et rédigée à Paris. Cette notice est bien paginée 387-408, mais elle ne fut publiée qu'en 1824 (voir plus loin).

Cette collection des Romans grecs a donné lieu aux réclamations de Merlin et au désaveu de Courier.

(Lettre du 31 août 1822. Voir la correspondance et les documents publiés dans l'*Intermédiaire des chercheurs et curieux*, 1879, XII, 602).

Bobée protesta de son côté contre l'annonce de cette collection (Voir lettres de Bobée et de Merlin des 2 et 3 septembre 1822. publiées dans la *Bibliographie de la France* du samedi 7 septembre 1822).

Cette édition qui serait parue vers la fin d'août ou le commencement de septembre 1822 ne semble pas avoir été annoncée dans la *Bibliographie*.

1823

RÉPONSE AUX ANONYMES *qui ont écrit des lettres à Paul-Louis Courier, vigneron*, n° 2, huitième édition, Bruxelles, chez
Demat, imprimeur-libraire, 1823. In-8, de 16 pages. Véretz, le 6 février 1823.
Brochure imprimée clandestinement sans nom d'auteur. Tous les
exemplaires que nous avons rencontrés portent : huitième édition. Cette édition, sans doute la seule, est
aussi mentionnée dans la notice biographique de 1824.

UN VIEUX SOLDAT DE L'ARMÉE, Camarades... *In fine*, Imprimerie
Nationale, sans lieu ni date, ni nom d'auteur, 1 page, in-4°.

LIVRET DE PAUL-LOUIS VIGNERON, *pendant son séjour à Paris en
mars 1823*, n° 3. Cinquième édition. *In fine :* Bruxelles,
imprimerie de Dumat. In-8 de 15 pages chiff.
Les pages 15 et 16 contiennent une « Proclamation » (réimpression
d'*Un vieux soldat à l'armée* avec quelques variantes),
signée : P.-L. Courier, Vigneron, membre de la Légion
d'honneur, ci-devant canonnier à cheval.
Brochure imprimée clandestinement sans nom d'auteur.
Tous les exemplaires que nous avons pu consulter portent « cinquième édition », et la « notice » de 1824, mentionne
aussi : cinquième édition.

GAZETTE DU VILLAGE, par PAUL-LOUIS COURIER, vigneron, (n° 4).
Bruxelles, chez Demat, imprimeur-libraire, 1823. In-8°
de 19 pages chiff.
Brochure imprimée clandestinement.

Pièce diplomatique extraite des journaux anglais. (On l'a
   dit envoyée de Cadix à M. Canning, par un de ses
   agents secrets, qui l'aurait eue d'un valet de chambre,
   qui l'aurait trouvée dans les poches de Sa Majesté Ca-
   tholique). (No 5), Bruxelles, chez Demat, imprimeur-
   libraire, 1823. In-8 de 8 pages chiff.
In fine : Pour copie conforme, Paul-Louis Courier, vigneron.
Brochure imprimée clandestinement .

Avertissement du libraire, 1 page, in-8º, sans lieu ni date.

1824

Lettre adressée a M. Delegorgue de Rony par Léon de Chan-
   laire, Paris, imprimerie de A. Bobée, 1824. In-8º de
   12 pages chiffrées.
(Cet écrit attribué à Courier a été réimprimé dans ses œuvres complètes).

Pamphlet des Pamphlets, par Paul-Louis Courier, vigneron,
   Paris, chez les marchands de nouveautés, 1824. Imprimerie de F.-P. Hardy, rue Neuve Saint-Médéric, nº 44·
   In-8º de 2 pages non chiff. (pour le faux-titre et le titre
   et 31 pages chiff., sous couverture « lie de vin » imprimée. (*Bibliographie.*, 3 avril 1824, 2 feuilles un quart).

Collection de Lettres et Articles *publiés jusqu'à ce jour dans
   différents journaux*, par Paul-Louis Courier, vigneron.
   A Paris chez L'Huillier, libraire, rue Dauphine, nº 36,
   avril 1824. Imprimerie de Sétier, Cour des Fontaines

n° 7. In-8° de 2 pages non chiff. (pour le faux-titre et le titre) et 50 pages chiff., sous couverture vert amande imprimée. (*Bibliographie*, 24 avril 1824, 3 feuilles et demie).

La Luciade ou l'Ane de Lucius de Patras. Traduction de Paul-Louis Courier, vigneron, membre de la Légion d'honneur, ci-devant canonnier à cheval suivi de l'Histoire véritable de Lucien, des Amours d'Abrocome et d'Anthia, avec des notes : et d'une notice sur la vie de P.-L. Courier.

A Paris, chez Rapilly, libraire, boulevard Montmartre, n° 23, près le passage des Panoramas, 1824. In-8° (même description que celle de l'édit. parue chez Corréard, 1822). Forme le tome III de la Collection des romanciers grecs et latins.

(*Bibliographie*, samedi 1er mai 1824, n° 2.178, 25 feuilles et demie).

Cette édition fut désavouée par Courier, lettre à Merlin, Paris, 17 mai 1824, publiée dans la *Bibliographie* du 22 mai 1824.

Notice biographique sur la vie de Paul-Louis Courier de Méré, vigneron, ancien canonnier à cheval.

Extrait de la *Biographie française* publiée à Londres et rédigée à Paris.

Paris, chez Ponthieu, libraire, Palais-Royal, Galerie de Bois, n° 252, 1824, Imprimerie de David, Faubourg Poissonnière, n° 1. In-8° de 24 pages chiff. y compris le titre. *(Bibliographie*, samedi, 1er mai 1824, n° 2.290, une feuille et demie. Prix, 0 fr. 75).

Nous avons cité ici cette notice, qui n'est pas de Paul-Louis, parce que seul il put en fournir les matériaux.

Elle parut simultanément en brochure séparée et en appendice à *La Luciade* (édition Rapilly, 1824). Elle est brochée à la suite de cet ouvrage avec une pagination spéciale (387 à 408).

PAMPHLET DES PAMPHLETS, second tirage. (*Bibliographie*, 29 mai 1824).

1825

AMOURS DE THÉAGENE ET CHARICLÉ par HÉLIODORE, traduction de Jacques Amyot, avec des notes par M. P.-L. COURIER, traducteur de *Daphnis et Chloé*, à Paris chez J.-S. Merlin, 4 volumes in-16, 1823-1825, de l'imprimerie de J. Didot aîné.

Le faux titre porte : Collection des romans grecs, traduits en français, avec des notes par MM. COURIER, LARCHER et autres hellénistes.

Le dernier volume parut au début de 1825.

LES PASTORALES DE LONGUS, traduction complète par M. P.-L. COURIER. Nouvelle édition revue et corrigée, A Paris, chez J.-S. Merlin libraire, Quai des Augustins, n° 7, MDCCCXXV. In-16 de XII pages chiff. (y compris le faux-titre, et le titre) et 337 pages chiff. plus 1 page non chiff. pour la table. Avec un frontispice de Dejuine (François-Louis de Juinne), gravé par Larcher ; sous couverture imprimée chamois.

Forme le tome VIII de la Collection des romans grecs.

Bien que cette édition n'ait été publiée qu'en juillet 1825 (*Bibliographie*, 23 juillet 1825, n° 4.141) nous l'avons cependant mentionnée ici car elle fut certainement préparée par Courier lui-même et elle donne le texte définitif de cette traduction célèbre.

Par acte sous seings privés du 31 août 1822, Courier avait cédé à Merlin et Barrière, moyennant 1.200 francs (payables moitié le jour de la vente, et le solde six mois après) sa traduction de *Longus*, qu'il « promet de revoir et de retoucher ». Il s'engageait à ne pas permettre d'édition avant l'épuisement de la leur, mais le délai ne devait pas excéder cinq années, à partir de la publication du volume de *Longus*.

En outre, Paul-Louis s'engageait à revoir comme éditeur la traduction d'Amyot du roman d'Héliodore (voir plus haut).

(*Intermédiaire des Chercheurs et curieux*, 1879, XII, 602).

Courier s'occupa de cette édition pendant tout le cours de l'année 1824. Ses lettres à Merlin, Tours, 21 janvier 1824, Tours, 7 juillet 1824 (publiées dans l'*Intermédiaire* de 1879) et celle de Véretz, 2 décembre 1824 (« Je ne puis plus attendre et je me crois en droit d'exiger que cela finisse ») dont M. Charavay a bien voulu nous communiquer l'analyse, sont relatives à cette édition qui marchait trop lentement à son gré.

Une somme de 400 francs restant due sur le solde du prix n'était pas encore payée en octobre 1825, (Lettre de Mme Courier à M. Merlin père, Tours, le 10 octobre 1825, vente Fillon.)

La Bibliothèque Nationale possède un recueil factice des œuvres de Courier réunies avec un faux-titre, un titrè et une table imprimés provenant de la bibliothèque du Comte de Labédoyère :

Collection complète des Pamphlets politiques et opuscules littéraires de Paul-Louis Courier, Paris, (*s. d.*) qui contient 25 notices, préfaces et pamphlets en édition originale.
(Réserve 2.829-2.854).
Courier collabora, en outre, à l'édition grecque, avec traduction française de Pausanias, que donna Clavier (Paris, Eberhart, 1814-1823).
Voir notamment : Lettre à Clavier, Milan, 16 octobre 1809.
Après la mort de Clavier (novembre 1817) il publia et termina avec Daunou et Coray les cinq derniers volumes de cet important ouvrage.

B. — ŒUVRES POSTHUMES. — ŒUVRES COMPLÈTES

1826

COLLECTION COMPLÈTE DES PAMPLHETS POLITIQUES ET OPUSCULES LITTÉRAIRES de PAUL-LOUIS COURIER, ancien canonnier à cheval.Prix : 10 francs, Bruxelles, chez tous les libraires, 1826.
In-8° de 2 feuilles non chiff. (faux-titre et titre) et 14 pages chiffrées, 17-18 et XIX-XXX, plus 448 pages chiffrées, 33 à 480. Avec un portrait hors texte qui au dire de Mahul (*Annuaire nécrologique*, 1825) serait *très ressemblant*. (P.-L. COURRIER) (*sic*).
Cet ouvrage serait paru en 2 tomes. Le premier fut annoncé dans la *Revue Bibliographique du Royaume des Pays-Bas* (V^e année, 1826, p. 554, n° 2.740, décembre).
T. I, Bruxelles, Louis Tencé, 2 florins 50.
Cette collection comprend toutes les œuvres de Courier antérieurement publiées à l'exception des éditions et traductions de *Daphnis et Chloé*, *L'Ane*, du *Commandement de la*

Cavalerie et de l'Equitation de Xénophon. Toutefois, seule la préface du *Prospectus d'une traduction nouvelle d'Hérodote* figure dans ce recueil.

La *Note sur la vie et les écrits de Paul-Louis Courier* est en grande partie, la reproduction de la notice de 1824.

1827

COLLECTION COMPLÈTE DES PAMPHLETS POLITIQUES ET OPUSCULES LITTÉRAIRES de PAUL-LOUIS COURIER, ancien canonnier à cheval. Prix : 12 francs. Bruxelles chez tous les libraires, 1827. (Wallen, imprimeur du Roi), In-8º de XV pages (y compris le faux-titre et le titre) plus 558 pages chiffrées même portrait que l'édition précédente (faute rectifiée : P.-L. Courier).

Réimpression de l'édition précédente moins l' « Avertissement du libraire ».

LES PASTORALES DE LONGUS OU DAPHNIS ET CHLOÉ, traduction de J. Amyot. Revue corrigée et complétée. Blois, de l'imprimerie d'Aucher-Eloy. MDCCCXXVII.

Nous citons ici cet ouvrage parce que le texte grec de Passow et la traduction d'Amyot qu'il contient ont été complétés et corrigés « en faisant usage du travail de M. Courier. »

1828

ŒUVRES COMPLÈTES de PAUL-LOUIS COURIER, ornées du portrait de l'auteur, 4 vol. in-8º (couverture chamois), Bruxelles. A la Librairie Parisienne Française et Étrangère, rue de la Madelaine, section 8, nº 438, 1828.

Imprimerie de Tencé frères, rue de Schaerbeck.

Par acte sous seings privés en date à Paris du 19 février 1828,
Mᵐᵉ veuve Courier agissant tant en son nom que comme
tutrice légale de ses enfants mineurs avait cédé à
MM. A. Sautelet et Cᵗᵉ, place de la Bourse, à Paris, moyennant le prix de 8.500 francs la propriété des droits d'auteurs « qu'elle tient de la loi pour les œuvres complètes
de Paul-Louis Courier, énumérées au Catalogue joint au
traité ».

Elle s'engageait, en outre, à remettre gratuitement à Sautelet les
œuvres de Courier « non comprises dans ledit catalogue,
qui pourraient passer entre ses mains (2) ».

Sautelet fit dès lors imprimer à Bruxelles chez Tencé les œuvres
dont il venait d'acquérir la propriété et réimprimer les
Pamphlets déjà parus chez cet imprimeur en 1826.

L'ouvrage fut annoncé dans la *Revue Bibliographique du Royaume
des Pays-Bas.*

T. I, Bruxelles. A la Librairie Parisienne. Prix (2 ff., 84 cts) :
6 francs.

(R. B. VIIᵉ année, 1828, p. 268, n° 1.368, 19 *juin* 1828).

T. II et III, mêmes indications.

(R. B. *ibid.* p. 364, n° 1.928, 22 *août* 1828).

T. IV, mêmes indications.

(R. B. *ibid.* p. 435, n° 2.361, 17 *octobre* 1828) (3).

Il est aussi mentionné dans les *Annonces Bibliographiques* de la
Revue française (t. VII, janvier 1829) publiée par Sautelet, en même temps que les *Mémoires, Correspondance,* etc. cités plus loin.

---

(2) Ce traité est conservé par MM. Firmin Didot et Cᵗᵉ qui ont bien
voulu nous autoriser à le consulter ; qu'il nous soit permis de leur renouveler
ici nos remerciements.

(3) Ces renseignements nous ont été fort gracieusement communiqués par
M. le Conservateur de la Bibliothèque Royale de Belgique.

Il comprenait :

T. I, 426 pages chiffrées (y compris le faux-titre et le titre) plus une page non chiff. pour la table, et un portrait hors texte en lithographie.

T. II, 378 pages (y compris le faux-titre, le titre et la table et un fac-similé (hors texte) de la tâche d'encre).

T. III, 438 pages (y compris le faux-titre et le titre) plus une page non chiff. pour la table.

T. IV, 505 pages (y compris le faux-titre, le titre, et la table).

Cette édition est la véritable édition originale des œuvres complètes de Paul-Louis Courier. Elle contient pour la première fois :

La conversation chez la Comtesse d'Albany ; Conseils à un colonel ; Consolations à une mère ; L'Héritage en Espagne ; Éloge de Buffon ; Périclès, traduction libre et abrégée de Plutarque *; Ménélas après la fuite d'Hélène ; Sur le mérite des Orateurs, comparé à celui des Athlètes ; Sur Diogène ; L'Espagnol amant de sa sœur ; La paraphrase du Psaume Super flumina Babylonis* par M. COURIER, père ; *Factum de Furia* (traduit de l'italien) ; *Fac-similé de la tache d'encre* (hors texte) ; *Lettres inédites écrites de France et d'Italie* (1787 à 1812) (4).

LA LUCIADE OU L'ANE DE LUCIUS DE PATRAS, traduite par P.-L. Courier. (Histoire véritable de Lucien, traduite par ETIENNE BÉQUET. Extraits des Romans d'Antoine Diogène et de Iamblique, à Paris, chez J.-S. Merlin, libraire, Quai

(4) Le catalogue joint au traité comprend 146 lettres numérotées : la première à Jean Courier du 28 avril 1787, la dernière d'Akerblad, du 22 décembre 1812. Mme Courier remit plus tard à Sautelet 57 lettres postérieures. (Voir notre Introduction à l'édition critique des œuvres de P.-L. C.).

des Augustins, n° 7. MDCCCXXVIII, imprimerie de Jules Didot aîné.

In-16, de 296 pages (y compris le faux-titre et le titre) sous couverture chamois, frontispice de Heim, gravé par Coupé). (*Bibliographie*, samedi, 6 septembre 1828, n° 5.387, 9 feuilles un quart).

MÉMOIRES, CORRESPONDANCE ET OPUSCULES INÉDITS DE PAUL-LOUIS COURIER, Paris, A. Sautelet et Cie, libraires éditeurs, rue de Richelieu, n° 14 ; sous couverture rose. Alexandre Mesnier, libraire, Place de la Bourse, MDCCCXXVIII, 2 vol. in-8°. (Imprimerie de H. Fournier, rue de Seine, n° 14).

T. I, 2 pages non chiffrées (faux-titre et titre), plus XIII pages, 1 page non chiffrée (faux-titre des Lettres, etc.) et 389 pages chiffrées (y compris la table).

T. II, 2 pages non chiffrées (faux-titre et titre) et 408 pages chiff. (y compris la table),

Le t. II fut annoncé dans la *Bibliographie* du samedi, 11 octobre 1828 (n° 6.018) et le t. I dans celle du samedi 18 octobre 1828 (n° 6.143).

Cette édition contient une partie des œuvres inédites publiées pour la première fois dans l'édition de Bruxelles, 1828 (t. II, p. 137 à la fin et t. IV). Des cartons ont été faits pour la page 61-62 du t. I (variantes).

1829

MÉMOIRES, CORRESPONDANCES ET OPUSCULES INÉDITS DE PAUL-LOUIS COURIER, 2me édition (1829) (mêmes indications bibliographiques que la précédente) sous couverture grise.

Longi pastoralia E. Codd. Mss. Duobus italicis primum graece inte-gra edidit P.-L.COURIER. Exemplar romanum emenda-tius et auctius typis recudendum, curavit G. R. Lud. de Sinner, Parisiis, Excudebat Firminus Didot. Regis et instituti franciæ typographus MDCCCXXIX. In-8º de LXII pages (y compris le faux-titre et le titre), 1 page pour le faux titre de l'édition grecque et 212 pages chiff.

DAPHNIS ET CHLOÉ, traduction de Jacques Amyot, revue, corrigée et complétée, de nouveau refaite en grande partie par PAUL-LOUIS COURIER. In-12º, Paris, Dauthereau, 1829.

ŒUVRES COMPLÈTES DE PAUL-LOUIS COURIER, Paris, A. Sautelet et Cᴵᵉ libraires éditeurs, rue Richelieu, nº 14. Alexandre Mesnier, place de la Bourse, 1829-1830. 4 vol. in-8º sous couverture grise.
T. I, 1829, 2 pages non chiffrées (faux titre et titre) XLI pages (Essai d'Armand Carrel) 372 pages chiffrées.
T. II, 1830, 2 pages non chiff. (faux titre et titre) 431 pages chif-frées et 1 page non chiffrée pour la table des matières.
T. III, 2 pages non chiffrées (faux titre et titre) et 384 pages chiff.
T. IV, 2 pages non chiffrées (faux titre et titre) et 424 pages chiff.
Cette édition contient les pamphlets et les œuvres inédites publiées à Bruxelles en 1828, avec quelques *Lettres* nouvelles et un *Essai sur la vie et les écrits de Paul-Louis Courier* par Armand Carrel (5), mais sans l'*Éloge d'Hélène.* Elle pré-sente un certain nombre de variantes avec cette édition (notamment dans *Conseils à un colonel*).

(5) Qui n'apporta aucun élément nouveau pour la Biographie de Paul-Louis.

Elle parut au milieu de janvier 1830 (*Bibliographie* du samedi
16 janvier 1830, n° 343) mais des cartons furent imprimés après les journées de juillet, pour donner le texte
intégral en remplacement des pages : 135, 140, 148, 149,
156, 305, 306, 307, 308, 309, 310, 311, 312, 313, 314,
315, 316, 329, 330, 347, 353, 354, 355, 356, 359, 360,
365, 366, 367, 368, 369, 370, 371, 372 du t. I qui étaient
parues avec un certain nombre de lignes en blanc.
Il existe sous cette date un autre tirage en 3 *volumes*, dans lequel
le texte du t. III se poursuit, de la page 384 à la page 407,
avec l'*Éloge d'Hélène* (à Mme Constance Pipelet).
La table occupe cependant dans ces exemplaires les pages 385 à
390 et l'*Éloge d'Hélène*, ne s'y trouve pas mentionné.

Après l'avènement de Louis-Philippe les éditions de Paul-Louis
se multiplièrent — avec l'appui du pouvoir qui crut
habile de l'utiliser à son profit (l'édition populaire des Pamphlets politiques et littéraires donnée par Paulin, en 1832
à 50.000 exemplaires appartient certainement à cette
branche de la réclame gouvernementale). L'habile Paulin (6), qui avait eu à relever la maison d'édition après le
suicide de Sautelet (nuit du 14 au 15 mai 1830) et qui lui
avait succédé comme gérant du « National » n'avait pas
cessé toutes relations avec Thiers et sut aux yeux de
ce républicain naïf et passionné qu'était Armand
Carrel, faire servir l'influence du « National » à la pro-
pagande orléaniste.

Citer à partir de cette date toutes les éditions de Courier abouti-

(6) Qui fonda plus tard l'*Illustration* (1843).

rait à la composition d'un catalogue de librairie sans
intérêt. Nous nous bornerons donc à mentionner les
rares éditions qui apportèrent quelques éléments nouveaux pour la connaissance des œuvres de Paul-Louis
Courier.

1834

ŒUVRES COMPLÈTES DE P.-L. COURIER, nouvelle édition augmentée
d'un grand nombre de morceaux inédits précédée d'un
essai sur la vie et les écrits de l'auteur par Armand Carrel, Paris, Paulin, 31, place de la Bourse, Perrotin, rue des
Filles Saint-Thomas, n° 1, éditeurs, MDCCCXXXIV.
Les 4 volumes, imprimés chez H. Fournier, 14 rue de Seine,
parurent, avec un portrait gravé par Adèle Ethiou, en
vingt-huit livraisons annoncées dans la *Bibliographie*
des samedis, 24 mai 1834 (n° 2.808), 12 juillet 1834
(n° 3.845), 23 août 1834 (4.613) et 15 novembre 1834
(6.229). Chaque livraison valait 0 fr. 50.
Cette édition est, avec quelques variantes, la copie de celle de
1829-1830, et les œuvres sont données exactement dans
le même ordre.
T. I, 2 pages non chiff. pour le faux titre et le titre, et 458 pages
chiffrées (y compris la table), plus l'avis relatif au portrait (portrait hors texte).
T. II, 2 pages non chiffrées pour le faux titre et le titre, et 431 pages chiffrées plus une page non chiffrée pour la table.
Le deuxième volume de cette édition est exactement semblable à
celui de l'édition de 1829-1830, tant au point de vue des
caractères que de la composition.
T. III, 2 pages non chiffrées pour le faux-titre et le titre, et 414 pa-

ges (y compris la table). Rigoureusement conforme au deuxième type de l'édition de 1829-1830 (contenant l'*Éloge d'Hélène*).

T. IV, 2 pages non chiffrées pour le faux titre et le titre, et 448 pages.

Ce volume contient les ouvrages publiés dans le t. IV de l'édition de 1829-1830, et (p. 423-446) le *Factum* de Furia sur la tache d'encre du manuscrit de Longus, et un fac-similé hors texte de la tache d'encre.

Cette édition fut réimprimée en 1836.

Peu après par acte du 1er août 1836, Paulin cédait à la maison Firmin Didot et Cie, moyennant le prix de 4.000 francs, tous ses droits sur les œuvres de Courier, le portrait et le fac-similé de la tache d'encre.

Il cédait en outre la propriété de la notice d'Armand Carrel, sur Courier, se réservant toutefois de la comprendre dans une édition des *Œuvres complètes d'Armand Carrel* qu'il avait l'intention de donner (elle parut effectivement chez Chamerot en 1857-1859, 5 vol. in-8°).

1837

Didot donna l'année suivante :

ŒUVRES COMPLÈTES DE P.-L. COURIER, nouvelle édition augmentée d'un grand nombre de morceaux inédits, précédée d'un essai sur la vie et les écrits de l'auteur ; par ARMAND CARREL, à Paris, Firmin Didot frères et Cie, libraires, imprimeurs de l'Institut de France, rue Jacob, n° 56. MDCCCXXXVII, In-8°, 2 pages non chiffrées (pour le faux-titre et le titre) et 455 pages (impression à deux colonnes).

La notice d'Armand Carrel parut pour la première fois modifiée :
« La vie d'un grand écrivain » au lieu de : « Un écrivain
distingué par une très grande originalité, » etc.
Annoncée dans la *Bibliographie de la France*, samedi 10 juin 1837,
nº 3.009 cette édition fut le type de toutes celles données
par Didot (notamment l'édition partielle de 1845, in-12º).

Nous citerons encore :

1842

XÉNOPHON, APOLOGIE DE SOCRATE, texte grec avec arguments, des
notes inédites de Paul-Louis Courier et des remarques
explicatives de L. de Sinner, 1 vol. in-12º, Paris, Belin-
Mandar, 1842 (*Bibliographie*, 9 juillet 1842).

1844

XÉNOPHON, ENTRETIENS MÉMORABLES DE SOCRATE, texte grec avec
sommaires des notes inédites de P.-L. Courier et des remarques explicatives par L. de Sinner. Livres I à IV,
Paris, 1844, Belin-Mandar, 4 brochures in-8º de
144 pages.

1871

L'ART DE LA GUERRE ; CONVERSATION CHEZ LA COMTESSE D'ALBANY,
par PAUL-LOUIS COURIER, suivie d'un opuscule anonyme
publié à Berlin, et qui paraît avoir servi de modèle à cet
écrit célèbre.
Préface par Louis Lacour, Paris, Librairie des Bibliophiles (Jouaust)

rue Saint-Honoré, 338, MDCCCLXXI. In-16º de 83 pages tiré à 530 exemplaires dont 500 sur papier vergé.

1882

Œuvres choisies de Paul-Louis Courier, avec notices, analyses, notes et commentaires, par M. Jules David.

Lettres et pamphlets illustrés de dix-huit eaux-fortes, par M. Henri Guérard, Paris, Léon Bonhoure, éditeur, 5, rue de Fleurus, MDCCCLXXXII (de la Bibliothèque illustrée des chefs-d'œuvre de l'esprit humain).

In-8º de 2 pages non chiffrées pour le faux titre et le titre, XV pages chiffrées et 426 pages chiffrées, plus un achevé d'imprimer (1er mai 1882).

Tiré à 1.090 exemplaires dont 1.000 sur vergé.

Ne contient, en réalité, malgré le titre, qu'un portrait et six gravures dans le texte.

1911

Robert Gaschet, Docteur ès-lettres, agrégé de l'Université.

Les Pastorales de Longus, traduction par P.-L. Courier, édition critique, suivie d'une étude sur l'essai de style vieilli de Courier. 1 vol. gr. in-8º de 179 pages chiffrées (y compris le faux titre, le titre, la table des matières) Librairie de la Société du Recueil Sirey, 22 rue Soufflot, Paris (Vᵉ), L. Larose et L. Tenin, directeurs, 1911.

1912

Paul-Louis Courier, Œuvres complètes, première édition intégrale, augmentée de 21 lettres nouvelles, avec introduction et notes par Maurice Allem. A Combarieu, éditeur
51, boulevard Saint-Jacques, Paris s. d. (1912).
In-4° de 2 pages non chiffrées, pour le faux titre et le titre et
425 pages.
(Impression à deux colonnes).
Cette édition reproduit un certain nombre de lettres éparses
en différents ouvrages.

Nous n'avons pas cru devoir mentionner les éditions parues depuis
1830 qui ne présentent pas d'intérêt. Au surplus l'édition définitive de Courier reste à faire. Signalons toutefois que M. R. Gaschet doit faire paraître chez Gar-
nier (collection Selecta) une édition augmentée de
nombreuses lettres nouvelles.

Nous publierons dans une prochaine étude : Introduction à
l'édition critique des œuvres de Paul-Louis Courier
les documents que nous avons rencontrés au cours de
la recherche de ses manuscrits et nous dresserons en
même temps la bibliographie des lettres publiées iso-
lément.

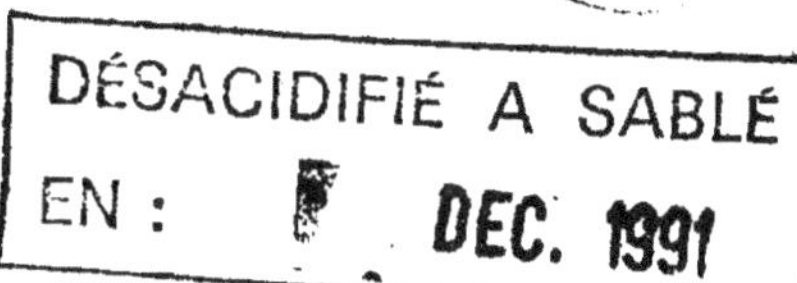

DÉSACIDIFIÉ A SABLÉ
EN :   DEC. 1991

TABLE DES MATIÈRES

TABLE DES MATIÈRES

LES PRESSES UNIVERSITAIRES DE FRANCE. — PARIS. — 8-1925.

LES PRESSES UNIVERSITAIRES DE FRANCE

49, Boulevard Saint-Michel, PARIS (V°)

EXTRAIT DU CATALOGUE

BANACHEVITCH (Nicolas). — **Jean Bastier de la Péruse (1529-1554).** Etude biographique et littéraire. Un volume in-8°, 244 pages (1923). **10 »**

CHAMAILLARD (Edmond). — **Pascal mondain et amoureux.** Un volume in-8°, 480 pages (1923). . . . . **10 »**

DOTTIN (Paul). — **Daniel de Foë et ses romans.**
    Tome I. La Vie et les aventures étranges et surprenantes de Daniel de Foë (x-290 pages).
    Tome II. Robinson Crusoë. Etude historique et critique (256 pages).
    Tome III. Les Romans secondaires de Daniel de Foë (356 pages).
    Chaque volume in-8° (1924). . . . . **25 »**

JACOUBET (Henri). — **Le Comte de Tressan et les origines du genre Troubadour.** Un volume in-8°, xxiv-444 pages (1923). . . . . **20 »**

LATZARUS (Marie-Thérèse). — **La littérature enfantine dans la seconde moitié du XIX° siècle** (2° édition revue et augmentée). Un volume in-8°, 328 pages (1924). . . . . **15 »**

LAUMONIER (Paul). — **Ronsard et sa province.** Anthologie régionale. Un volume in-16, xlvii-272 pages, nombreuses illustrations (1924). **15 »**
    Exemplaires sur pur fil Lafuma, numérotés de 1 à 200. . . . . **50 »**

MICHELET (Jules). — **Lettres inédites (1841-1871). Extrait, notes et préface** par Paul SIRVEN. Un volume in-16, lxxx-382 pages, avec un fac-similé et 9 illustrations (1923) . . . . **12 »**

PATOUILLET (Jules). — **Le Napolitain ou le Défenseur de sa maîtresse** (publié d'après l'édition originale de 1682). Un volume in-16, 80 pages (1924) . . . . **12 »**

ROCHER (Edmond). — **Pierre de Ronsard, prince des poètes (1524-1585).** Etude suivie d'une bibliographie du poète et de ses œuvres. Un volume in-8°, 84 pages (1924) . . . . **10 »**
    Exemplaires sur Hollande . . . . **30 »**
    Exemplaires sur Japon . . . . **50 »**

SCHWEINITZ (Margaret). — **Les Epitaphes de Ronsard.** Un volume in-8°, xiv-192 pages (1925) . . . . **15 »**

TRAHARD (Pierre). — **Prosper-Mérimée et l'Art de la nouvelle.** (Prix d'éloquence à l'Académie française, 1922). Un volume in-8°, 30 pages (1923). **3 »**

TURIELLO (Mario). — **Leopardi et Flaubert dans leur œuvre intime.** Un volume in-8°, 102 pages (1923) . . . . **7 »**

VULLIAUD. — **Le Cantique des cantiques.** Un volume in-8° de 230 pages, sur pur fil Lafuma. . . . . **40 »**

X... — **Les Variantes des contemplations.** Un volume in-4°, 390 pages (1924). . . . . **40 »**

X... — **Essai sur la psychologie des variantes des contemplations.** Un volume in-8°, 82 pages (1924). . . . . **6 »**

YVON (Paul). — **La Vie d'un dilettante, Horace Walpole (1717-1797).** Essai de biographie psychologique et littéraire. Un volume in-8°, xiv-872 pages (1924). . . . . **75 »**

YVON (Paul). — **Horace Walpole as a poet.** (Texte anglais). Un volume in-8°, xvi-222 pages (1924) . . . . **15 »**

www.ingramcontent.com/pod-product-compliance
Lightning Source LLC
LaVergne TN
LVHW010925180726
843502LV00004B/872